营销工程与应用

——基于中国市场与企业运作的视角

总指导　杨　松　黄庐进
主　编　费鸿萍
副主编　顾蓓蓓　戚海峰　杜俊林

華東理工大學出版社
EAST CHINA UNIVERSITY OF SCIENCE AND TECHNOLOGY PRESS
·上海·

图书在版编目(CIP)数据

营销工程与应用——基于中国市场与企业运作的视角/费鸿萍主编.
上海:华东理工大学出版社,2012.11(2020.1 重印)
ISBN 978-7-5628-3355-0

Ⅰ.①营… Ⅱ.①费… Ⅲ.①市场营销学 Ⅳ.①F713.50

中国版本图书馆 CIP 数据核字(2012)第 184579 号

营销工程与应用——基于中国市场与企业运作的视角

总 指 导 / 杨 松 黄庐进
主 编 / 费鸿萍
副 主 编 / 顾蓓蓓 戚海峰 杜俊林
责任编辑 / 马夫娇
责任校对 / 金慧娟
封面设计 / 裘幼华
出版发行 / 华东理工大学出版社有限公司
地 址:上海市梅陇路 130 号,200237
电 话:(021)64250306(营销部)
(021)64251137(编辑室)
传 真:(021)64252707
网 址:www.ecustpress.cn
印 刷 / 江苏凤凰数码印务有限公司
开 本 / 787 mm×1092 mm 1/16
印 张 / 13.75
字 数 / 339 千字
版 次 / 2012 年 11 月第 1 版
印 次 / 2020 年 1 月第 6 次
书 号 / ISBN 978-7-5628-3355-0
定 价 / 39.80 元

联系我们:电子邮箱 zongbianban@ecustpress.cn
官方微博 e.weibo.com/ecustpress

前　言

中国引入营销这门学科已经三十多年了，但在很长一段时间内，我们的教学仅仅停留于理论的介绍，以致有人曾说到，“营销这门学科太简单，外行看一个星期，也就看完了这本书，学会了！”单纯的理论书本学习，让营销的教学一度陷入了死记硬背的误区中；此后虽然兴起了案例教学，但因缺乏科学的工具，又让很多人认为营销只不过是忽悠和经验积累！

营销到底有没有科学性？其实营销学科在发展之始就是以科学研究起步的。而营销工程正是将这些科学研究成果集于一体，运用于营销实践中——让学术研究与成果离我们的实践不再遥远！

营销工程兴起于20世纪80年代中期，以Gary L. Lilien和Arvind Rangaswamy等学者为代表。他们编著的《营销工程——计算机辅助营销分析和计划》一书影响了商学院的学生；同时利连安教授运用他的营销工程学，已经为包括IBM、HP在内的许多世界著名公司提供了卓越的客户咨询。21世纪初，营销工程开始进入中国，但由于目前营销工程的教学材料及其案例都是基于西方市场，在传播方面还存在一定的瓶颈。

2008年，澳大利亚南澳大学杨松博士开始在华东理工大学商学院为MBA学员开设营销工程的课程，学员有很好的反应，同时希望能有更多的中国本土的营销工程实例来支持学习。于是，在杨松老师的指导、黄庐进副院长的支持下，我们开始了营销工程在中国本土的案例撰写，其间，根据中国商科学生的情况，在利连安等教授的《营销工程》一书的基础上，对营销工程的知识进行了梳理和整合。

《营销工程与应用——基于中国市场与企业运作的视角》，是我们对这本书的命名，也是这本书的特点。

第一，本书以营销管理理论的逻辑结构为基础，发展营销工程的知识体系和相应的理论运用模型；让读者在学习的过程中具有清晰的知识脉络；

第二，本书在模型的建立和讲解中，对相应的知识都会有补充，包括营销学、统计学、数学等。这样有利于读者在学习的过程中整合多学科知识，对营销有更深刻的理解。

第三，本书的大部分案例都是编写组的老师和同学根据中国市场和企业调研的实际情况发展的。基于中国本土市场和企业实际发展的案例让大家能更深刻地理解和学习营销工程。

毕竟，我们是第一次尝试完成这样一本书，难免有很多的不足。希望读者能给出更多的意见和建议，以让我们在今后能做得更好，为读者呈现更精彩、更有价值的中国版营销工程。

前言

Contents 目录

第1章 导论

引言

目前，越来越多的组织已经认识到市场营销在提高其经营效率方面的重要性。

现代市场经济中，市场营销因其在提高企业市场效率方面的重要性，在企业中的运用越来越广泛。但是随着全球化进程的加快，企业营销环境日益复杂化，依靠"经验"作出决策的"传统（艺术）"营销已不能满足企业的需要。如何借助于多学科知识发展营销，为企业在营销决策时提供更多的科学分析工具，已成为目前营销发展的主要趋势。营销工程正是在这种趋势下，综合工程学、数学、统计学等学科的相关知识发展起来的一门营销应用型学科。

● 通过本章学习，达到以下目标：

1. 了解营销工程发展的背景和进程；
2. 知道营销工程在中国发展的必要性和意义；
3. 掌握营销工程中的基本方法和决策模型。

1.1 营销工程概述

1.1.1 营销工程发展的背景

20世纪50年代，西方国家经济的快速复苏、科技的发展使企业面临的市场环境、可用的经营手段都发生了较大的变化，对营销知识的运用也提出了新的挑战。

1. 营销环境的变化

第二次世界大战结束后，世界经济环境发生了巨大的变化。由于全球经济一体化进程的加剧，企业间的竞争与合作、区域经济组织在全球范围内迅速蔓延，现代商业模式如网络营销、顾客定制产品也突飞猛进。企业仅凭借以往的经验和营销理念已难以适应当今复杂的环境变化，这就迫切需要具有科学性、程序性和规范性的营销工程理念来应对竞争日趋激烈和成熟的市场营销环境。

2. 互联网和计算机的普及

IT技术的发展使互联网和计算机迅速普及，越来越多的管理者开始借助于计算机开展工作。不少公司通过计算机、网络访问各种信息并运用电子报表分析工具进行处理，以此为依据来进行决策。但是目前的很多分析工具还仅停留在整理数据的表层，尚未系统化。这种状况对于那些想借鉴分析工具来辅助指导决策的管理者来说，需求并未得到满足。

同时，IT 技术的发展促进了电子商务的发展，如 POS 机的使用。网络技术的迅速普及带来的新概念网络营销的发展，也为企业用电子方式自动获取消费者偏好和行为等更多有价值的信息提供了帮助。

在有效数据量出现爆炸式增长的情况下，如何将这些纷繁的数据更大程度融入决策的过程中，最大限度地利用现有的数据是摆在营销者面前的一大难题。由此，使用新技术、新方法来分析这些有价值的数据是营销者在数据爆炸性增长的环境中制定优势决策的坚强后盾。

3. 决策指导需要

虽然第二次世界大战后，很多企业已经把以顾客为中心作为经营哲学开展营销活动，注重市场调研，并在此基础上制定营销策略，但是数据资料的分析和处理仅仅告诉营销经理们决策时的现状是什么，营销人员也只能以此为基础运用自己的经验模型和所掌握的营销理论进行决策，整个营销决策仍停留在概念化的营销决策阶段。相比之下，营销管理者需要更科学的决策方法来帮助其作出更理性化的决策，如企业在目前的销售收入、市场份额下是否将更多的精力花在广告费用投入上，投入多少广告费用。因此，在这种形势下，营销工程作为量化分析的工具应运而生，帮助营销人员用经验得出的主观数据和客观数据来支持决策。

20 世纪 80 年代中期，Gary L. Lilien 和 Arvind Rangaswamy 等综合了前人的研究成果，提出了营销工程这一概念，整合了这一研究领域的成果，并编著了《营销工程——计算机辅助营销分析和计划》一书。至此，营销工程在国外发展已经有半个多世纪了。利连安教授运用他的营销工程学，已经为包括 IBM、HP 在内的许多世界著名公司提供了卓越的客户咨询服务。1982 年他和 Syntex 实验室合作，为这家处方药制药公司量身打造销售人员拓展模型，最终使该公司获得了超过 20%的利润增长，其在国外市场的应用中成绩斐然。2000 年在美国、西欧和澳大利亚等国家所做的一次有关市场营销学科面临的问题和学者研究情况的调查表明：营销工程作为营销决策方法论，是未来营销最重要的研究领域。

1.1.2 营销工程简介

营销工程是通过营销决策模型对营销数据、营销案例等进行定量化、系统化分析，修正概念性营销中的思想模型，提高决策准确性的系统工程。营销工程的发展为企业理性决策提供了技术支持。

1. 营销工程的方法描述

营销工程的方法描述如图 1.1 所示。

2. 营销工程决策模型介绍

(1) 决策模型

营销工程的基础是决策模型，主要为交互决策模型。通过营销工程的交互决策模型，营销人员可以模拟决策，研究不同决策下市场的反应。营销工程中的模型通过研究自变量、因变量之间，中间变量之间的关系，并尽量将两者之间的关系用数学函数表示出来，进一步运用数学函数关系式达到模型建立目标(决策点)。

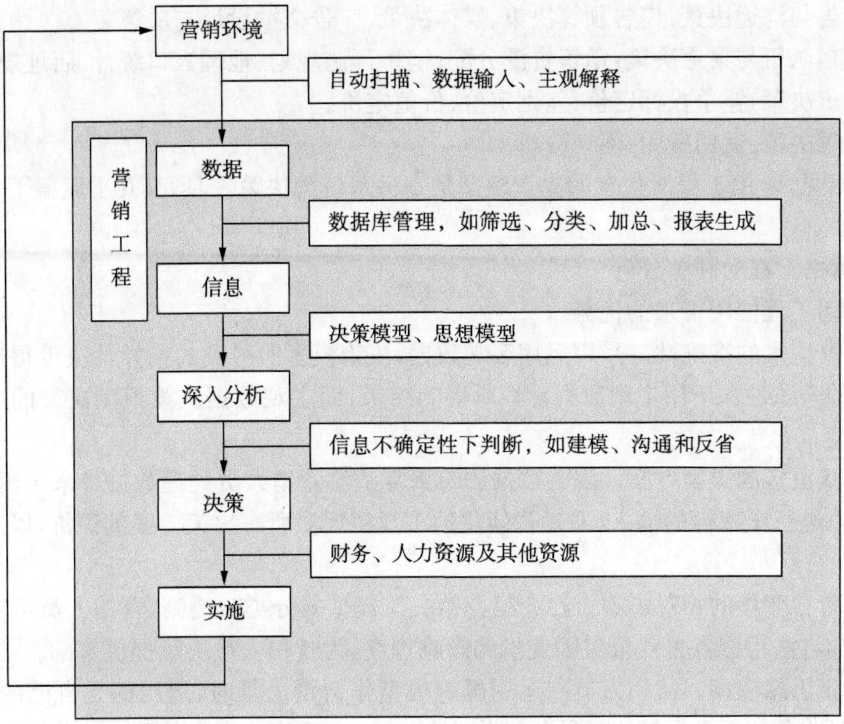

图 1.1 用于制定决策的营销工程方法

(2) 决策模型分类

① 根据模型建立目的分类

• 测量模型。测量模型是为了衡量多个自变量与因变量之间的函数关系，衡量营销学中各个营销工具对市场成果指标（如市场占有率、销售量）的影响及影响程度。自变量主要是营销组合中的一些变量，包括企业自身能够控制的一些变量、季节性变量、消费者特点、竞争对手所采取的行动等。

• 决策模型。建立在前述“测量模型”的基础上，为营销人员提供营销组合决策的选择域，辅助营销人员进行具体决策。通过多种计算方法和研究技术如整数规划、动态规划等最大化技术获取不同情况下的最优决策点。

• 理论模型。理论模型的目的主要是解释营销现象，主要包括文字模型和数学模型，通过两步假设建立模型，比较不同的第二步假设下的相异结果了解真实市场具体操作理论。得出的理论可帮助营销人员进行定性分析，或者作为测量模型和决策模型的理论前提以辅助定量分析。

② 根据所涉及的营销模块分类

• 市场细分板块：聚类分析（分割法和分层法市场细分）、判别分析、基于行为选择模型。

• 市场定位：知觉偏好分析。

• 市场战略分析：多项式分对数分析、神经网络预测、线性回归分析。

• 营销战略决策模型：决策树分析、产品业务组合分析、PIMS 策略模型指导、产品业务组合分析、层次分析法、竞争性分析。

• 新产品决策分析：联合分析、巴斯模型、ASSESSOR 预测市场模型。

• 广告与沟通决策：广告预算决策、媒体决策、广告文案设计与决策。

• 销售队伍与渠道决策：销售资源分配、销售拜访规划、地理人口统计、店址规划指导。

• 定价决策：竞争投标定价、差别定价、价值定价。

• 促销决策：促销费用、促销分析。

由此可见，营销工程所包含的决策模型是一种系统的决策工具，其几乎涵盖了营销领域的所有决策。

(3) 营销工程的利弊分析

① 营销工程使用带来的优势

• 提高决策的准确性。采用运用客观数据、决策模型所得到的指导性决策得出的结果与实际结果的一致性大于用主观数据计算所得的结果，而主观数据决策模型决策的准确度又大于思想模型。

• 寻找更多的决策方案。因为数据的纷繁复杂给营销人员处理数据带来了困难，运用决策模型可以进行试探性的输入，通过智能化的工具实现对所有决策方案的评价，以判断方案的优劣。

• 评价自变量的相对影响。在介绍营销决策模型的分类时提到，营销人员可用输入不同决策方案的方法检测各自变量对因变量的影响程度，为营销人员决策提供基础。

• 修正思想模型。营销人员在运用思想模型作营销决策时，运用的是自己的营销经验，较少能够吸收其他管理者解决问题的经验，决策在一定程度上存在偏差。这种情况下，决策模型起到了修正、优化思想模型的作用。

② 营销工程的缺陷

营销工程能提高决策的准确性，但不是绝对准确。营销工程中的决策模型只是作为思想模型的辅助工具，其既是一门科学也是一门艺术。营销工程中模型的运行需要大量数据，模型中部分数据是通过市场调研来获取的，消费者行为和社会行为具有复杂性，调研数据的真实性直接影响了模型使用的准确性；因此现实市场的复杂性，加之一般构造模型时研究者趋向于简化现实市场的复杂程度，从而导致预测误差。

1.2 营销工程的工具：市场反应模型

企业投入到市场上的营销努力，在一定的时间内会引起相应的市场反应。但营销活动所处的市场，不同于简单的实验室。营销经理不可能在市场上仔细观察各种业务过程，并清晰、确切地理解它们。营销工程中采用市场反应模型作为决策参考。

1.2.1 市场反应模型概述

市场反应模型如图 1.2 所示。

由图 1.2 可见，营销工程方法要求明确以下内容。

• 输入。指营销人员能控制的营销行为（如价格、广告、推销等营销组合）及不可控的变量，譬如市场规模、竞争环境等。

• 反应模型。指公司的输入与可衡量的产出之间的关系（如顾客知名度、产品认知、销售量和利润）。

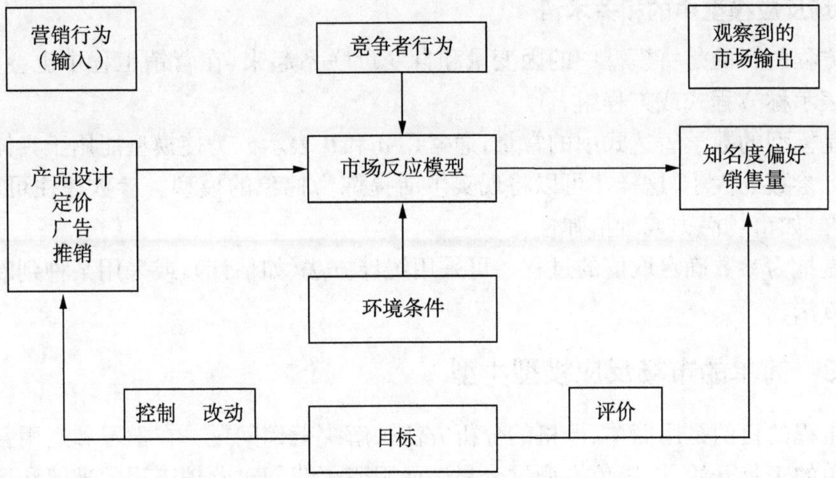

图 1.2　市场反应模型

- 目标。指公司用来监控和评估已经开展的营销行动/营销行动的标准。

市场反应模型在营销决策模型的框架中将营销输入、竞争者行为和环境变量转变成可衡量的市场输出，市场环境条件、公司的营销行为及竞争者的行为共同驱动市场作出一定的反应，形成关键的产出。营销者要根据公司事前制定的目标，对产出进行评价。公司再根据营销方案(活动)实施的效果，决定改进这些营销活动，这也就是决策——建模链。

1.2.2　市场反应模型的类型

1. 市场反应模型的分类

(1) 按照营销变量的数目来分：可分为单变量模型和双变量模型。如只考虑广告同销售量之间的关系，就称为单变量模型；如同时考虑广告和价格两个因素对销售量的影响，就称为双变量模型。

(2) 按照是否含有竞争元素来分：可分为将竞争单设为变量的模型和将竞争仅作为环境元素一部分的模型。

(3) 按照输入变量与输出变量之间关系的本质来分：可分为线性反应模型和非线性反应模型。如广告为输入变量、销售量为输出变量时，当广告投入的每一元钱对销售量都有相同的影响时，就是线性反应模型；如果广告投入超出一定范围会带来更大或更小的回报时，就是S形反应，即非线性反应模型。

(4) 按照决策环境是否为动态来划分：可分为分析一段时间内营销行动和市场反应的趋势模型，和仅考虑某一时刻的市场状态模型。

(5) 按照模型描述的是个体反应还是总体反应来分：可分为建立个体反应模型和建立整体反应模型。如用于直销或为特定的销售活动选择目标即为个体反应模型，当把这些个体反应综合在一起，即为整体反应模型。

(6) 按照所分析的需求水平(销售量和市场份额)来分：可分为直接分析销售量的模型和分别分析相关因素来确定销售量的模型。如要确定某一品牌的销售量，可以选择直接分析品牌销售量；也可以分别分析市场份额和市场总需求后，将两者相乘确定销售量。

2. 市场反应模型中的相关术语

建立方程的目的是将模型中的因变量和自变量联系起来，在营销工程中也会用关系式或数学式来表示称方程式或方程组。

参数是模型的数学表达式中的常量，通常用 a 和 b 表示。为使模型能用于具体情形，营销者必须估计参数的大小，这样才可以将现实生活提炼为抽象的模型。参数往往可以从营销角度进行解释，如市场潜力或价格弹性。

校准是指为参数确定取值的过程。可采用统计方法（如估计），或采用某种判断过程，还可综合多种方法。

1.2.3 简单的市场反应模型类型

营销工程的目的是用简单、严格的分析方法来解决营销问题。在学习和运用营销工程时，最好从简单的工具开始，以避免模型过分复杂而阻碍了我们对营销工程的理解和运用。

本节将先介绍一些简单而又广泛应用的市场反应模型的基本知识。这类反应模型是在不考虑竞争的情况下在一个非独立变量与一个独立变量之间建立联系。桑德斯于 1987 年在总结了营销研究中所讨论到的各种简单现象后，认为营销者可用各种营销模型来处理这些现象（图 1.3）。以下，我们用输入来指营销努力的水平，以 X 代表，即为独立变量；用输出指代结果，以 Y 代表，即非独立变量。

P1：当输入为零时输出为零；

P2：输入和输出是线性关系；

P3：回报随输入的提高而降低（新增一单位的输入比以前增一单位的输入所带来的输出要少）；

P4：输出不能超出某一水平（饱和）；

P5：回报随输入的提高而递增（新增一单位输入比以前增一单位的输入所得的输出更多）；

P6：随着输入增加，回报先增加，而后减少（S 形回报曲线）。

P7：在输入能产生输出之前，输入必须超过某一水平（阈值）；

P8：输入达到一定水平后，输出开始下降（过饱和点）。

为市场构建的模型表示哪些现象要取决于很多因素，包括观察到的市场状况（数据）、对市场的了解（判断或经验）及现有的有关市场反应的理论。以下概要介绍几种常见的模型形式，这些模型中都反映了这些市场现象。

1. 线性模型

线性模型是最简单且使用最广泛的模型。

$$Y = a + bX \tag{1-1}$$

线性模型在运用时，具有以下优点：

(1) 给定市场数据之后，可以应用标准回归方法估计参数的值；

(2) 模型容易表示，也易于理解；

(3) 在输入的取值范围内，线性模型能很好地近似表示很多更复杂的函数，直线在有限区域内能逼近大多数曲线。

但线性模型也存在一定的问题：

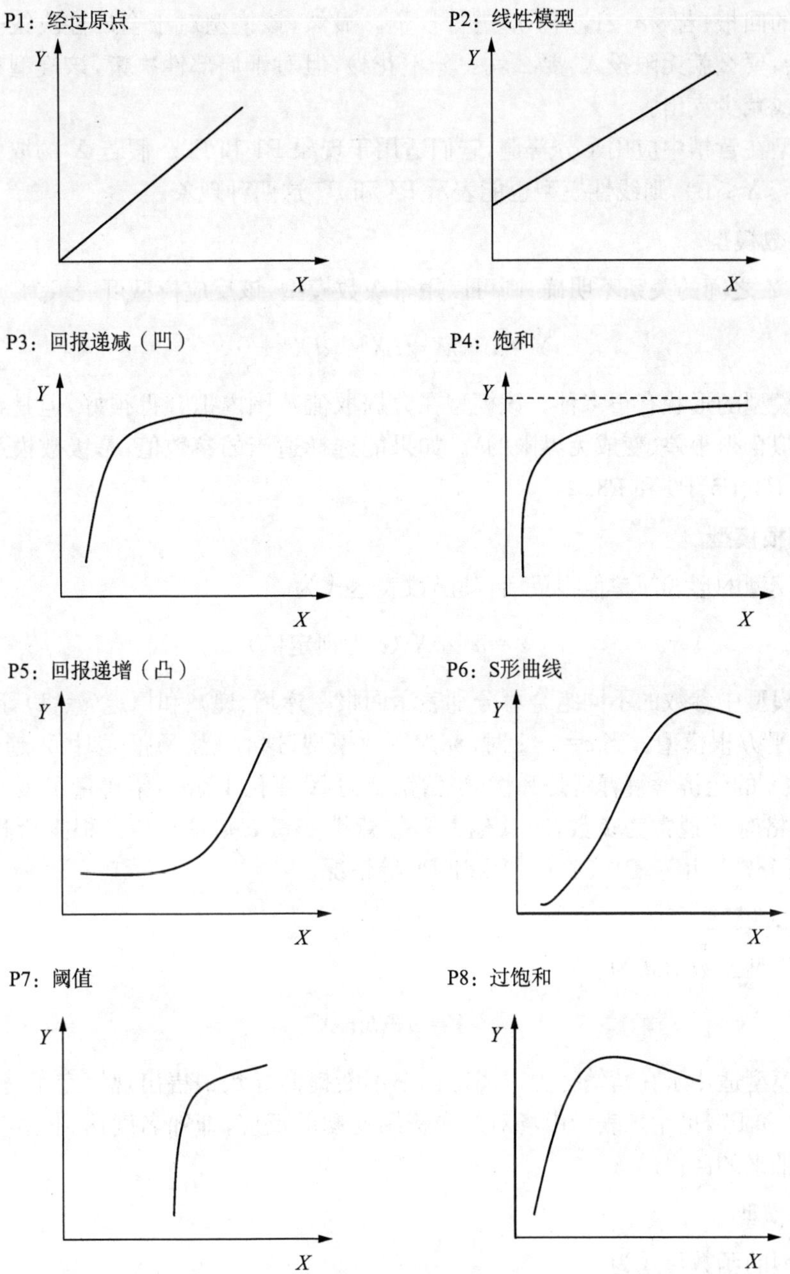

图 1.3　桑德斯反应模型现象的图示

(1) 线性模型假设在任何一点回报率都是常数，也就是说，它无法表示 P3、P5 或 P6 这三种情况；

(2) Y 没有上限；

(3) 决策时线性模型提供给经理的指导意见往往不合理。

对于最后一点，要注意，销售量斜率($\Delta Y/\Delta X$)在任何一点都是恒定的，且恒等于 b。这样，假如该产品的边际贡献(目前假设为常量)为 m，则每增加一单位的投入带来的边际利润就是 bm。若 $bm>1$，则应该无限增加对营销活动的投入，也就是说，投入的每一元钱可以立即带来高于一元钱的回报；若 $bm<1$，则不应进行投资。显然，该模型对于全局性决策来说作用是有限的（它暗指：要么就无限投入，要么就一分不花！），但对于局部性决策，该模型有助于决定是否应该增加或减少支出。

线性模型在营销中应用十分普遍，它们适用于现象 P1 和 P2。假若 X 的取值范围限于某个区间内（$\underline{B}\leqslant X\leqslant\overline{B}$），则线性模型也能表示 P4 和 P7 这两种现象。

2. 幂级数模型

若 X 和 Y 之间的关系不明确，则可以用幂级数模型，该反应模型可表示为

$$Y=a+bX+cX^2+dX^3+\cdots \tag{1-2}$$

幂级数模型的形状有很多种。该模型在数据取值范围内拟合得很好，但是在数据取值范围之外通常拟合得很差（变成无界限的）。如果能选择适当的参数值，幂级数模型可用来表示现象 P1、P2、P3、P5、P6 和 P8。

3. 分数根模型

分数根模型的形式简单但很灵活，其函数表达式为

$$Y=a+bX^c（c\text{ 为预定值}） \tag{1-3}$$

分数根模型中参数的不同组合可分别表示回报率递增、递减和恒定（$c=1$）等情况。当 $c=1/2$ 时，称为平方根模型。当 $c=-1$ 时，称为倒数模型；这时，当 X 很大时，Y 趋近于 a。如果 $a=0$，则参数 c 的经济学解释就是弹性（当营销努力 X 变化 1%时，销售量 Y 变动的百分比）。当 X 表示价格时，c 通常为负数，对其他大多数营销变量 c 则是正值。根据所选参数值的不同，该模型可分别适用于 P1、P2、P3、P4 和 P5 等情况。

4. 半对数模型

半对数模型函数形式为：

$$Y=a+b\ln X \tag{1-4}$$

半对数模型适用于在营销努力以固定比率不断提高导致销售出现恒定绝对提高的情况。它适用于 P3 和 P7，可用来表示市场对广告费用变动的反应，即知名度达到一定阈值后，再增加广告支出带来的回报递减。

5. 指数模型

指数模型的函数形式为

$$Y=ae^{bX} \tag{1-5}$$

式中，$X>0$。指数模型表示回报率递增的情况（对于 $b>0$ 而言），但经常也用作 $b<0$ 条件下的价格反应函数（即回报随价格下降而递增），这里 Y 随 X 增大而逐渐趋近于 0。指数模型适用于 $P5$；当 b 为负数时，也适用于 $P4$（Y 趋近于 0，即下限）。

6. 修正指数模型

修正指数模型的函数形式为

$$Y=a(1-e^{-bX})+c \tag{1-6}$$

修正指数模型在 $a+c$ 处达到上限或饱和水平，在 c 处达到下限，表示回报率递减。该模型可用于现象 P3 和 P4，可以用作推销努力的反应函数；当 $c=0$ 时，也可用于现象 P1。

7. Logistic 模型

在营销所用的各种 S 形模型中，Logistic 模型或许是最常见的。它的函数形式为

$$Y=\frac{a}{1+e^{-(b+cX)}}+d \tag{1-7}$$

该模型在 $a+d$ 处达到饱和水平，回报先递增，随后递减，围绕 $(d+a)/2$ 对称。Logistic 模型适用于现象 P4 和 P6，此模型易于估计，应用广泛。

8. Gompertz 模型

Gompertz 模型是应用较少的 S 形函数，该模型的函数形式为

$$Y=ab^{c^X}+d \tag{1-8}$$

式中，$a>0$；$0<b<1$；$c<1$。Gompertz 曲线和 Logistic 曲线都有上限和下限；但 Gompertz 曲线中，$\lg Y$ 的连续一阶差分的比率为常数，而 Logistic 曲线中，则是 $1/Y$ 的连续一阶差分的比率不变。该模型适用于现象 P1、P4 和 P6。Logistic 函数比 Gompertz 函数更易于估计，因此名气更大，应用也更广泛。

9. *ADBUDG* 模型

ADBUDG 模型由利特尔(1970)提出，其形式为

$$Y=b+(a-b)\frac{X^c}{d+X^c} \tag{1-9}$$

对于 $c>1$，该模型呈 S 形；而对于 $0<c<1$，则该模型为凹形。它的下限为 b，上限为 a。该模型适用于现象 P1、P3、P4 和 P6，它广泛应用于构建广告、推销努力的市场反应模型中。

1.2.4 选择与评价市场反应模型

营销工程中的各类模型各有利弊。每种模型都具有某些用途，适用于某种情况。因此，在使用时，我们必须考虑模型的适应性。营销工程学者们建议采用以下四种适用于反应模型的标准选择模型。

1. 模型的说明

(1) 模型是否含有能表示决策状况的变量？

(2) 模型的变量在管理上是否可行？

(3) 模型是否能表示各变量的预期行为(如回报递减、遗留效应或阈值效应等)？

2. 模型的校准

可否用管理者判断的数据或历史数据校准模型，或通过试验校准模型？

3. 模型的有效性

(1)模型要求数据的详细程度是否同现有数据的详细程度一致？

(2)模型能否合理准确地再现当前的市场环境？

(3)模型能否为使用者提供使用价值?

(4)模型能否准确完整地表示所要研究的现象?

4. 模型的可用性

(1)模型是否容易使用(如是否简单,是否以易理解的方式表达结果,是否允许用户控制它的操作)?

(2)模型的实现是否易于理解?

(3)模型能否为管理者提供有意义的指导?

1.3 营销工程中国本土化的发展

产生于第二次世界大战后市场环境变化和技术迅速发展的宏观环境背景之下的营销工程,经过五十多年的发展,在西方国家已经成为了营销学中独立的、最具发展潜力的学科之一,但鉴于课程的复杂性和外来学科的性质,营销工程作为营销学领域一门新的学科和技术,在中国的发展尚处在起步阶段,未具规模。

1.3.1 营销在中国的发展

营销学自1978年引入以来,在我国得到了很大的发展,市场营销知识在商科学生中的普及一定程度上也促进了企业经营效率的提高。

目前,市场经济的逐渐规范化和竞争的日趋激烈,使得企业不可能再仅仅依靠浅层次的营销手段就能取胜,靠决策者拍脑门的决策方法已经不足以在激烈的竞争中取胜。这就要求企业的决策者运用现代科学决策方法通过对大量消费者数据进行定量分析结合自身的经验,取得科学有效的决策。营销工程正是这样一门将营销学理论运用于解决实际问题的、辅助管理者作出科学决策的规范学科。

2000年以来,国内一些学者开始对营销科学进行研究,成立了营销工程研究所、营销工程专业委员会,但还停留于学习、引进阶段。在教学方面还仅限于介绍性的讲座教学。我国现有商科的营销课程仍然停留在营销一般基础理论的普及,MBA学生仍然困惑于如何科学地运用营销理论帮助其在今后的工作中作出决策。

1.3.2 营销工程本土化发展的必要性

上述对营销工程的应用价值、市场发展趋势的描述及目前中国大学中商科教育的现状表明,营销工程无论是对竞争日益激烈的市场还是对我国的商科学生均具有重要的意义。

(1) 中国市场成熟化进程中的要求。诚然中国的市场经济发展尚未达到完全成熟的境界,整体的市场发展也不够规范,但是随着政府各种政策的出台,中国的市场日渐得到肃清。同时,改革开放以来大量的外资引进为中国的市场注入了一源活水,促使市场逐渐规范的同时也带来了中国市场强劲的竞争态势。在竞争日趋激烈,市场日趋成熟、规范的形势之下,根据数字、软件、科学的方法等的使用得出的结果往往是营销管理者的定心丸。这种实际的需要指导着营销工程的发展进程。

(2) 商科学生或营销专业学生职业发展的需要。首先,全球化竞争的加剧,使商学院的学生必须掌握国际先进的知识以具备和其他国家学生竞争的实力。同时,中国部分公司已经开始向西方大公司学习，引入营销工程方面的一些知识，开展咨询业务。因此，市场上对营销专业学生的要求已不再是仅仅感性的理论认识，而要求他们能在学习理论知识的基础上，科学地运用理论以帮助企业解决实际问题。但目前商科的教学基本上还是停留于理论学习。这就对高校商科的教育和毕业学生的质量都提出了挑战。

(3) 目前营销工程的教辅材料和软件都是英文的，且是基于西方市场需要开发的，对于本土教学和应用有一定的不适应性。营销是一门社会科学，不具有地理普适性。人的心理、特质及社会的制度都将对其产生影响，而中西方完全是两种不同的文化背景，这导致决策模型的各因素及变量都会因人文环境的不同造成差异。如果完全照搬原有的营销工程知识，这可能会误导营销管理者，在市场上不能作出准确的判断。

(4) 我国高校(学术界)对营销工程的研究已经起步。但在教学方面尚还处于萌芽阶段。高校教育作为未来企业人力资源的培养皿是这门技术在中国发展和传播的重要途径之一。但营销工程涉及的领域较为广泛，涵盖了心理学、消费者行为学、经济学、统计学、计量经济学等多方面的知识，具有较高的系统性和复杂性，这一系列的学科性质使得国内部分高校对营销工程的研究未成体系，教学方面也未曾突破。这在一定程度上限制了营销工程的普及和推广。

1.3.3 营销工程本土化发展的可行性

营销工程在中国本土化的问题是不少学者所关心的问题，基于中国市场的特殊性和中国传统文化背景影响下消费者行为的差异性，已经在海外市场上被成功使用的营销工程是否能在中国得到长足的发展是学者乃至众多营销管理者所关心的问题。

1. 市场逐渐规范化

中国市场上营销活动的宏观环境具有特殊性，但是鉴于保证市场健康、稳定、快速地发展和消费者权益保护的意识逐渐提升，政府逐渐完善法律，促进了市场的规范化，为营销工程的发展提供了法律环境。

2. 执行的简单化

营销工程作为一种决策工具，对于软件使用者的技术要求并不构成一道门槛。建立了适合中国、适合本企业的营销工程后，营销管理者只需了解模型适用环境、模型运行所需数据并进行相应的市场调研得到模型需要的数据，进行处理后输入系统，现存的办公室软件即能快速将结果反馈给管理者。营销人员所要掌握的就是如何读懂运行结果并在此结果的基础上进行决策。

3. 模型的优化

营销工程作为一种系统的工程，其所依赖的决策模型的建立思想大部分是基于现存的营销理论。而营销理论在中国基本上得到了普及，西方营销理论的思想在中国已经得到了本土化，以之为基石的营销工程在本土化营销理论的指导下能够得到长足的发展。营销工程作为营销管理者思想模型的补充、决策的工具可以通过本土化的模型改善，诸如因子的修改、函数关系的修改甚至是建模技术的修改来体现营销工程的魅力所在。

4. 各个高校技术条件日渐成熟

近年来，国际化交流的自由化使得国内建模技术迅速成长，中国各大理工类高校受经济发展的带动，各方面也都得到了提升，例如华东理工大学这样的理工类院校工程教育是学校的特色，在数学建模、计算机软件开发等方面具有扎实的基础，能够为营销工程模型的本土化提供技术支持。

市场的成熟化、资本的全球化、贸易的自由化等因素在促进全球性竞争的同时要求中国企业在激烈的竞争中进行科学决策，科学决策的需求从而又对高校提供的人才素质提出了要求，这就促成了在中国使用营销工程这一决策辅助工具的需求。另一方面，从营销工程的适应性来看，营销工程决策模型本身的特点以及中国经济的发展、技术的进步为营销工程在中国的发展提供了软硬件基础。由此看来，企业、高校的有机联合，必将加速营销工程在中国本土化的建设，以使市场营销在中国的发展更加全面、科学和理性，从而促进高校营销教育和企业营销效率的提高。

第2章 市场分析

引言

"知己知彼,百战百胜。"企业在开展营销活动之前,必须对所面临的市场进行研究和分析,以了解市场的特点,才能有针对性地制定营销战略和策略。

市场分析的对象包括营销环境、消费者、组织购买者。营销学原理构建了市场分析的理论框架。本章,我们将结合营销工程的发展,讨论市场分析中的相关模型,并以相关案例来说明其运用。其中2.1节注重于营销工程中的消费者行为模型及其应用;2.2节则针对市场形势分析模型及其应用展开讨论。

通过本章学习,达到以下目标:

1. 理解消费者选择模型的理论基础及运用;
2. 理解NBD;
3. 理解市场形势识别模型,并学会将其简单地运用于市场预测。

2.1 营销工程中的消费者分析

2.1.1 消费者选择模型

在诸多重要的经济决策中,我们有时面临的是在多个选项(或称离散性的选项)中作出选择。举例而言,职业的选择、教育程度的选择、婚姻的选择、品牌的选择等。运用常规的经济学边际效用递减理论来分析这些类型的选择并不合适,因此,我们用概率选择的消费者理论来研究这种离散性的选择(Discrete Choice)。

——2000年因离散性选择模型获得诺贝尔经济学奖的Daniel McFadden

正如Daniel McFadden所说,人们在生活中的很多重要决策都是非连续和离散的,同样,在市场营销领域,消费者的选择问题往往也可以归结为在多个品牌中选择一个的问题。因此,我们可以通过研究消费者的选择行为,确定其在选择不同品牌时的决定因素以及这些因素对其品牌选择的影响程度,识别消费者行为特点,从而将消费者进行分类(寻求最可能购买哪类品牌的个人或群体、寻求购买相关品牌最可能的群体),以为企业的市场细分与选择(企业开展营销活动、制定营销战略和策略)奠定基础。

消费者选择模型以消费者效用函数理论为基础，假定消费者对不同品牌产品的价值评估是建立在对这些产品的不同特征、属性的综合考虑之上的，如消费者对某一品牌电脑的评价是考虑了价格、速度、内存、外观设计等一系列因素之后的综合评价。消费者效用感知的差异性导致其对不同品牌的综合评价（满意程度）就会有差异，而这正是决定消费者选择的内在原因。根据消费者效用函数理论，只要能够量化消费者赋予各产品特征属性的关注程度（权重），并将这些权重估算出来，营销人员就可以了解消费者，并据此运用模拟消费者的行为。

概括来讲，消费者选择模型可以帮助我们解决如下问题：

- 消费者在作购买决策时，受到哪些因素的影响；
- 这些因素在多大程度上影响消费者的选择；
- 作为一种基于选择行为的市场细分方法，根据估计出的每个顾客选择市场上各个品牌的概率，将市场细分为若干个顾客群；
- 深入了解细分市场顾客群的行为特征，据此调整产品和营销策略，从而进一步满足顾客需求。

下面阐述最基本的消费者选择模型，即消费者面临两个品牌的选择，在这个过程中，哪些因素会影响，并如何影响消费者作出最终的决策。

1. 二元分对数模型(Binary Logit Model)

(1) 理论基础

① 消费者效用

经济学中，消费者效用是指消费者的购买活动表面上是为了直接获得商品，实际上是为了从商品中得到某方面的满足。一切所需要的商品都会给不同的消费者带来满足和快乐，这就是消费者要购买商品或服务的原因。同时，西方经济学还指出，消费者的总效用和其购买的数量是密切相关的，即在购买初期，随着消费者购买数量的增加，消费者总效用呈递增趋势；而随着其购买数量的进一步增加，消费者边际效用会开始降低（图 2.1）。

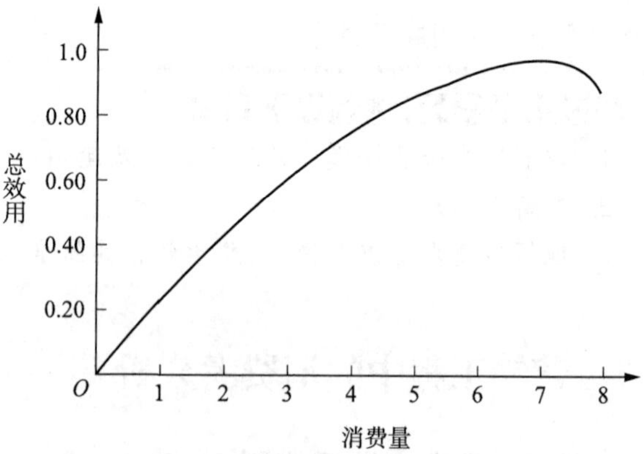

图 2.1　经济学中消费者效用示意

在营销实践中，消费者效用是一个非常复杂的变量，消费者的购买数量只是影响其效用的众多影响因素之一。在一个竞争较为充分的市场中，同一产品一般会有众多的厂商在生产和出售，消费者也会根据自己的偏好和外界的影响选择特定厂商生产出售的产品。即不同品牌的产品虽然在本质上是相同的，但是由于它们之间的差异性（如质量、价格、功能等的微小差别），或产品外的其他因素（如购买渠道、组织压力等），会导致不同品牌吸引特定的顾客群。即不同品牌的同类产品会对消费者产生不同的效用。而且，在一般情况下，消费者在作出购买决策时，都会遵循效用最大化原则。

消费者选择模型主要讨论的就是不同品牌对消费者效用的影响，如果用 U 表示消费者效用，则 U_{ij} 表示品牌 i 对消费者 j 所产生的效用。不同品牌对不同消费者产生的效用可以直观地用图 2.2 表示。

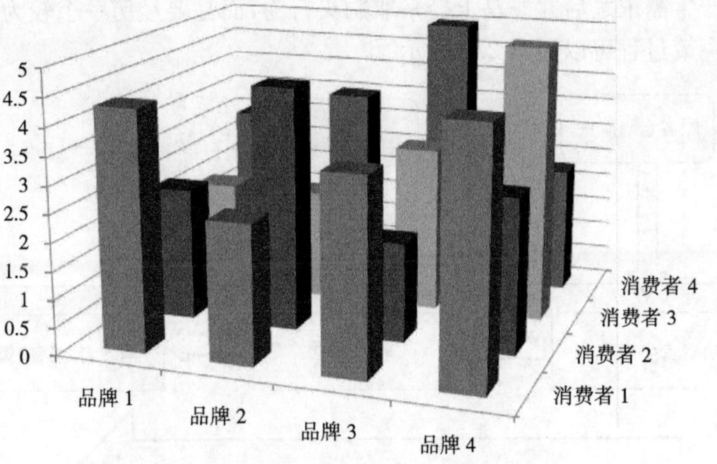

图 2.2　不同品牌对不同消费者产生的效用

从图 2.2 可以看出，不同品牌对于不同的消费者的效用是不一样的。如果将效用和消费者在宏观层面上分析，同理推出，特定品牌会吸引某一类消费群体，而这一群体的消费者在很多方面是具有较为一致的特征的（例如具有相当水平的收入，具有相仿的年龄，具有相同的兴趣爱好等）。因此，研究消费者效用一方面可以得到品牌或产品细分市场的特定消费者群体的特征，另一方面还可以进一步对品牌或产品的需求进行初步预测，为营销决策提供强有力的数据支持。

在此，如果引入效用函数，则某一品牌对消费者产生的效用可以用式（2－1）进行量化分析：

$$U=\beta_0+\beta_1 x_1+\beta_2 x_2+\cdots+\beta_n x_n \qquad (2-1)$$

式中　U——某一品牌或产品对消费者产生的效用；

β_0——没有考虑到的其他影响因素和随机误差项（也可认为是某种商品的品牌资产）；

$\beta_1\sim\beta_n$——参数，表示相应的因素对消费者效用的影响程度，也称权重（权重的估计运用到极大似然估计原理，后面的论述中会有具体说明。）

$x_1\sim x_n$——影响消费者效用的因素。

根据消费者的购买经验，消费者购买一件产品或者一项服务，其产生的直接后果就是可能给消费者带来一定的满足感和愉悦感，而另一方面，如果此次购买未能达到消费者的期望，则可能让消费者感到不满意甚至恼怒。因此，消费者效用 U 的取值范围从理论上讲可以是 $(-\infty,+\infty)$ 的任意值。$\beta_1\sim\beta_n$ 为消费者效用影响因素的参数，当 β 为正数时，表示该因素对消费者效用的影响是积极的（正方向影响）；当 β 为负数时，表示该因素对消费者效用的影响是消极的（负方向影响）。β 的绝对值大小表示该因素对消费者效用的影响程度，即 β 的绝对值越小，表明该因素对消费者效用的影响程度越小；β 的绝对值越大，表明该因素对消费者效用的影响程度越大。

② 消费者选择概率

消费者选择概率 P 指的是消费者在购买某一产品或服务时，面对该产品或服务的众多品牌时，作出购买某一特定品牌的决策的概率，这一选择可以是首次购买，也可以是重复购买。按照这一定义，消费者选择概率的取值范围是 0 到 1。

消费者在产生需求之后并非马上会采取购买行为，而是要经历一个较为复杂的决策过程。消费者购买的决策过程可以用图 2.3 表示。

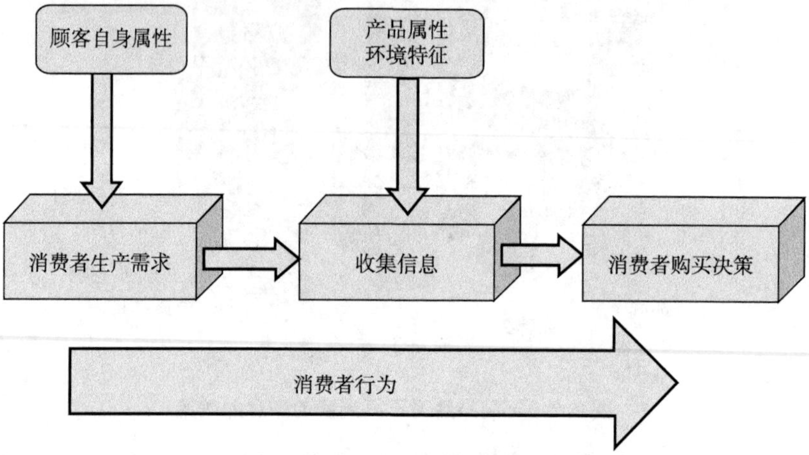

图 2.3　消费者购买的决策过程

从图 2.3 可以看出，从消费者产生需求到作出购买决策，消费者的行为至少可以分解成三大部分。如果考虑到消费者购买后的行为，则消费者的一次购买行为至少可以分解成五个阶段来看：认识需求→收集信息→比较评价→购买决策→购后感受。

每一个环节都可能影响到消费者选择购买某一特定品牌产品的概率（包括首次购买和重复购买的选择概率），而整个消费者购买的过程当中，消费者行为都起着影响作用，因此，消费者行为以消费者购买的决策过程为纽带，最终对消费者的选择概率产生影响。

（2）运算方法——分对数的应用

消费者行为是一个非常复杂的概念，很难精确测量并直接量化。但是，从前面的论述中可以看出，消费者效用是消费者行为的一个直观反映，并且易于量化。而且，由于消费者在作出购买决策时，一般都会遵循效用最大化原则，因此，消费者效用和消费者选择概率之间存在着某种联系（图 2.4）。

图 2.4　消费者效用与消费者选择概率的关系示意

要研究消费者效用 U 对其选择概率 P 的影响，就需要建立这两个变量之间的映射关系：$U\sim P$。然而前面已经提到，消费者效用 U 用于表示某一次购买行为对消费者产生的效用，其取值范围理论上可以是(－∞,＋∞);而 P 表示消费者在面对同类产品时选择购买某一品牌的概率,根据概率的性质,P 的取值范围应该是(0,1)。因此,要解决 U 和 P 之间的映射关系,就需要运用到分对数(Logit)的相关原理。

分对数是由美国经济学家 Daniel Mcfadden 在 1970 年代提出的用于经济学、社会学等多个领域的统计实证分析方法,其主要思想简单来说就是取对数的方法。对于上文中的消费者效用 U 和选择概率 P,因其取值范围的原因,要将这两个变量对应起来,就可以用 Logit 的相关原理。

$$\ln\frac{P_i}{1-P_i}=U_i=\beta' x+\varepsilon \tag{2-2}$$

式中,将消费者选择概率 P 进行变换后,再取自然对数,便可以很容易地看出,等式左边的式子的取值范围变成了负无穷到正无穷,其函数图像如图 2.5 所示。

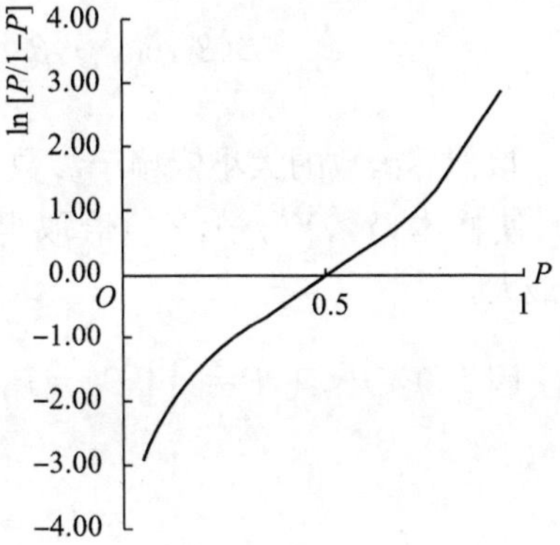

图 2.5 ln [P_i/(1−P_i)]的函数图像

它正好与消费者效用 U 的取值范围对应起来:当选择概率趋近于 0 时,左边式子的取值趋近于负无穷,当 P 的值趋近于 1 时,左边式子的取值正好趋近于正无穷(而当 P 的取值为 0.5 时,左边式子的取值为零。效用值为零,说明这两个品牌给消费者带来的效用感知没有差别)。从而,消费者的选择概率就可以用消费者效用的函数来表示出来①。

$$P_i=\frac{\exp(U_i)}{1+\exp(U_i)} \tag{2-3}$$

自此,选择模型便通过分对数的方法将消费者效用 U 和选择概率 P 的映射关系表示出来。

(3) 极大似然估计法估计参数

极大似然估计法最早是由高斯(C. F. Gauss)提出,后来美国著名统计学家费歇尔(R. A. Fisher)在 1912 年重新提出了这个想法,并且证明了这种方法的一些性质,使得极大似然估计得到了广泛的应用。其理论基础是所谓的"极大似然原理",直观想法为:一个随机试验如果有若干个可能结果 A,B,C,…而在一次试验中,结果 A 出现了,则一般认为试验的机理最有利于结果 A 出现,即使得 A 出现的可能性最大。

在消费者选择模型(此处以二元分对数模型为例)中,涉及一个效用函数等式,即式(2-1),其中参数 $\beta_1\sim\beta_n$(表示相应的因素对消费者效用的影响程度,也称权重)的估计就运用到极大似然估计。

为便于解释,引进随机变量 Y 来表示顾客的选择行为(此处规定仅有两个可供选择的品牌,我们要研究的是顾客关于品牌 k 的选择行为),令

$$Y^i=\begin{cases}1, & \text{顾客 } i \text{ 选择产品 } k,\\ 0, & \text{顾客 } i \text{ 未选择产品 } k.\end{cases} \tag{2-4}$$

① $\ln\frac{P_i}{1-P_i}=U_i\Rightarrow\frac{P_i}{1-P_i}=e^{U_i}\Rightarrow P_i=e^{U_i}-P_ie^{U_i}\Rightarrow P_i=\frac{e^{U_i}}{1+e^{U_i}}$

现考虑随机抽取的一个顾客样本，这些顾客的实际选择行为已被观测到(即某一实际购买情境下，顾客的选择行为)。假设随机抽取的顾客样本为$(Y^1,Y^2,\cdots,Y^m)$，相应的观测值(即实际观测到的这些顾客的选择行为)为$(y^1,y^2,\cdots,y^m)$，其中，$y^i=1$ 或 0；顾客 i 选择产品 k 的概率为 $P_i(0<P<1)$。

样本$(Y^1,Y^2,\cdots,Y^m)$恰取得观测值$(y^1,y^2,\cdots,y^m)$的概率可表示为

$$L(\cdot)=P(Y^1=y^1,Y^2=y^2,\cdots,Y^m=y^m)=\prod_{i=1}^{m}P_i \tag{2-5}$$

该式即为样本的“似然函数”。将顾客的选择概率 P_i 用式(2-3)代替，得

$$L(\beta_0,\beta_1,\cdots,\beta_n)=\prod_{i=1}^{m}P_i=\prod_{i=1}^{m}\frac{e^{\beta_0+\beta_1x_1^i+\beta_2x_2^i+\cdots+\beta_nx_n^i}}{1+e^{\beta_0+\beta_1x_1^i+\beta_2x_2^i+\cdots+\beta_nx_n^i}} \tag{2-6}$$

该似然函数的大小依赖于参数 $\beta_1\sim\beta_n$ 的值。根据极大似然原理，我们应选择$(\beta_0,\beta_1,\cdots,\beta_n)$，使样本$(Y^1,Y^2,\cdots,Y^m)$恰取得观测值$(y^1,y^2,\cdots,y^m)$的可能性最大，即使式(2-6)达到最大。

因为 $0<P<1$，$P=\prod_{i=1}^{m}P_i=P_1\cdot P_2\cdots P_n=-\infty$，故对式(2-6)两端取对数，

$$\ln(L)=\ln\left(\prod_{i=1}^{m}\frac{e^{\beta_0+\beta_1x_1^i+\beta_2x_2^i+\cdots+\beta_nx_n^i}}{1+e^{\beta_0+\beta_1x_1^i+\beta_2x_2^i+\cdots+\beta_nx_n^i}}\right) \tag{2-7}$$

考虑到 $\ln x$ 是 x 的单调增函数，故参数 $\beta_1\sim\beta_n$ 的值也可以通过使得 $\ln(L)$ 最大化来得到。分别关于每个参数求偏导，并令其为零，得对数似然方程组：

$$\begin{cases}\dfrac{\partial\ln(L)}{\partial\beta_0}=0,\\ \dfrac{\partial\ln(L)}{\partial\beta_1}=0,\\ \cdots\\ \dfrac{\partial\ln(L)}{\partial\beta_n}=0.\end{cases} \tag{2-8}$$

解上述似然方程组，求得模型的参数 $\beta_1\sim\beta_n$ 的估计值。

(4) 消费者选择模型的运用步骤

在中国，市场份额最大的两家搜索引擎分别为百度和谷歌，它们的市场份额占到了中国整个互联网搜索引擎市场的90%以上。其中，百度是全球最大的中文搜索引擎，2000年创立于北京中关村，它号称“真正符合中国人习惯”、具有“可扩展的互联网核心技术”；谷歌是一家美国上市公司，于1998年创立，目前被公认为是全球规模最大的搜索引擎，它提供了简单易用的免费服务，用户可以在瞬间得到相关的搜索结果。虽然百度和谷歌在提供的服务上大体是相同的，但它们却拥有各自的顾客群。

现以谷歌和百度为例，运用消费者选择模型探究谷歌与百度的细分市场及其特征。

第一步：通过预调研，初步确定影响顾客选择品牌行为的主要因素。

通过二手资料的查阅以及对消费者的访谈，初步确定消费者在选择搜索引擎时受到以下

因素的影响：性别、年龄、地域、网龄、使用搜索引擎的年限、搜索引擎在用户心目中的重要程度、对搜索引擎广告推广的态度(图 2.6)。

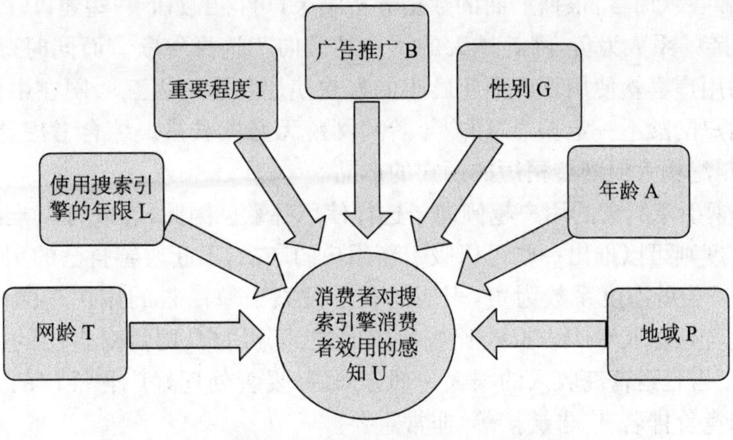

图 2.6　消费者对搜索引擎消费者效用感知的影响因素

第二步：收集信息。

根据第一步确定的影响因素设计问卷，展开问卷调研，进行数据的收集。调研对象为经常使用互联网及搜索引擎的群体(一周至少使用互联网三次以上)。

第三步：数据的整理与分析。

对收回的有效问卷进行整理，并运用 SPSS 对数据进行二元回归分析，得到的主要数据分析结果如表 2.1 所示。

表 2.1　方程中的变量

		B	S. E.	Wald	df	Sig.	Exp(B)
Step 1a	网龄	−1.545	0.921	2.810	1	0.094	0.213
	使用年限	−1.831	0.995	3.386	1	0.066	0.160
	重要性	−0.845	0.676	1.562	1	0.211	0.429
	广告态度	−1.344	0.665	4.089	1	0.043	0.261
	性别	0.007	0.883	0.000	1	0.994	1.007
	年龄	2.340	0.739	10.040	1	0.002	10.386
	地域	0.387	0.680	0.325	1	0.569	1.473
	常数	13.704	5.535	6.131	1	0.013	894 748.550

考虑各项影响因素的显著性分析，取置信区间为 90%，得到针对百度的消费者效用函数表达式(问卷设置中，0 代表谷歌，1 代表百度)：

$$U=13.704-1.545*\text{网龄}-1.831*\text{使用年限}-1.344*\text{广告态度}+2.340*\text{年龄} \tag{2-9}$$

该效用函数表明：网龄越长、使用搜索引擎越久、越介意广告的用户越偏向于使用谷歌，而年龄越大的用户越偏向于使用百度，常数项 13.704 表示本效用函数中未考虑到其他影响因素所提供的效用之和。

自此，利用消费者选择模型从消费者行为的角度量化地分析出互联网搜索引擎细分市场的特征。

第四步：根据数据分析结果，提出相应的营销策略。

对于百度和谷歌而言，根据上面的数据分析结果，可得出如下一些建议。

① 用户网龄的系数为负，网龄越大的用户越倾向于选择谷歌。而同时，用户年龄系数为正，即年龄大的用户喜欢使用百度而年龄小的喜欢使用谷歌。因互联网在中国兴起的时间不长，年龄大的用户网龄不一定长，故用户年龄和网龄无必然联系。综合考虑这两点，百度可以推出一些针对年纪稍大但网龄稍短的用户的产品。

② 使用搜索引擎越久的用户越倾向于选择使用谷歌。因此，谷歌可以推出一些针对老用户的产品，而百度则可以推出一些可以吸引新用户的产品，不断改善自己的用户群结构。

③ 用户对广告的态度系数为负，表明越在乎搜索引擎广告的用户越倾向于选择使用谷歌。因此，百度若想赢取对广告推广比较敏感的这部分用户，则需对自己的广告方式进行改进。因互联网广告是运营商收入的很大一部分来源，妥善处理好广告推广的方式和用户体验之间的关系（如竞价排名、广告链接等）非常重要。

2. 多项式分对数模型（Multinomial Logit Model，MNL）

前面通过介绍在两个品牌中选择其中一个的二元分对数模型（Binary Logit Model），阐述了消费者选择模型的相关原理。但在现实生活中，我们遇到的往往是在多个品牌之间进行选择的情况。这时，我们需要用到的模型称为多项式分对数模型（Multinomial Logit Model，MNL）。多项式分对数模型同样可以用来解释和预测消费者的选择行为，是应用最为广泛的模拟个体层次上的顾客行为的方法之一。

MNL 模型是基于以下几个核心概念建立起来的：

- 顾客对可选组合中的每一项都有一个不可观测到（至少对建模者来说是如此）的偏好和效用值存在；
- 可选组合中的每一个选项给顾客带来的效用都由两部分组成，确定部分（可选组合中选项固有的价值和吸引力）和随着可选组合、顾客群、购买情境变化而变化的随机部分；
- 随机部分的函数分布类型是明确的；
- 在每一个选择情境中，顾客都遵循效用最大化原则作出选择。

MNL 模型涉及的相关原理与二元分对数模型一致，该模型的具体公式如下：

$$P(i|A)=\frac{\exp(U_i)}{\sum_{\forall j\in A}\exp(U_j)}=\frac{\exp(\beta_i' X_i+\varepsilon_i)}{\sum_{\forall j\in A}\exp(\beta_j' X_j+\varepsilon_j)} \tag{2-10}$$

式（2-10）表示，在一个可选品牌的组合 A 中，顾客选择购买品牌 i 的概率。考虑到影响效用估计的各种因素，把消费者的效用分成两个部分，一部分是研究者可以观测的效用，是关于属性变量的线性函数；另一部分是研究者不可观测的部分，包含难以观测到的效用和观测误差产生的影响。据此，消费者效用函数为以下形式：

$$U_i=V_i+\varepsilon_i \tag{2-11}$$

式中，U_i 表示顾客从商品 i 中得到的效用；V_i 表示效用中的确定部分，是关于产品属性的一个线性函数；ε_i 是效用中的不确定部分。顾客选择产品 i 的确定性效用表示为：

$$V_i=\sum_k w_k b_{ik} \tag{2-12}$$

式中，i 表示产品；k 表示属性；b_{ik} 表示顾客对产品 i 在属性 k 方面作出的评价，此处要考虑顾客可能购买的所有品牌；w_k 表示属性 k 在促使顾客形成产品偏好方面的权重，是一个待估的参数。

假设顾客过去的选择经历被认为是体现了效用最大化的选择原则，误差项(ε_i)服从独立同极值(iid)分布[也称 Gumbel 分布或第一类极值(type Ⅰ extreme value)]，则顾客在多品牌之间选择某一品牌 i 的概率可表示为：

$$P(i|A)=\frac{e^{\hat{V}_j}}{\sum_j e^{\hat{V}_j}} \tag{2-13}$$

(1)多项式分对数模型的性质

MNL 模型在营销学领域的价值在哪里？简单地说，分对数的结构能够反映出实际选择行为中存在的微分敏感度。这是由分对数的性质决定的。式(2-13)中的取幂保证了概率永远为正，因为任何实数的幂都永远是正数。取幂还保证了当所有衡量引力的指标都增加一个常数时，概率保持不变。这样，引力指标只需形成间距尺度。这个特点非常重要，因为大多数基于顾客的衡量结果都只能得出间距尺度。

S 形曲线：分对数模型的一个重要特点在于它能生成一条 S 形曲线，能表示出引力和所选品牌之间的预期关系。如果把式(2-13)当做 V_i 的函数，用图表示就会生成一条 S 形曲线。对于缺乏吸引力的品牌，它接近于 0，而对于很有引力的品牌则接近于 1。在分对数模型的大多数应用中，都假设品牌引力是该品牌各个属性的函数。这个函数一般是线性函数，形式如式(2-12)所示。

倒"U"形的边际效应反应：某一品牌在某一属性 b_{ik} 方面的变化产生的边际效应可以用很简单的形式表示。把 P 当做 b_{ik} 的函数，并对它求导数：

$$\frac{dP_i}{db_{ik}}=W_k P_i^*(1-P_i^*) \tag{2-14}$$

式中，P_i^* 为在当前可供选择的品牌集合内选择品牌 i 的预期概率。因此，某个变量变动的临界值是选择该品牌的预期概率的函数。图 2.7 是式(2-14)的图示。当选择该品牌的概率为 0.5 时，该营销努力的边际效应达到最大；但当选择该品牌的概率接近于 0 或 1 时，其边际效应接近于 0。可见，分对数模型具有很好的行为特性：它假设消费者对是否选择某一品牌犹豫不决时营销努力的增量效应会达到最大值。

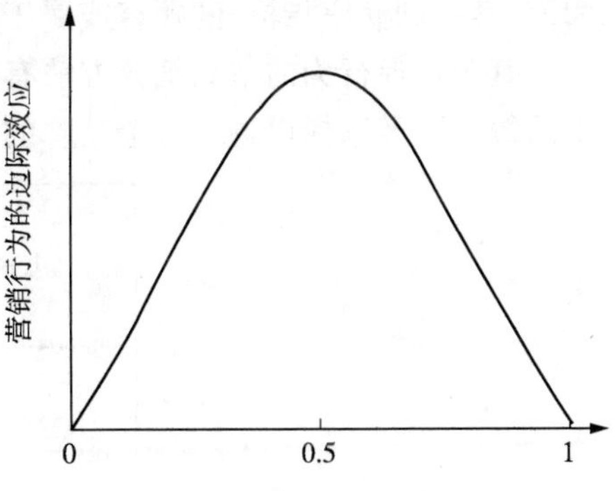

图 2.7 营销努力的边际效应依赖于品牌选择的概率

弹性反应：同样地，我们也可以计算出选择概率的弹性，即独立变量 k 变动 1%时，选择概率变动的百分比。其表达式如下：

$$\frac{dP_i}{db_{ik}}\frac{b_{ik}}{P_i}=W_k(1-P_i^*)b_{ik} \tag{2-15}$$

在其他因素不变的情况下，P_i^* 越低，弹性反应越大。换句话说，相对于有高选择概率的产品，低选择概率的产品的营销努力可以得到更大比例的增量效应。

分对数模型的以上特性使得它比线性概率模型效果要好。线性模型只是简单地把 P_i 当做 b_{ik} 线性组合的函数，以此来预测 P_i 的值。线性概率模型假设 b_{ik} 的变化对 P_i 影响的概率是不变的。这同我们认为的外部因素对品牌选择的应有影响不一致，而且可能会导致预计概率小于 0 或大于 1。

比例夺取：这是分对数模型的另一个性质。它假设所有顾客在选择过程中都会考虑到所有品牌，他们不事先进行任何筛选，也不删除某些品牌。这种事先筛选称为“考虑过程”。“比例夺取”假设遭到了很多批评，也限制了多项式分对数模型的进一步应用。研究人员提出了多种解决“比例夺取”问题的方法。其中一种是先验市场细分，研究人员将市场划分为若干个对不同品牌集合有不同考虑的小市场。另一种方法是将产品（而不是顾客）分成若干个彼此直接竞争的小组。如果我们认为选择过程是层层递进的，就可以假设消费者是在树形结构每一层次上的树枝之中进行选择。比如，若消费者要购买空气清新剂，他会先选择空气清新剂的外观，然后再选择品牌。这里采用的分对数模型形式称为“嵌套分对数”，先用式(2－13)选择外观（树形结构的上层），在此结果上再用一个分对数模型来选择品牌（树形结构的最下层）。

（2）多项式分对数模型的应用

通过多项式分对数模型，公司可以对顾客进行细分和选择（/确定）目标顾客，从而使公司有针对性地做营销努力。这种基于选择行为的市场细分方法目前应用越来越广泛，尤其是在直销（也称为数据库营销）中。根据式(2－13)得到顾客的预计购买概率，然后用这一购买概率信息计算期望顾客利润率。它只对式(2－16)中的期望顾客利润率高于送达该细分市场所需成本的那些细分市场开展营销活动。

$$\text{期望(总)顾客利润率}=\text{购买概率}\times\text{购买时可能的购买量}\times\text{此顾客边际利润(利润率)} \quad (2-16)$$

按照预期顾客利润率递减的顺序对顾客数据库进行排序，公司可将顾客利润率超过某一阈值（某一利润率指标）的顾客或属于顾客数据库中利润率最高的顾客作为目标顾客。

基于选择行为的市场细分方法有很多应用方式。以下是另一种顾客细分方式：根据估计出的每个顾客选择市场上各个品牌的概率，对顾客进行细分。

忠诚顾客	可转换顾客
竞争性顾客	竞争者忠诚顾客

图 2.8　公司顾客的四个细分市场

忠诚顾客：选择本公司的概率比选择其他竞争者的概率高很多。

竞争性顾客：选择本公司的概率最高，但同选择次优品牌概率之间不存在统计上的显著差异。

可转换顾客：倾向本公司的竞争者，但本公司对他们是第二位的选择，并且两者的差距在统计上并不显著。

竞争者忠诚顾客:选择本公司的某个竞争者,偏好程度在统计上十分显著。

对于忠诚顾客和竞争者忠诚顾客,已无需再多做营销努力,维持之前的水平即可。可以深入挖掘的细分市场为竞争性顾客和可转换顾客,根据这两类细分市场中顾客群的不同特征,制定或调整相应的营销策略,就可为公司争取到更多的顾客,带来更大的利润收获。

多项式分对数模型的应用已经非常广泛,但模型的建立一般都基于一定假设的基础之上,故在实际运用过程中,需要结合实际情况,以免作出不恰当的营销决策,给公司带来损失。

2.1.2 NBD 模型

消费者选择模型,因其有一定的假设前提,所以在实际运用时有一定的局限性。消费者选择模型假定消费者是忠诚者的情况下,只解释了消费者购买什么品牌,和为什么选择购买这个品牌的问题。对于消费者选择多少次(购买次数)以及为什么选择这么多次的问题的研究则显得不足。现实生活中,很多产品都存在重复购买的问题,特别是快消品。消费者往往会在各种内、外因的影响下发生转换行为(或在各个品牌)——尤其是品牌之间差异不明显的产品。在这种情况下,如何预测消费者的购买决策以及各个品牌的市场潜量?

消费者对一个品牌的选择购买次数是个重要的问题,它反映了消费者对特定品牌的忠诚程度。NBD 则在一定程度上解释了这个问题。

1. NBD 模型概述

NBD(Negative Binomial Distribution),即负二项分布模型,是在重复购买情况下,对消费者的购买选择行为的分析。

NBD 模型是一种概率分布模型,它能够较全面地描述消费者的购买行为。在具有高重复购买特征的行业中,已有实验研究表明大多数消费者是多品牌忠诚的,完全忠诚于某一品牌的消费者很少。消费者根据自己的偏好在多个品牌中进行选择,往往可能会购买某一品牌的概率稍高而购买其他品牌的概率相对较低,而对品牌的偏好在消费者之间又是存在差异的,但对于消费者个人而言对各品牌的偏好是相对稳定的。

消费者购买某一商品的次数 x 一般服从 Poisson 分布,假设该 Poisson 分布的唯一参数 λ 符合 Gamma 分布,那么消费者购买的数量服从联合分布 $P(x)G(\lambda)$,这一联合分布函数就是负二项式分布函数,简称 NBD 模型。

在商业研究中,NBD 模型常与其他模型进行结合而进行运用,常见的有 NBD - Dirichlet 模型、BG - NBD 模型、Pareto - NBD 模型等。通过与这些模型的联合运用,可将其较好地运用于消费者重复购买行为等领域的分析。

2. NBD 模型推导及其价值

NBD 模型涉及的一些假设如下所述。

- **泊松购买。**顾客随机与企业发生交易,并且其交易过程可用泊松分布描述。若用 λ 表示个体顾客的购买率,则顾客单位时间内的交易次数 x 的概率密度函数为

$$P(X=x)=\frac{\lambda^x e^{-\lambda}}{x!}, \quad x=0,1,2,\cdots,\lambda>0 \tag{2-17}$$

- **伽玛异质偏好型。**个体顾客购买率 λ 在不同顾客之间存在着差异性,λ 服从伽玛分布,即

$$G(\lambda)=\partial^{\gamma}\gamma^{\gamma-1}\frac{e^{-\partial\lambda}}{\Gamma(\gamma)},\quad \lambda>0 \tag{2-18}$$

式中，$\Gamma(*)$代表伽玛函数；γ代表形状参数。

将式(2－17)、式(2－18)结合起来并经过整理，就可以得到顾客在单位时间内购买次数的负二项式概率分布，即为NBD模型

$$P(X=x)=\int_0^{\infty}\frac{\lambda^x e^{-\lambda}}{x!}\partial^{\gamma}\gamma^{\gamma-1}\frac{e^{-\partial\lambda}}{\Gamma(\gamma)}d\lambda \tag{2-19}$$

将式(2－19)中与λ无关的项提出积分号，并在积分号里外分别加入构造的分式整理后可得

$$P(X=x)=\frac{\partial^{\gamma}}{x!\Gamma(\gamma)}\frac{\Gamma(\gamma+x)}{(\partial+1)^{\gamma+x}}\int_0^{\infty}\frac{(\partial+1)^{\gamma+x}\lambda^{x+\gamma-1}e^{-\lambda(\partial+1)}}{\Gamma(\gamma+x)}d\lambda \tag{2-20}$$

式(2－20)中的积分部分实际上即是Gamma分布的累积概率函数，根据定义该项等于1，由此我们可以得到可用于估计的NBD模型，即

$$P(X=x)=\frac{\partial^{\gamma}}{x!\Gamma(\gamma)}\frac{\Gamma(\gamma+x)}{(\partial+1)^{\gamma+x}} \tag{2-21}$$

在得到式(2－21)后，可对其采用极大似然估计原理，进行估算，通过求解极大值即可得出模型的参数θ。

通过以上的推导和模型估计，即可得到各项相关参数，这些参数为我们进一步计算市场渗透率、购买频率等一系列指标提供了条件。

主要涉及以下绩效指标：

渗透率(Penetration)：所有消费者中，曾经购买过某一品牌的消费者所占的比例。

购买频率(Purchase Frequency)：购买过某品牌的消费者对于该品牌的平均购买次数。此指标就是我们常说的“回头客”的购买，在一定程度上反映了客户的忠诚。

品牌品类需求份额(Share of Category Requirements，SCR)：购买某品牌的消费者中，所购买的该品牌数量占他们所购买的该品类所有品牌的数量的比例。

3. NBD模型运用案例

1) 案例背景

(1) 中国牙膏市场发展历程

1998年，全国牙膏产量达到28.07亿支，比1949年增长了133.6倍，2000年产量达到了36亿支，年人均使用量提高到了2.8支。2010年产量达到了747 458万支(平均每支折65克)——中国产业信息网。

中国牙膏市场大致经历了以下四个阶段。

第一阶段(1949—1992年)：国内品牌三足鼎立

1949年到1992年期间，中华、两面针和黑妹三大国产品牌一直分享了中国庞大的牙膏市场。但三大品牌几乎没有正面竞争，各居一隅，分别占据着东部、南部和西部市场，相安无事。

第二阶段(1992—1996年)：洋品牌小试牛刀

1992年，世界最大的牙膏品牌高露洁进入中国市场，1995年宝洁公司的佳洁士进入中国。在这一阶段，由于外国品牌的价格过高(约为国产品牌的3倍左右)，他们仅仅进入了沿海大中

城市的高端市场。

第三阶段(1996—2000 年):洋品牌洗牌中国市场

外资品牌完全改变了中国牙膏市场格局:一方面通过收购国产品牌来取得市场份额和渠道,如联合利华从上海牙膏厂取得了“中华”和“美加净”的品牌经营权;另一方面通过出色的营销手段与价格调整,让大众接受自己。1996 年,国内牙膏 10 强品牌中外资品牌仅占两席,到 1998 年已经增至四席,而 2000 年更是增加到了 6 席。而“蓝天六必治”、“芳草”、“两面针”等昔日国产名牌整体陷入颓势。

第四阶段(2000 年至今):中国牙膏品牌寻求突破

“冷酸灵”、“田七”、“蓝天六必治”等国内品牌在经历了一轮市场洗礼后,营销手段和品牌管理理念日渐成熟。他们避开与外国品牌的正面交锋,在“中老年口腔护理”和“中草药护理”等细分市场上大做文章,取得了不错的效果。

(2) 品牌竞争格局

① 消费群体分析

牙膏虽然是一种家庭消费品,但随着国外品牌的进入,国内与国外品牌之间在消费群结构上开始出现差异:国产品牌牙膏的主要消费群集中在低收入者以及中老年人;而年轻人或中高收入者则偏向于使用国外品牌的牙膏。造成以上差异的原因可能有以下两点:一是不同年龄段的消费习惯不同。对于中老年人来说,使用习惯是很难改变的,特别是对于一种使用了十几年甚至几十年的产品,老品牌早已根深蒂固,要想让他们接受新事物恐怕很难。二是中外品牌价格有差距。尽管高露洁等品牌在近几年产品线延伸到了各消费层,但相对于国产品牌来说,价位过高。对于一般的消费者来说,使用国产牙膏已经可以满足基本的清洁需求,也算得上是“价廉物美”了。

② 消费区域特征分析

一线品牌覆盖全国各地。高露洁、佳洁士在全国各地都占据了主要的市场地位。二线品牌具有明显的区域特征。如冷酸灵、两面针在成都优势尤为明显;黑人、黑妹在广州表现突出;上海防酸在上海地区一支独秀,渗透率甚至高于佳洁士。

③ 主要品牌竞争手段分析

- 高露洁

高露洁一直占据着牙膏高端市场。近年来,由于人们生活水平的提高和消费习惯的改变,消费者对品牌的偏好程度加强,对价格的敏感程度下降,高露洁更是牢牢地占领了牙膏市场份额第一的位置。通过与中国牙防协会等医疗机构合作,以及广告中身着白大褂的“牙医”对消费者的谆谆诱导,高露洁在中国消费者心目中树立起了“牙科专家”的品牌形象。

- 佳洁士

佳洁士比高露洁晚进入中国市场三年,一直处于步步落后的境地,近几年来,佳洁士和高露洁在中国的营销战更是到了白热化的状态。虽然和高露洁一样,佳洁士也定位在了高端市场,但是与高露洁的专业形象不同的是,佳洁士将营销目标瞄准儿童,广告上频繁出现的是一张张儿童“没有蛀牙”的笑脸。通过在儿童心目中树立的良好品牌形象,来影响父母选择牙膏品牌。宝洁公司还想让少年儿童在“佳洁士”的产品和广告中成长,形成对佳洁士的品牌忠诚和消费习惯,培养潜在的市场。

- 中华

1994 年，欧洲日化用品巨头联合利华公司和上海牙膏厂采取“商标使用许可”的合作方式，租赁了“中华”的商标使用权。联合利华很看重“中华”的品牌知名度和其在中老年人群中的影响力。2001 年 5 月，联合利华更换了中华牙膏的标识，并推出了各种不同口味的中华牙膏，使它的消费群体向年轻化拓展。

• 冷酸灵

冷酸灵是重庆市著名的牙膏品牌，它能在竞争激烈的市场中生存下来，当初的产品定位和广告宣传功不可没。冷酸灵的广告主题在很长时间里一直集中在向受众表达，冷酸灵能解除牙齿遇到冷热酸甜后所遭受的痛苦。这使得冷酸灵品牌被牢固定位于药物牙膏上，并成为了这方面的第一品牌。20 世纪 90 年代中期以后，在高露洁、佳洁士等品牌的大举进攻下，冷酸灵仍然坚持了已有的正确主题与定位，提炼出了一句带给受众直接利益的口号：“想吃就吃，冷酸灵牙膏”，进一步强化了产品的诉求点，从而守住了自己的市场份额。但可惜的是，其后来“坚忍不拔，冷酸灵”的口号，以及“大象篇”、“立起篇”等广告策略的失败，让冷酸灵牙膏痛失了不少市场份额。

④ 牙膏市场未来发展走势

几年前，国外品牌的进入从根本上改变了中国牙膏市场的竞争格局，今天，这些已经奠定了坚固市场根基的国际品牌依然保持着旺盛的生命力，而又一批国外品牌也来到了中国，准备掀起新一轮的竞争。相比之下，国产品牌则显得后势不足。在今后的牙膏市场中，上演的应该是国外品牌与国产品牌之间的争夺，市场份额将被重新划分。

2）案例简介

消费者购买行为的模式在西方已被学者进行描述、建模以及使用了至少五十年。西方学者们对于消费者购买行为已经有了一个很深的理解。相比之下，中国消费者购买行为的研究总体而言却无甚发展，从数据到定义而言都不完善，可以说没有一个规范而系统的研究。中国消费市场是一块肥肉，有必要从一个规范而系统的渠道对中国消费者购买行为有一个深刻的理解。

本案例对 1999—2002 年北京市的牙膏市场中中国消费者的购买行为进行了分析。案例数据来源于 CVSC/TNS。这个机构在中国 16 个城市都进行了调查研究，对所有的购买记录（从 1992 年到 2002 年）进行单独分析。

本案例将运用 NBD - Dirichlet 模型进行分析，NBD - Dirichlet 模型消费者选择 x 一般服从Poisson 分布，假设该 Poisson 分布的唯一参数 λ 符合 Gamma 分布，那么消费者选择的数量服从联合分布 $P(x)G(\lambda)$，这一联合分布函数就是负二项式分布函数。假设选择的比例 P 服从 Dirichlet 分布[或称多元 Beta 分布，式(2 - 23)中由 $D(P)$表示]，则可以得到联合概率函数 $M(r \mid P, x)D(P)$，这一分布函数就是多项式 Dirichlet 分布（Dirichlet - Multinomial Distribution，简称 DM 模型）。

NBD - Dirichlet 模型是一种概率分布模型，它能够较全面地描述消费者的购买行为，其计算结果常常被作为基准来评价其他研究方法。NBD - Dirichlet 模型应用最多的领域是测量品牌绩效。

NBD - Dirichlet 模型涉及的一些假设除前述 NBD 模型涉及的泊松购买和伽玛异质偏好型有效外，还有一两个假设。

• 每个消费者在多个商店中选择某一商店服从多项式分布[概率密度函数如式(2 - 22)

所示]。

$$M(r|P,x)=\frac{n!}{x_0!\,x_1!\,\cdots x_k!}P_0^{x_0}P_1^{x_1}\cdots p_k^{xk}\quad 其中,n=\sum_{i=1}^{k}x_i \tag{2-22}$$

式中,n 表示所有选择项的总数;x_k表示第 k 家店被选择的数量;P_k表示第 k 家店被选择的概率。

- 消费者选择某家店的概率 P 服从 Dirichlet 分布[概率密度函数如式(2-23)所示]。

$$D(P)=\frac{\Gamma(s)}{\prod_{j=1}^{k}\Gamma(\partial j)}\left(\prod_{j=1}^{k-1}P_j^{\partial j-1}\right)\left(1-\sum_{j=1}^{k-1}P_j\right)^{\partial k-1}\quad 其中,S=\sum_{i=1}^{k}\partial_i 且 P_i\geqslant 0;\ \sum_{i=1}^{k-1}P_i\leqslant 1 \tag{2-23}$$

同上,我们可得到用于估计的 DM 模型表达式

$$P(X=x)=\frac{n!}{x_1,\cdots,x_k}\frac{\Gamma(S)}{\prod_{j=1}^{k}\Gamma(\partial_j)}\frac{\prod_{j=1}^{k}\Gamma(\partial_j+x_j)}{\Gamma(S+n)} \tag{2-24}$$

在得到式(2-21)和式(2-24)后,可对其采用极大似然估计原理,进行估算,通过求解极大值即可得出模型的参数 θ。

$$LL(\theta)=\ln L(\theta)=\sum_{i=1}^{n}\ln P(X=x|\theta) \tag{2-25}$$

3) 数据分析

根据分析见表 2.2。

表 2.2 2002 年北京牙膏市场上的九大领先品牌

Brand	Market Share		Penet-ration		Ave Purch Freq		SCR		100% Loyal	
	%O	%P	%O	%P	O	P	%O	%P	%O	%P
Any	100	100	100	100	11.6	11.6	100	100	100	100
Colgate	32	31	79	80	4.7	4.4	41	38	5	3
Others	16	16	58	58	3.2	3.3	28	28	2	1
Zhonghua	16	15	52	54	3.6	3.1	29	27	2	1
Crest	8	8	36	36	2.7	2.7	23	23	1	1
LMZ	8	9	41	39	2.2	2.8	21	24	2	1
Bluesky	7	7	32	32	2.4	2.6	22	23	2	1
Signal	4	4	21	20	2.2	2.5	19	21	1	1
LSL	3	3	16	16	2.4	2.4	21	20	1	1
Jieyin	3	3	16	16	2.3	2.4	22	20	2	1
Heimei	3	3	13	13	2.3	2.3	19	20	1	1
Average	10	10	36	36	2.8	2.9	24	25	2	1
MAD		0.01		0.01		0.21		0.01		0.01

资料来源:Uncles M D & Kwok S. The Impact of Culture on Sales Promotion effectiveness. In EMAC: European Marketing Academy Conference (2003), Presented at EMAC: European Marketing Academy Conference (2003), Glasgow, Scotland, 20-23, May 2003.

从案例数据可以初步看到，在北京牙膏市场中，高露洁和中华是市场份额的领先者，在2002年几乎增长到了市场的50%。高露洁有着极其高的市场渗透率，高达76%～80%，然而，在高露洁顾客的总购买当中，它却只占了约40%，即高露洁品牌的SCR仅为40%。

从整年来看，我们可以得出：

(1) 品牌的渗透率随着品牌市场份额的变化而变化。

(2) 对于弱势品牌存在着双危险效应。那些市场份额低的品牌不仅是拥有着较少的购买者，且这些购买者的购买频率较低。

(3) 每个品牌的SCR平均值只有24%，这也就意味着平均而言，某品牌的顾客可能会有76%的概率购买别的品牌，这是被分割的顾客忠诚最显著的证据。

(4) 平均只有1%的品牌顾客是100%忠诚的(在一整年中)，这再次验证了被分割的忠诚。

(5) 事实上，消费者常在一年之中从3到4个品牌中进行选择性的购买。

2.2 市场需求与趋势分析模型

仅对目标市场消费者的行为进行研究，还不能为企业未来营销活动制定合理的战略和策略提供“充分”的依据。市场需求与趋势分析也将为营销者提供一个很好的参考，让营销者能在未卜先知的情况下更好地了解：本产品未来将有多少客户群？产品能为公司带来多少销售收入？产品在市场上的销售能持续多久？

在本节，我们将主要讨论市场与需求趋势分析的相关模型与方法。

市场需求与趋势分析就是运用历史上相关的数据评估特定市场未来需求或产品销售的变化趋势，并基于分析的结果指导公司及各职能层面上战略和策略的制定。

从营销职能层面来看，市场需求与趋势的作用主要体现在以下几个方面。

• 为企业营销目标的设计提供依据。以数据为依据的趋势分析，避免了企业只凭感性出发制定战略，从而防止了目标太宏伟而无法达到，也降低了目标太低发生能力剩余的现象。

• 优化营销者的目标市场选择决策。通过市场需求预测使管理者了解市场结构，帮助其掌握未来各市场的发展潜力，并进行潜力评估对比，以做出更好(优化)的市场选择。

• 为企业展开业务组合分析。

2.2.1 市场需求与趋势分析方法分类

实践中，市场需求与趋势分析的方法按技术分类主要有：判断法、市场和产品分析法、时间序列分析法、因果分析法，具体见表2.3。

表2.3 市场需求与趋势分析方法续

判断法	市场和产品分析法	时间序列分析法	因果分析法
销售人员意见综合法 经理意见评审法 德尔菲法	购买者意图法 试销	单纯预测法 移动平均法 指数平滑法 Box-Jenkins法 分解法	回归分析 计量经济学模型 投入产出分析法 人工神经网络法

2.2.2 市场需求与趋势分析方法介绍

1. 判断法

判断法主要包括销售人员意见综合法、经理意见评审法和德尔菲法三种。

在市场研究中，判断法的具体实施办法主要是采用文件调查结合访谈法，再对收集的数据和信息进行统计和分析，得到调查结果报告。图 2.9 为判断法问卷调查程序。

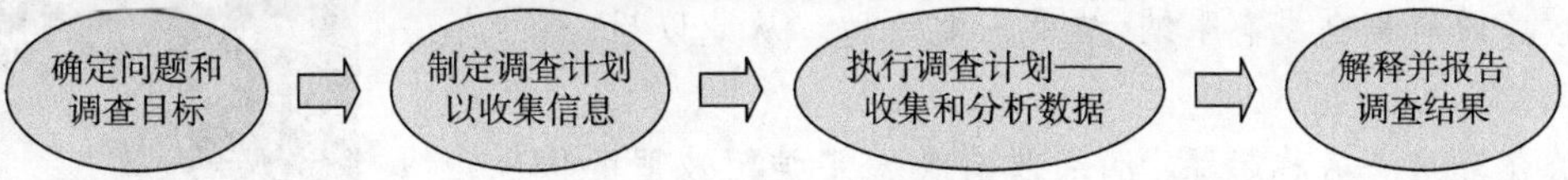

图 2.9 判断法问卷调查程序

(1) 销售人员意见综合法

销售人员意见综合法是利用销售人员对未来销售进行预测。有时是由每个销售人员单独作出这些预测，有时则与销售经理共同讨论而作出这些预测。预测结果以地区或行政区汇总，一级一级汇总，最后得出企业的销售预测结果。

销售人员是企业与市场和客户沟通的桥梁，身处一线，最容易接触到顾客需求信息，同时对于竞争者的营销活动效果感知也最有感触。因此销售人员长期的工作经验对于销售的估计很有价值，通过此种方法预测比较可靠。但受到销售定额顾虑或客户拓展方面的影响，销售人员意见也会存在偏差，使用本方法时要注意适当调整销售人员的估计结果，综合考虑多人的意见。

(2) 经理意见评审法

经理意见评审法是综合考虑企业各方面主管的意见，如产品销售、市场研究、生产管理、财务部门等各部门主管人相互交换意见共同分析预测产品销量。部门职能的差异使销售的预测最终受多方面的影响，考虑因素更为全面。但对于如何综合各方建议并在各部门意见间如何分配权重，目前还未出现较为系统的研究和判断方法。

(3) 德尔菲法

德尔菲法也称专家调查法，最初由美国咨询公司兰德提出，是一种通过向专家组进行多轮咨询，集中意见以获得一致性意见的预测方法。

德尔菲法具有以下三个关键特征：

① 匿名回答，即调查主持人用正规的方法获取不署名的观点和评估；

② 互动和受控反馈，即主持人采用多回合形式，一个回合的预测结果在受控下反馈给下一个回合，以此来促进成员间互动 ；

③ 统计化的集体回答，即在最后回合把个人意见综合成总体意见。这些特征有效地消除了占主导地位的个人、无关意见和集体压力对讨论产生的不良影响。

和经理意见评审法相似，德尔菲法在使用过程中也存在意见权重的设立局限，另外专家组人员的选择也成为一个难点。

德尔菲法的起源与演变

德尔菲法是在20世纪40年代由赫尔默(Helmer)和戈登(Gordon)首创,1946年,美国兰德公司为避免集体讨论存在的屈从于权威或盲目服从多数的缺陷,首次用这种方法来进行定性预测,后来该方法被迅速广泛采用。20世纪中期,当美国政府执意发动朝鲜战争的时候,兰德公司又提交了一份预测报告,预告这场战争必败。政府完全没有采纳,结果一败涂地。从此以后,德尔菲法得到广泛认可。

德尔菲这一名称起源于古希腊有关太阳神阿波罗的传说。德尔菲是古希腊地名。相传太阳神阿波罗在德尔菲杀死了一条巨蟒,成了德尔菲的主人。在德尔菲有座阿波罗神殿,是一个预卜未来的神谕之地,于是人们就借用此名,作为这种方法的名字。

德尔菲法最初产生于科技领域,后来逐渐被应用于其他领域的预测,如军事预测、人口预测、医疗保健预测、经营和需求预测、教育预测等。此外,还被用来进行评价、决策、管理沟通和规划工作。

德尔菲法应用案例

某公司研制出一种新兴产品,现在市场上还没有相似的产品出现,因此没有历史数据可以获得。公司需要对可能的销售量作出预测,以决定产量。于是该公司成立专家小组,并聘请业务经理、市场专家和销售人员等8位专家,预测全年可能的销售量。8位专家提出个人判断,经过三次反馈得到结果如表2.4所示。

表2.4 德尔菲法运用数据汇总表

专家编号	第一次判断			第二次判断			第三次判断		
	最低销售量	最可能销售量	最高销售量	最低销售量	最可能销售量	最高销售量	最低销售量	最可能销售量	最高销售量
1	150	750	900	600	750	900	550	750	900
2	200	450	600	300	500	650	400	500	650
3	400	600	800	500	700	800	500	700	800
4	750	900	1500	600	750	1500	500	600	1250
5	100	200	350	220	400	500	300	500	600
6	300	500	750	300	500	750	300	600	750
7	250	300	400	250	400	500	400	500	600
8	260	300	500	350	400	600	370	410	610
平均数	345	500	725	390	550	775	415	570	770

平均值预测

在预测时,最终一次判断是综合前几次的反馈作出的,因此在预测时一般以最后一次判断为主。则如果按照8位专家第三次判断的平均值计算,则预测这个新产品的平均销售量为:(415+570+770)/3=585。

加权平均预测

将最可能销售量、最低销售量和最高销售量分别按0.50、0.20和0.30的概率加权平均，则预测平均销售量为：570×0.5＋415×0.2＋770×0.3＝599。

中位数预测

用中位数计算，可将第三次判断按预测值高低排列如下

最低销售量：300　370　400　500　550，

最可能销售量：410　500　600　700　750，

最高销售量：600　610　650　750　800　900　1250，

最低销售量的中位数为第三项的数字，即400，

最可能销售量的中位数为第三项的数字，即600，

最高销售量的中位数为第四项的数字，即750。

将可最能销售量、最低销售量和最高销售量分别按0.50、0.20和0.30的概率加权平均，则预测平均销售量为：600×0.5＋400×0.2＋750×0.3＝695。

2. 市场和产品分析法

市场和产品分析法主要包括购买者意图法和试销法。

(1) 购买者意图法

购买者意图法就是通过问卷调查、询问法等形式直接调查消费者的购买意向和意见，据以判断销售量。如果消费者的购买意见是清晰明确的，这种意向会转化为购买行为，并且愿意向调查者透露，购买者意图法则是有效的。但部分学者的相关研究认为，消费者的购买意愿与实际的购买行为并不相符。Haley & Case(1997)和Morrison(1979)对此进行了细致的讨论。

(2) 试销法(市场试验法)

在新产品投放市场或老产品开辟新市场、启用新分销渠道时，选择较小范围的市场推出产品，观察消费反应，预测销售量。试销法解决了购买意图法中购买意愿和购买行为不符合的问题，实际的购买行为更具说服力。

3. 时间序列分析法

时间序列分析法就是将某种经济统计指标的数值按时间先后顺序排列成序列，再将此序列数值的变化加以延伸，进以推算，用以预测未来发展趋势。其特点主要是以时间的推移来研究和预测市场需求趋势，借以排除外界因素影响。采用时间序列分析法首先要找出影响变化趋势的因素，再运用其因果关系进行预测。

时间序列分析和预测方法较多，主要有单纯预测法、移动平均法、指数平滑法、Box-Jenkins法以及分解法。它们之间的区别在于如何联系过去的观察结果(历史数据)与未来销量。

(1) 单纯预测法

单纯预测法是把最近一次观察值当作预测值，即给最近一个观测值分配的权数为1，而给其他所有观测值的权数都为0。

比这种方法稍微复杂一点的还有以下两种方法：

① 自由预测法。直接观察时间序列数据绘制的图。这种方法的优点在于能迅速得出预测值，成本很低，并易于理解。但这种方法准确率低，尤其是对非线性序列，不同的人很可能会得出完全不同的预测结果。

② 半平均法。分析人员把时间序列分成两半，并计算每一部分的平均值，然后在两个平均点之间连一条直线，预测值可用这条直线得出。这种方法的优缺点与自由预测法相同。

(2) 移动平均法

移动平均法是平滑法中的一种，通过取若干过去观察值的平均数来减少随机影响预测变量值中存在的某种模式。移动平均法中赋予 N 个观察值 $1/n$ 的权数。N 越大，对预测值的平滑效果就越强。如果有新的数据可用，就要用最新的数据取代最旧的数据，即平均数是“移动”的，移动平均法生成预测值的时间很短，成本很低，不需要很多技术知识。但其准确率低，对 N 的选择比较武断，对于数据模式的变化，无法很容易作出相应的改变，因此处理复杂的数据模式时效果不好。

具体计算公式如下

$$S_{t+1}=\frac{1}{N}\sum_{i=t-N+1}^{t}X_i=\frac{X_t-X_{t-N}}{N}+S_t \qquad (2-26)$$

式中，新预测值 S_{t+1} 是前一个移动平均预测值 S_t 的函数；S_t 为第 t 期的预测值；X_t 为第 t 期的实际值；N 为移动平均法中使用的数值个数。

(3) 指数平滑法

指数平滑法与移动平均法十分相似，区别在于分配给过去各阶段实际值的权重不同，并且呈指数下降趋势，从而使得近期观察值的权数大于早期观察值。平滑系数的确定，通常情况下，分析者尝试性地从两三个不同的试用系数里选择一个平滑系数值。与移动平均法一样，当数据模式发生根本性变化时就存在局限。因此要对趋势和季节作出调整，在采用指数平滑法之前要调整数据。指数平滑法可表示如下

$$S_{t+1}=\alpha X_t+(1-\alpha)S_t \qquad (2-27)$$

式中，α 介于 0～1 之间，其数值由分析者凭经验确定。α 值较大，表示对过去的预测值和过去的数据(包括在 S_t 里)的权数较小；反之亦反。

(4) Box - Jenkins 法

Box - Jenkins 法(即 ARMA 法)为移动平均与自回归模型的混合模型，是最为笼统的短期预测法。如果时间序列不断随时间上下波动，可以根据式(2 - 28)通过取差来消除这一趋势。

$$\Delta Y_t=Y_t-Y_{t-1} \qquad (2-28)$$

然后再为 ΔY_t 建立 ARMA 模型。最初的序列 Y_t 可以通过在 Y_0 上累加 ΔY_t 得到。如果这一趋势是非线性的，就需通过多次逐次差分(d)才能产生一个稳态的 ARMA 序列。同时，最初的序列可以通过相加 d 次而重新获得。这种序列就被称作完整的 ARMA 序列，用 ARMA(p,d,q)表示。其中，p 指 AR 部分的顺序(所用的时期数)，q 是 MA 部分的顺序，d 是用来产生稳态的差分水平。ARMA 模型的多元扩展型被称为多元 ARMA，即 MARMA。这些模型将时间序列预测法与解释性变量和因果模型综合了起来。

(5) 分解法

分解法假设所有的序列都是由数据模式和误差共同构成的，将过去数据中存在的模式分解为许多表示各自时间序列的子模式，主要包括趋势、周期性和季节性。

$$X_t = f(I_t, T_t, C_t, E_t) \tag{2-29}$$

式中，X_t＝第 t 期的时间序列值；I_t＝第 t 期的季节性；T_t＝第 t 期的趋势；C_t＝第 t 期的周期性；E_t＝第 t 期的误差或随机误差。方程的准确函数形式取决于所用的分解法。比较常用的方程形式是乘法模型

$$X_t = I_t \times T_t \times C_t \times E_t \tag{2-30}$$

加法模型也是经常用到的一种形式。虽然分解法有许多具体的方法，但几乎都遵循相同的基本步骤。

• 对序列 X_t 计算 N 个时期的移动平均数，其中 N 是季节性的期数（如对每月数据，$N=12$）。这一计算平均值的过程可消除受季节性影响的数据波动；由于随机误差没有系统模式，所以这一过程也同时消除了随机性。

• 将 N 期移动平均的结果与原始数据分割开，以求得趋势和周期性。如采用乘法模型，可用原始时间序列数值除以平滑后的时间序列，剩下的就是季节性和误差。

$$\frac{X_1}{T_t + C_t} = I_t + E_t = \text{移动平均值} \tag{2-31}$$

• 将各季节的数据点在整个时间序列总时期数上进行平均，从而发现季节性因素。

• 明确趋势的表示形式（线性方程、二次方程还是指数方程），并计算每期的 T_t 值。可通过回归分析法或趋势调整的移动平均法来完成。

• 利用计算结果，从趋势与周期性的和中分离出周期性来（即移动平均值）。

• 从原始数据序列里分离出季节性、趋势和周期性后，就得出剩下的随机误差 E_t。

4. 因果分析法

（1）回归分析与计量经济学模型

与前述的各类方法不同，回归分析与计量经济学模型均为统计分析方法。回归分析的基本思想和方法是在英国统计学家 F. Galton 与其学生 K. Pearson 在研究父母身高和子女身高的遗传问题时被提出来的。"计量经济学"一词，是挪威经济学家弗里希（R. Frisch）在 1926 年仿照"生物计量学"一词提出的，其是一整套建立在数理统计理论上的计量方法。两者的用途和目的有两方面：理论检验和预测。它们主要用于寻找变量之间数学关系式的统计分析方法，通过大量的样本数据，能够确定变量之间的函数关系并对确定的数学关系式进行各种程度的可信度检验，以区分对某一特定变量影响较为显著和不显著的变量。另外，通过变量之间的函数关系，借助已知的因素值预测特定变量的取值。在市场需求预测的环境下则表现为寻找需求和其对应的影响因素之间的关系，通过函数和因素表现值计算销售量。

（2）投入产出分析法

投入产出分析法又称"部门平衡"法或"产业联系法"，由美国经济学家瓦西里·里昂惕夫在 20 世纪 30 年代最早提出，主要用于通过编制投入产出表及建立相应的数学模型，反映国民经济各部门、产业结构之间的内在联系；特别是能够反映国民经济中各部门、各产业之间在生产过程中的直接与间接联系，以及各部门、各产业生产与分配使用、生产与消耗之间的平衡（均衡）关系。应用在市场需求分析中，即表现为面向消费者的产品仅为市场需求的一部分，公司还有一部分企业客户，对于企业客户本公司产品即为中间产品但仍属于本公司面临的市场需

求。因此，在进行需求预测时，需计算公司作为一个生产部门对于其他部门（包括最终消费者和其他生产者）做出的贡献，也即为市场需求的预测值。

(3) 人工神经网络法

人工神经网络法是由大量处理单元互联组成的非线性、自适应信息处理系统，试图通过模拟大脑神经网络处理、记忆信息的方式进行信息处理，以表示投入和产出之间的复杂关系。神经网络通过建立多层次网络模型，输入变量数值（变量 1）计算预测与输入数值（变量 1）关系不明确的另一变量 2 的值，进行数据的转换并输出。人工神经网络对于变量的预测能力相对于回归分析更具优势，在预测初始分析人员无需详细说明模型的结构，能够体现变量间多种复杂的非线性关系。当数据缺失时，人工神经网络模型能够更好地拟合，因此平均预测准确性和预测误差的方差相对于其他方法效果更具优势。

综观前述的多种预测方法，试销和时间序列法更多地用于短期或中期预测，而因果分析法适合进行中长期预测。在进行预测时要综合考虑各种方法的优劣势，科学地选择预测方法。

第3章 营销战略与决策

引言

“不谋万事,不足谋一时;不谋全局,不足谋一域”。商场如战场,在发展市场之前,必须先对未来、全局有个清晰的规划,以使企业在开展营销活动、朝正确的方向前进时,做正确的事。因此,企业在认识市场之后,要制定营销战略并作出相关的决策以确立“正确”的方向。

本章主要对营销工程中所涉及的营销战略与决策概念、理论框架及部分相关模型展开讨论。

通过本章学习,达到以下目标:

1. 知道营销战略分析的基本框架与相关概念;
2. 理解决策树、BCG 矩阵、PIMS 的理论基础及其在营销战略中的作用;
3. 在理解决策树案例的基础上,学会运用决策树解决现实中的营销问题。

3.1 营销战略分析的相关概念及理论框架

3.1.1 战略与营销战略

战略一词最早出现于军事领域,原意为“将军”,引申为指挥军队的艺术和科学。在现代社会和经济生活中,战略被广泛用于描述一个组织打算如何实现其目标和使命。

从企业管理的角度来看,一个组织的战略是指其主要的目标、目的或意图模式,以及达到这些目标的根本性政策或计划,表现形式为确定公司经营方向或未来方向,以及组织目前及未来的性质。

对于一个想在竞争的市场上获得长期发展的组织来说,制定合适的战略是其成功的关键要素之一。因为组织在发展中所面临的环境通常具有以下特征:资源有限;竞争优势和行为的出现并不确定;资源投入不可能回收;其决策必须依靠竞争双方之间的协调,而且随时间不断调整;主观权失控不稳定。合适的战略会帮助组织很好地应对解决上述问题,获得长远发展。

战略主要涉及的是追求效益的潜在能力的运用,以及适应环境变化的反应能力的开发。因此,根据管理的层面不同,战略主要分为企业战略和业务战略。

企业战略着重于公司内所有业务,并指向公司整体目标。在业务层面,战略的焦点是在既定的行业或产品/市场细分类别内确定竞争行为模式，包括人力战略资源、财务资源、生产运营战略等。

某项业务的每个实际领域(如市场营销)都在不同层面上对战略形式的构成有其独特的贡献。市场营销的功能标志着最大程度的外部环境联系，而这一外部环境几乎不受公司的控制。所以，对于一个在自己不能掌控的外部环境中进行发展的公司来说，市场营销在战略制定过程中起着关键性的作用——达到组织内部资源与外部资源的最佳配置。其中，如何清晰地界定市场是企业(营销)战略制定和发展的基础。

3.1.2 从战略的角度定义市场

营销活动的不同阶段，因其在公司管理中的层次与目标不同，对市场有不同的认识，所有层面的市场营销决策都涉及识别竞争产品——市场边界这个问题。

任何战略形成的关键都是定义市场。在营销的战略层次，对市场的定义必须考虑到公司的战略发展方向，这样才能有效引导公司对营销活动(在战略层次上对利润、投资新技术或放弃此市场)的选择决定。

1. 定义市场边界

市场营销所有层面的决策，首先都必须识别到底是和谁在竞争，即必须定义市场边界。特别是涉及以下战略决策时，竞争所在市场的边界尤为重要：对企业业务范围的定义，市场机会评估，对市场竞争的威胁性行为所作出的反应，对企业主要资源分配的决定。另外，企业在开展以下活动中也要求对相应的市场边界作出精确的定义：评估营销部门的执行力、制定地区广告、销售队伍和其他预算分配的市场份额的重要性以及应对数目不断增加的反垄断活动等。

(1) 以顾客为导向的市场概念

从顾客导向的角度来看，市场是一系列可替代产品的总和，这些产品能够给顾客提供相似的利益以及相关的用处。该定义表明了两个事实：消费者寻求的是产品所能带来的利益而不是产品本身；消费者会通过产品使用的自身经验以及具体产品的应用等使用情境来考虑可替代产品。

(2) 以顾客为导向的产品市场界定的分析方法

以顾客为导向的产品市场界定的分析方法可以分为两类：顾客的购买行为和顾客的评价数据。其中，顾客的购买行为能较好地说明消费者真正发生的行为以及他们曾经有过的行为。因此，这一分析方法作为战略计划的指导更有意义。相比之下，以感知和偏好为形式的顾客评判数据能够为以后的竞争提供更好的见解。

以顾客为导向的产品市场界定的分析方法

1. 顾客的购买或使用行为

以顾客的购买行为进行市场界定时，可以通过需求的交叉弹性、行为相似性、品牌转换展开。

(1) 需求的交叉弹性

需求的交叉弹性是被大多数经济学家视为区别其他方法的标准方法。这一方法除了有着严密的逻辑性，它还被广泛和频繁地使用。这一方法的概念界定认为如果一个企业对于市场上另外一个价格的变动没有反应，则这种情况在实践中是很少能够得到满意的结果的。这是一种静态的方法，它打破了以不断地改变产品的构成为特征的市场划分。在市场中有很少的价格变动，或所有的价格共同变化，或市场价格以外的因素也发生了变化，在数据中，根本就没有足够的信息来允许有效的弹性统计估计。为了包含价格变动及其他所有潜在竞争力的品牌市场数据，一些提前的限制市场的决策是有必要的。对任何具体的交叉弹性的估计应该与以顾客为导向的产品市场的界定是相关的。

(2) 行为的相似性

行为的相似性成功地运用于处方药市场的研究。该研究所涉及的基本问题是在何种程度上由不同的化学物质构成的药品能够起到同样的治疗效果，成为显著的替代品。解决该问题的关键就是能否获得有关医师行为的一系列独特的数据。这些数据能够显示出大量的产品可替代性。对行为的相似性分析表明，当数据能够反映多种类别的购买行为时，这些数据都会是有价值的。

(3) 品牌转换

品牌转换方法通常被用来解释有条件的事件发生的概率。比如，消费者考虑到上一次购买的是品牌B，那么这一次选择品牌A的可能性。正如交叉弹性一样，品牌转换方法仅仅是在一系列竞争产品已经出现的情况下才会有用。因为对于品牌转换率的预测是基于购买行为的顺序的，在这些顺序中，必须确定包含了哪些品牌。前面所讨论的相似的使用模式也是一个前提基础。

2. 顾客评判

顾客通常对现有品牌有着自己的见解，他们对产品的感知可能不会总是和产品的提供商或其竞争对手相一致。同时，顾客的购买和消费的目标可能会从替代品中选择。

(1) 决策序列分析

决策序列分析利用消费者制定决策的过程，探究消费者选择不同产品的标准的先后顺序，以及最终作出的决策。通常的分析过程是让消费者个体来描述他们在一个长时间的购物情境下，他们得到最终购买决策的过程。这种口头的记录区别于对消费者最终购买决策的回顾性提问。通过这些数据，就能够得到一个制定决策过程的模型。这些模型详细说明了消费者选择对象的特征，或者他们所考虑的情景以及先后顺序和对这些特征与提示的整合。通常，消费者的这些购买特征和提示将会排列在一个有层级的结构中，一般称之为决策树。所要研究的消费者制定决策的顺序就会通过决策树的路径结构来将其模型化。决策树上的各个分支是基于一个给定情景的程度的判断，比如：商品的价格是否高、商店里是否有我喜爱的品牌等。

(2) 知觉图

知觉图通过一个庞大的技术系统来创造一个几何学的形式表现出来从而反映消费者对于产品市场定义中的产品或品牌质量的感知。品牌是通过图形中的空间位置表现出来的。这个空间的维度是按照在购买过程中能够感知到竞争者的替代品的重要利益或成本来划分的。这样，任何一种产品或品牌都能够通过一系列的坐标在这个空间图形中进行定位。这些坐标意味着某种产品能够在多大程度上带来利益以及消耗成本。在图中，两者产品或品牌的相对距离能够大致地衡量一种产品或品牌对另一种产品或品牌的可替代性程度。

(3) 技术替代分析

技术替代分析使用于在一个多属性的空间中，预测材料、工艺或者产品的可替代性问题的相关偏好。比如，铜铝合金在电路中的应用以及聚乙烯在盛装白酒的玻璃瓶中的运用。每一个产品技术的成功替代往往都是遵循一个“S形”或一个“符合逻辑”的曲线。这一曲线以较为平缓的状态开始，然后不断地克服问题和阻力，从而得到迅速的发展，进而不断地为公众所接受和应用，随着时间的增长，产品技术的替代速度开始放缓，最后进入了一个饱和的状态。一个简单的预测替代进程以及替代过程速度的方法，就是构建一个能够反映相应的逻辑曲线的函数，使用历史数据来计算出该函数中的参数。

(4) 顾客对可替代性产品的评价

顾客对可替代产品的评价可以从不同途径来获得。最简单的就是对顾客进行抽样调查，询问他们选择相关产品或品牌作为替代品的程度，并通过一些程度词语来表现，比如：从来没有、低、稍微、替代性高等。除了这种熟悉的方法之外，还有一些方法能够反映出在竞争模式下顾客对可替代产品的评价。

• **自由响应法** 给予被试者不同的品牌，然后要求他们自由联想其他相似或可替代的品牌。所获得的数据能够反映出对整个总体形势的判断，并且知道两种品牌的产品在成为替代品之前，他们应当如何地相似。

• **价格衡量法** 给予被试者不同品牌的产品，每一个品牌的产品都标记上其正常的价格。在每种情况下，被试者必须选择购买一种品牌的产品。接下来将会询问被试者当价格上涨至多少时，他们就会改变自己原来的偏好，进而转换到其他可替代产品，从而以价格的增量来衡量偏好的优势。这些收集到的数据必须被进一步“加工”来衡量总的偏好。

• **直接将产品按类别分组** 通过总结不同的客户将哪些品牌归为同一组的概率来衡量品牌的相似性。收集到的数据通过聚类分析得到分组，进而得到一组“顾客品牌类型”。

• **产品用途分析** 给予抽样调查者一张目标产品或品牌的清单并且要求他们推测尽可能多的用途。接着要求被试者提供与这些用途相似的新产品，从而扩大以前的产品或品牌清单以及潜在的用途。然后要求每个被试者判断每种产品最合适的用途。产品用途矩阵中有两个假设：这一系列产品代表了消费者所追求的利益的样本；如果两种情景能带来理想的相似的利益，那么这两种情景也是相似的。

• **使用替代分析** 该方法从两个方向拓展了产品用途分析方法。首先，一个独立的分析步骤就是确保使用情境是简约的并且具有代表性的。如果以后的情景并没有遇到过，那么就像是有太多的同种“类型”的情景，其结果是产品的分组失去了真正的意义。第二，用修正用途的合适性这一方法来衡量适宜度。其可行性能够得到保证是因为该方法给予被试者的情景要显著地小于产品用途分析方法。

资源来源：Day, Geroge S., Shocker, Allan D., and Srivastava, Rajendra K., 1979, “Consumer-oriented approaches to identifying product markets,” Journal of Marketing, Vol. 43, No. 4(Fall), pp. 8－19.

2. 市场等级

营销战略注重通过开展营销活动以获得长远发展。

市场是动态变化的。企业在不同的发展时期，要根据当期的市场竞争、企业能力和企业的战略目标来认识、定义市场：不仅要能辨别目前所服务的市场，还要在战略指导下识别未来将要发展的市场，以评估市场未来发展潜力。因此，营销需要在不同层次上定义市场。

一般来说，市场可分为以下几个等级。

潜在市场，是指所有对某种产品或服务表现出兴趣的顾客群，可以用调查法来确定其规模。潜在市场的规模取决于现实顾客与潜在顾客人数的多少(待定)。

有效市场,是指对某种产品或服务不仅感兴趣且有足够的收入能获得该商品的顾客群。可根据潜在市场与人口统计数字和分布情况来界定有效市场。

合格有效市场,是指有效市场中有资格购买的顾客群。某些产品往往需要购买者具备某一特定条件才能获取,如规定到一定年龄者才能购买汽车,有效市场中具备这种条件的顾客群体,构成了该产品的合格有效市场。

可服务市场或目标市场,是公司决定追求的那部分合格有效市场,是企业将营销努力集中于合格有效市场的某一个部分。

可渗透市场,是指已经买了这种商品或服务的顾客群体,即企业及竞争者的营销努力必能售出一定数量的某种产品,购买该产品的顾客群体便形成渗透市场。

3. 市场战略的战略框架

温德和罗伯逊于 1983 年提出了一个公司在制定战略时应考虑的营销要素的框架。图 3.1 为营销导向的战略产生和评价方法。

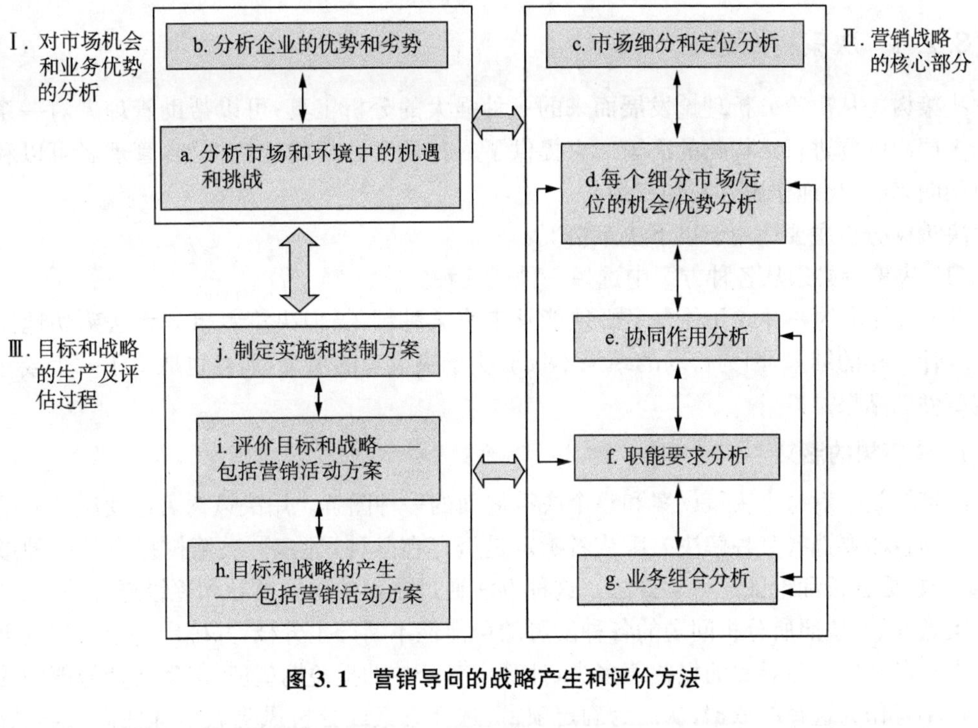

图 3.1 营销导向的战略产生和评价方法

为建立公司与其所处环境的匹配,达到组织内部资源与外部资源最佳配置的目的,市场营销战略主要寻求以下问题的解决方案。

(1) 公司应该进入哪个市场?怎么进入(决策树)?

(2) 公司从事的业务和未来将进入的业务领域类别?公司有限的资源如何在这些业务之间进行分配,以实现企业的可持续发展(企业资源最大化利用)?

(3) 企业如何利用自己和其他企业已往的经验作出合理化决策?

如何在竞争环境里,合理运用(协调使用)产品、价格、分销和促销等营销活动更好地服务于已选定的目标市场?

在制定市场营销战略时,对企业与其环境之间关系的关注不仅仅停留于现阶段,而且要以某种目标的形式预期未来的关系,以及达到这些既定目标必要的行动方案。

以下几节,我们将对以上三个战略问题展开讨论。

3.2 营销战略决策模型——决策树

好的决策是企业管理成功的一半,而好的决策得益于好的决策方法。

在企业管理中,决策是指企业为了达到一定的目标,从两个或两个以上的可行性方案中选择一个合理的方案的分析判断过程。在实际管理决策中,我们常常会遇到这样的情况:关于未来行动计划,已制定出了若干个可行性方案;对于企业内、外部环境的决策条件,大部分都是已知的,但还存在一定的不确定因素。正是这些不确定性因素使每个方案的执行都可能出现几种结果,各种结果的出现有一定的概率,企业的每个决策都具有成功的可能性,也存在一定的风险。对于这种"左右为难"的情况,运用决策树分析方法解决问题是一种很好的选择。

3.2.1 决策树概述

决策树是从决策分析理论发展而来的一种强大的分析工具,可以帮助管理者对一系列复杂的多层次问题进行结构化的决策。它提供了一种便于分析的理论框架,管理者可以利用这一框架明确、量化地作出判断和权衡。

决策树分析主要适用于以下决策情况:

(1) 决策者必须从各种方案中选择一种或几种。

(2) 选择出的一种或几种方案必须能够带来某种结果;但决策者事先无法确切地知道将会出现什么样的结果,因为行动的结果不仅取决于决策者的决策,而且也取决于一个或几个不确定事件的结果。

1. 决策树的涵义

决策树就是对每个决策议案和整个决策局面的一种图解。用决策树可以使决策问题形象化。当项目需要选择某种解决方案或者确定是否存在某种风险时,决策树提供了一种形象化的、基于数据分析和论证的科学方法。这种方法通过严密的逻辑推导和逐级逼近的数据计算,从决策点开始,按照所分析问题的各种发展的可能性不断产生分枝,并确定每个分枝发生的可能性大小以及发生后导致的损益值多少,计算出各分枝的损益期望值,然后将期望值中的最大者或最小者作为选择的依据,从而为确定项目、选择方案或分析风险做出理性而科学的决策。决策树分析清楚显示出项目所有可供选择的行动方案,行动方案之间的关系,可能出现的自然状态及其发生的概率以及每种方案的损益期望值。

2. 决策树的作用

(1) 使用方便、直观。决策树就是对决策局面的一种图解,用决策树可以使决策问题形象化。

(2) 易于处理较复杂的决策问题。决策树的应用并不仅仅是决策分析的一种简明形象的方法,现实中有些决策问题比较复杂,而决策矩阵表示法只能表示单级决策问题,并且要求所有行动方案所面对的自然状态完全一致，而实际中的有些决策问题难以采取损益矩阵来表示。

（3）易于解决多阶段的决策问题。在现实中，有些问题的决策带有阶段性，选择某种行动方案会出现不同的状态，按照不同的状态又要做下一步的行动决策，以致产生更多的状态和决策。采用决策树方法，可以方便简捷、层次清楚地显示决策过程。

（4）易于进行预测后检验分析。

3. 决策树分析中的相关术语

（1）决策者：是对一个决策（或一系列决策）负责的人或团体。

（2）备择方案：是决策者将做出决策的选项。

（3）自然状态：决策结果受到决策者无法控制的随机因素的影响。

（4）收益：每一种决策的备选方案及自然状态的组合都会导致某种结果，是衡量决策结果对决策者的价值的量化指标。

（5）期望收益：对于每一种备择方案，将每一个收益乘以相应自然状态的先验概率，乘积相加就得到收益的加权平均即为期望收益。

4. 决策树的构造

决策树模型包括树枝、树干和节点。决策树的基本构造可从以下几方面来认识。

（1）决策树包含了决策点，通常用方块或方格表示，在该点表示决策者必须做出某种选择。

（2）从决策点向右引出若干条支线，每条支线代表一个方案，叫做方案枝。

（3）在每个方案枝的末端画一个圆圈，称为机会点，从机会点引出若干条直线，每条直线表示一种自然状态，称为概率枝。每一概率枝实际就代表了一个条件结果，因此，我们在概率枝上标出该种自然状态出现的概率值，在概率枝末端标出该条件的损益值。

（4）计算每个方案的期望损益值，期望损益值为各方案下的条件损益值乘以所对应各自然状态发生的概率之和。

（5）如果问题只需一级决策，在概率枝的末端画"△"表示终点，如果是多级决策，则用决策点"□"代替终点"△"，重复上述步骤，继续做出决策图。

（6）根据决策图3.2中各方案的期望损益值的大小做出决策。

3.2.2 决策树的分析步骤

决策树分析通常包括以下四个步骤。

（1）构建问题框架。首先要形成决策问题，包括提出各种可能的方案选项，并确定目标及各个方案结果的度量等。

（2）给每种可能的结果（不确定性）分配概率。针对各个方案出现不同结果的不确定性进行判断，这种不确定性通常用概率来描述。这种概率的分配可以是纯主观的，也可以是结合过去系统行为进行分析的结论。

（3）给每种结果分配可能的收益。利用各方案结果的度量值，比如：收益值、效用值、损失值等，给出对各方案的偏好，这些偏好或收益与管理的目标一致。

（4）分析问题并选择最优行动方案。分析问题要采用称为"平均和回算"的方法。综合前面得到的信息，选择最为偏好的方案，必要时可以作一些灵敏度分析。

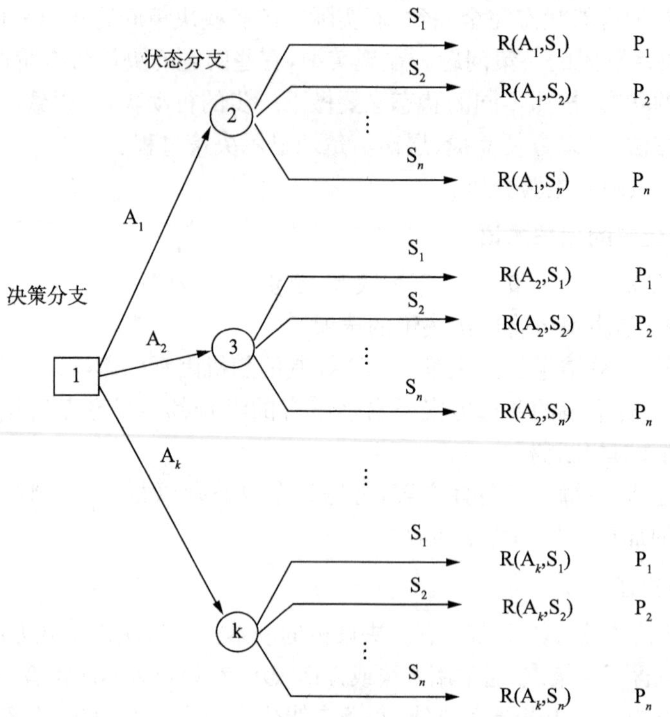

图 3.2　决策树构造

3.2.3　案例运用 A 的测评模式创新决策

测评咨询 A 公司是中国最专业的人才测评服务机构。A 以“人才测评服务、素质模型构建及应用”为核心业务，为客户提供测评领域独到的解决方案及附加价值。A 所处的人才测评产业在发达国家是比较完善和成熟的。在中国，人才测评业刚刚兴起。目前，仍有许多人不理解人才测评对企业发展的重要意义。

A 在创立初期，其主要业务中的测评产品就利用公司深厚的科研基础和创新能力，引入了“针对岗位素质模型，分岗位测评”的独特设计理念。对某一个特定的职位，开发出一套人才测评体系。但是，这样的测评体系模式容易在同行业内互相模仿，很难做到与竞争对手差异化。

面对这种情况，A 若想与竞争对手抢占市场份额，就必须在原有的测评模式上创新。客户部经理想到的方案是：在原有的“针对岗位素质模型，分岗位测评”上，再针对不同的客户公司对某个职位的特殊要求进行测评，真正做到为客户定制。

如果 A 的定制化的人才测评模式能吸引客户购买，就能抢占更多市场份额。

A 公司需要决定的是开发定制化的测评体系还是维持原有标准化的产品不变。如果维持原有的模式，根据以往经验，公司能吸引 30%的客户购买。如果开发定制化的测评体系，客户部经理预测经过对客户公司情况的诊断后，诊断结果能被 70%的客户接受。对于剩余 30%的不接受客户，他们还是会在购买标准化产品或不购买中选择。而针对接受度高的客户，则要开始向他们拟定初步方案，对于初步方案，又会产生一部分接受度高的客户，他们会直接购买 A 的定制化产品；一部分不接受的客户，他们会重新回到标准化和不购买中做选择；对于另一部分接受度低的客户，A 会再对他们进行异议处理，最后还会产生一部分最终接受度高的客户，他们也会购买定制化产品，另一部分接受度低的客户则会考虑购买标准化产品或不购买。我们假定公司的目标是预期利润最大化。

可以把这个决策问题构造成一个决策树，按发生的时间顺序从左到右排列。客户部经理决定是否要开发定制化测评系统，对诊断后接受度高的客户拟定初步方案，对初步方案接受度低的客户进行异议处理。

决策树有两种节点：决策节点用D表示，表示决策者可以控制的决策方案；机会节点用C表示，表示决策者不能控制的事件概率。

每条决策树路线的终端都标出了各项行动方案的结果。例如，A决定开发定制化测评系统，且诊断结果被客户接受，拟定初步方案后，客户的接受度也高，则客户选择购买定制化产品，公司能够获得的收益是定制化产品的利润(10万)。

开发新的测评体系的概率：

事　　件	概率
维持标准化产品服务情况下顾客购买	30%
维持标准化产品服务情况下顾客不购买	70%
开发定制化产品服务后客户对初步诊断接受度高	70%
开发定制化产品服务后客户对初步诊断接受度低	30%
提出初步方案后客户接受度高	40%
提出初步方案后客户接受度低	40%
提出初步方案后客户不接受	20%
提出初步方案客户接受度低，但经过异议处理后接受度高	80%
提出初步方案客户接受度低，但经过异议处理后接受度低	20%
客户接受度低时，选择不购买	70%
客户接受度低时，选择购买标准化产品	30%

影响上述事件的经济因素如下：

(1) 客户购买定制化产品给公司带来的平均收益；

(2) 客户购买标准化产品给公司带来的平均收益。

开发新的测评体系的财务数字估计值：

费用或收益	净现值(万元)
客户购买定制化产品给公司带来的平均收益	10
客户购买标准化产品给公司带来的平均收益	4

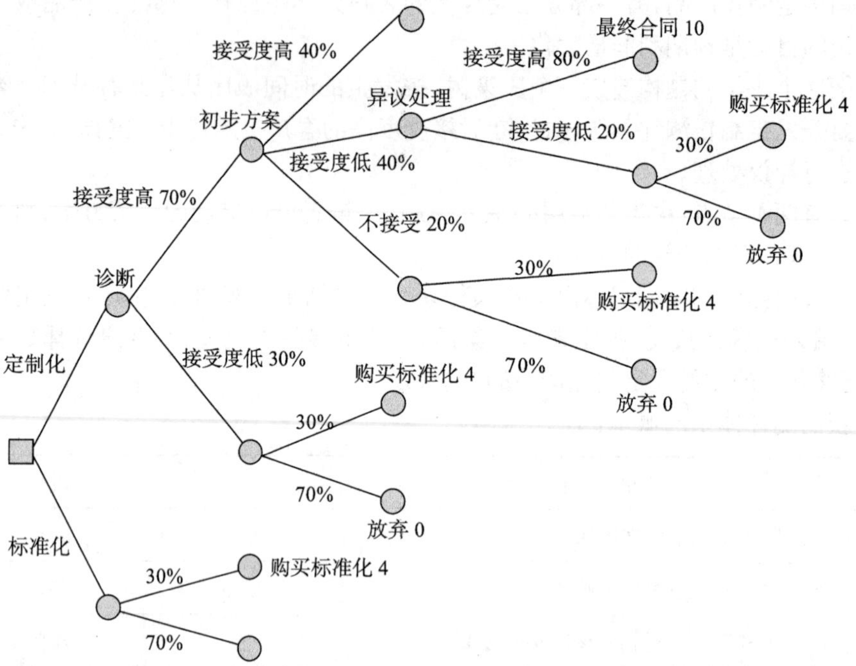

A 选择开发定制化的产品，其期望收益是 5.635 2 万元；若选择维持标准化产品业务不变，其期望收益是 1.2 万元。因此，A 公司可以做出开发定制化测评系统的决策。

3.3 营销战略业务组合模型

彼得·德鲁克认为应该将一个企业的产品分为四类：明天养家糊口的人，今天养家糊口的人，在某些外力作用下能带来净利润的产品，昨天养家糊口的人，落选者和失败者。

现实市场中，企业的经营大都涉足多个领域，即使只在单一领域里经营，也可能经营多元化的产品。在经营过程中，企业往往会发现一些业务具有良好的竞争力，但另外一些业务却在耗费着企业的资源，而没有产出或投入产出率太小。因此，企业必须决定如何在业务中分配既有的资源（如现金资源），实现企业现在和未来的发展。

利用业务组合模型，可以帮助企业决策层在一系列可能的参考方案和机会中挑选出最优的战略性业务单位的组合，将最有限的资源用在对企业发展最有利的业务当中。

温德（1981）把众多产品业务组合模型分为标准模型、定制模型和金融模型。在营销学中常用的产品业务组合模型有波士顿矩阵和通用电气法（麦肯锡法）。这里主要介绍波士顿矩阵。

3.3.1 波士顿矩阵概述

BCG 矩阵是布鲁士·韩德森于 1970 年为波士顿咨询公司设计的一种方法，目的是帮助企业分析其业务和产品系列的表现，从而协助企业更妥善地分配资源，及作为品牌建立和营销、产品管理、战略管理及公司整体业务的分析工具。

1. BCG 矩阵中业务划分的指标

在 BCG 矩阵中,可通过以下指标对公司业务进行分类。

• 市场增长率(纵轴),表示各战略业务单元所在市场每年的增长速度。在 BCG 矩阵运用中,一般用 10%的增长率将业务分成"高"和"低"两类。在实际运用中,应该根据行业、企业的具体情况具体分析。

• 相对市场占有率(横轴),表示各战略业务单元相对于行业最大竞争者的市场份额。若相对市场占有率为 0.6,表示企业的该战略业务单元所占市场份额是本行业中领导者市场份额的 60%;如果相对市场占有率在 1.5,则表示企业的这一战略业务单元是该行业的领导者,而且其市场份额比最大竞争者多 50%。相对市场占有率在一定程度上说明了某一业务市场中的竞争态势和实力对比。

矩阵中的圆圈代表企业所有的战略经营单位,圆心位置表示各单位市场增长率及相对占有率情况,圆圈面积表示各单位销售额大小。

2. BCG 矩阵中的业务分类

运用 BCG 矩阵方法时,企业将所有战略业务单元按市场增长率和相对市场占有率归入不同的象限中。

• 明星类业务,即市场增长率和市场份额都较高的战略业务单位。明星类业务因其市场竞争地位有较好的销售收入,但由于处于迅速增长阶段,需要投入大量的现金以确保其竞争地位。一般来说,明星类业务随着市场增长率的趋缓,一般会变成金牛类业务单元,并成为企业未来主要的现金创造者以支持其他的战略业务单元。如果企业将明星产品用来在短期内兑现大量资金,或是因为缩减投资、价格上涨使得这一产品的市场份额缩减,则明星产品最终将变成瘦狗类产品。

• 现金牛类业务,即市场份额高,而市场增长率较低的业务。现金牛类业务为企业带来大量的现金。而且因其所在市场的增长率已趋缓,而极少需要再投资。因此,这类业务产生了大量资金剩余,企业可以用来支持其他业务的发展。

• 问号类业务,即市场增长率高、市场份额低的战略业务单元。在市场发展初期,大部分业务都具有这样的特征。这类业务一般需要较多的资源投入,以追赶竞争者适应不断扩大的市场。但因市场的不确定性,企业往往不能确定它们未来的发展前景。因此,企业应该考虑如何"处理"问号类业务:维持现状、减少投入、精简或淘汰。

要使问号类业务有所发展,就要提高其市场份额。只有当产品在市场上处于支配地位时,问号类业务才能转成明星,在其市场增长速度放缓后最终成为企业的现金牛。为了达到这一目标,从短期来看,企业必须向问号类业务投入充裕的现金以支持其保持较高的市场增长率。但从长远来看,这是摆脱问号、进入有利形势的唯一途径。如果对业务评估后,未来占领市场的概率不高,则应当选择放弃。

这类业务需要大量现金维持和提高市场占有率。如果企业没有采取措施提高市场份额,问号类业务将逐渐变成瘦狗类业务 。

• 瘦狗类业务,市场占有率低且市场增长率也低的战略业务单元。此类业务因竞争地位较弱而获利很少。同时由于市场增长缓慢,瘦狗类业务不具备获取足够的市场份额以达到变动成本标准的潜力。通常情况下,它们可能能产生维持自身发展的现金,但不能为企业提供大量的现金。

3.3.2 波士顿矩阵的特点和战略应用

1. 波士顿矩阵的特点

• 战略业务单元的市场份额越高，意味着其具有较强的竞争能力，产生现金的能力也就越高。

• 战略业务单元所处市场的市场增长率越高，业务发展对现金的需求也就越高，否则就很难维持和发展其市场份额。

• 战略业务单元在业务组合矩阵中四个象限的分布状况表明了企业当前业务发展的健康状况和未来的正确战略方向。

• 随着时间的推移，市场增长率和竞争格局都会发生变化。战略业务单元在业务组合矩阵中的位置也将随之改变。如：很多战略业务单元发展初期一般属于问号类业务；如果战略应用取得成功，就成为明星类；此后，随着市场增长率的下降逐渐转变为金牛类，最后因市场的衰退成为瘦狗类，从而退出市场。

2. 波士顿矩阵的战略应用

波士顿矩阵的核心是通过业务的规划，实现现金平衡。企业要获得健康的可持续发展不仅要求有一些能创造利润、提供正现金流的产品，而且还要有些能利用这些现金获得增长的产品。

为了更好地规划企业的未来增长战略，管理者的工作除了对目前业务构建波士顿矩阵外，还应设计一个未来矩阵，以表明在企业战略不发生变化的前提下每个战略业务单元可能会处于何种位置。通过比较当前矩阵和未来矩阵，管理者可以分析企业面临的主要战略问题。

通过对波士顿矩阵的分析，管理者的主要任务是决定每个战略业务单元应当承担什么样的作用才能达到资源的最合理配置。一般来说，有以下四种基本战略：

• 建立和提高市场地位，并为此放弃短期收益。
• 巩固和维护目前的市场地位。
• 不顾长期影响来实现现金流的短期增长。
• 企业因可以将资源用在能获得更大收益的其他业务上而放弃、售卖或清算该业务。

表 3.1 为波士顿矩阵中各类型业务的特点和战略应用。

表 3.1 波士顿矩阵中各类型业务的特点和战略应用

象限	投资特点	收入特点	现金流特点	战略应用
明星	生产能力扩张的连续开支 投入大量现金	由低到高	负现金流 (净资金使用者)	不断提高市场份额，如有必要牺牲短期收入为代价
现金牛	保持生产能力的开支	高	正现金流 (净资金贡献者)	维持市场份额和领先地位，直到投资达到边际效应
问号	对初始生产力的大力投入 高昂的研发成本	由高到低	负现金流 (净资金使用者)	评估占领细分市场的概率，如果可行，继续追逐更高的市场份额，如果不可行，重新对业务定义或退出
瘦狗	生产能力逐渐枯竭	由高到低	正现金流 (净资金贡献者)	有计划、有步骤地退出以最大限度地获取现金流

3.4 基于经验共享的战略决策模型

历史上的成功与失败，擅于总结的人，总能在未来前进的路上运用别人的经验获得成功。企业管理中也存在同样的道理：经验对现在和未来的战略制定有着较重要的借鉴作用。而PIMS正是这样一个讲述如何借鉴经验的模型。

3.4.1 PIMS概述

PIMS(Profit Impact of Market Strategies)，也称为OIMS资料库分析方法，意为市场战略对利润的影响。其发展的理论基础是各种成功或不成功的企业有着共同的经验，这一经验将提供对于企业收益率的决定具有建设性的指导思想。

PIMS的主要目的是发现市场竞争的通用法则：在什么样的竞争环境中，经营单位采取什么样的经营战略会产生怎样的经济效果。具体来说，想通过该研究，回答以下问题(解决以下问题)。

- 对于一个既定的经营单位，考虑到它的特定市场、竞争地位、技术、成本结构等因素，其正常和可以接受的利润水平是多少?
- 哪些战略因素造成了各经营单位之间经营业绩的差别?
- 对于一个特定的经营单位，战略性的变化如何影响投资收益率和现金流量?
- 要提高(改进)经营单位的绩效，应进行哪些战略性的变化以及在什么方向上做这些改变?

PIMS 项目的发展

1960年，通用电气公司负责市场营销服务的副总裁批准了一个大型项目(称为PROM，即获利最优化模型)，来检验市场营销战略带来的利润影响。项目小组以通用电气公司各个经营单位的一些情况作为数据来源，经过几年的研究和验证，研究人员建立了一个回归模型，该模型能够辨别出与投资收益率ROI密切相关的一些因素，而且这些因素对投资收益率的变差具有较强的解释能力 。

1972年，PROM项目改称为PIMS，即市场营销战略的利润影响项目。项目转交给营销科学学院——一个与哈佛商学院有关的非营利性组织(参加者也不再局限于通用电气公司内部的研究人员，而是哈佛商学院和市场科学研究院的学者们)。在这一阶段，所用的数据库不仅涉及通用电气公司，还包括许多其他公司在内的经营单位的信息资料。1975年，由参加此项目的成员公司发起成立了一个非营利性的研究机构，名为战略规划研究所(Strategic Planning Institute)，由它来负责管理PIMS项目并继续进行研究。迄今为止，PIMS项目研究了500多家公司中接近3 800多种业务经验，时间跨度是2～12年。其成员包括大约125个美国大型公司，还包括许多制造业和服务业的中型公司和一些大型的欧洲公司。

3.4.2 PIMS模型所涉及的主要指标

PIMS模型主要涉及以下指标。

(1) 投资回报(ROI)：税前营业收入与平均投资的比率。营业收入是扣除了公司一般性管理费用,但不扣除用于固定资产的财务费用所剩余的那一部分。"投资"等于股东权益加上长期负债,另一种表达方式是,总资产减去与当前业务有关的负债。

(2) 市场份额:在相同的市场、特定的时间范围内一项业务的销售额占所有竞争对手销售额的比率。在此,"市场"包括所有与项目业务直接相关的产品、服务、客户类型、地域等。如包括所有与该项业务产品展开竞争的所有产品和服务。

(3) 产品(服务)质量:每一参与公司提供产品的质量由以下条款进行鉴定:每一业务在每一年超过其他竞争对手的产品和服务的百分比是多少?同一水平的产品百分比是多少?低水平产品的百分比是多少?

(4) 营销开支:用于销售人员人力、广告、促销、市场调研和营销管理的总成本。这一数字并不包括货物分销成本。

(5) 研发开支:产品开发和改进过程中的总成本,包括公司级单位由于单独的业务直接导致的成本。

(6) 投资强度:总投资额与销售额的比率。

(7) 公司多样化。指标显示:①公司经营的不同种类四位标准划分产业的数量;②每一行业雇佣百分比;③参与产业之间相同和不同的程度。

3.4.3 PIMS 数据库中的市场营销战略影响利润项目的数据库

PIMS 项目从事的基本上是对营利性机构战略经验的跨行业研究。其数据库的内容包括关于这些战略经营单位情况的汇总。研究对象涵盖大、小型公司,经营的产品和服务从糖果到高资本产品、金融服务,市场分布于北美、欧洲和其他地区。数据库信息内容主要包括以下几类。

(1) 业务运营的市场状况。包括长期市场增长率、短期市场增长率、产品售价的通货膨胀率、客户的数量及规模、购买频率及数量。

(2) 经营单位的竞争地位。包括市场占有率,相对市场占有率,相对于竞争对手的产品质量、产品价格、提供给职工的报酬水平、市场营销努力程度、市场细分的模式、开发新产品的频繁程度。

(3) 生产过程的结构。包括投资强度(以单位销售额所需要的投资额来表示)、纵向一体的程度、生产能力利用程度、设备的生产率、劳动生产率、库存水平。

(4) 可支配的预算分配方式:研究与开发费用、广告与促销费用、销售人员的开支。

(5) 经营单位业绩:投资收益率、现金流量。

3.4.4 PIMS 研究项目的主要结论

PIMS 项目研究组运用多变量回归方法对多家经营单位建立起上述战略因素与经营绩效的关系。通过分析发现,公司的获利约受 37 种基本因素的影响,如何运用这些战略因素在80%的程度上决定了一个经营单位的成功或失败。这些战略因素对一个经营单位业绩的影响及影响方向构成子市场竞争法则。表 3.2 为整个 PIMS 数据库的投资回报率和销售回报率的多元回归方程。通过分析 PIMS 数据库中的数据库,研究人员在战略和业绩表现情况之间建立了相关战略原则(表 3.3)。

表 3.2 整个 PIMS 数据库的投资回报率和销售回报率的多元回归方程

影响利润的因素	投资回报率	销售回报率
实际的市场增长率	0.18	0.04
价格上涨率	0.22	0.08
购买集中度	0.02**	
产品联合化/%	-0.07	
购买数量少,购买的重要性低***	6.06	1.63
购买的重要性高	5.42	2.10
购买数量大,购买的重要性低	-6.96	-2.58
购买重要性高	-3.84	-1.11**
出口数减进口数/%	0.06**	0.05
定制化产品	-2.44	-1.77
市场份额	0.34	0.14
相对质量	0.11	0.05
新产品/%	-0.12	-0.05
营销/销售额的/%	-0.52	-0.32
研发/销售额的/%	-0.36	-0.22
存货/销售额的/%	0.49	-2.09
固定资产密集度	-0.55	-2.10
设备崭新度	0.07	0.05
再利用能力/%	0.31	0.10
员工生产效率	0.13	0.06
垂直一体化	0.26	0.18
先入先出法存货估价	1.3*	0.62
R^2	0.39	0.31
F	58.3	45.1
样本数量	2 314	2 314

注:*显著性水平介于0.01～0.05之间;**显著性水平介于0.05～0.10之间;***购买量很低且购买对顾客重要性也低的产品。

除标有星号之外的所有系数都是显著的。($p<0.01$)

资料来源:Buzzellt & Gale. 1987:274.(转引自营销工程)

表 3.3 一些常用的市场选择和战略计划与收益性有关的 PIMS 原则

与高收益率有关的市场特征	• 市场正在增长 • 处于产品生命周期早期 • 通货膨胀率高 • 供应商少 • 采购量少 • 联合度低 • 出口多/进口少
与高收益率有关的战略性因素	• 市场份额高 • 相对成本低 • 可感知质量高 • 资金密集度低 • 垂直一体化水平中等

资料来源:Buzzellt & Gale. 1987:274.(转引自营销工程)

用 PIMS 有限的信息报告来比较同一市场下交点处的盈利与亏损的具体解释如下。

• 产品质量和服务。长期以来，影响业务单元业绩的最重要的因素是相对于竞争对手的产品质量和服务。产品质量优势可以在两方面推动业绩：短期内，优秀的质量加上优惠的价格可使利润获得增长；从长期来看，优秀的质量（相对改进的质量）是业务增长最有效的途径，不但扩展了市场，也增加了市场份额。

• 市场份额。企业某业务的市场份额在一定程度上反映了该业务的市场竞争地位。市场份额在 50％以上的业务单元所获取的利润回报率，是那些市场份额相对较少（10％以下）的战略性业务单元的三倍还要多。除了产品相对质量的影响外，占有较大份额的公司因其规模经济使单位产品成本较低，这是造成这一结果的根本原因。

• 投资强度。投资强度对经营单位的业绩有不利的影响，即较高的投资强度会降低投资收益率和现金流量。

• 劳动生产率。劳动生产率以每个职工平均创造的附加价值来表示。这一指标（其）对经营业绩有正面的影响。劳动生产率高的经营单位较劳动生产率低的经营单位具有较好的经营业绩。

• 市场增长状况。一般而言，较高的市场增长率会带来较多的利润总额，但对投资收益率没有影响，而对现金流量有不利的影响。即处于高市场增长率行业的经营单位需要资金来维持或发展其所处的竞争地位，因此资金耗费较多，减少了现金回报。

• 革新和差别化。革新和差别化对业绩的影响，与经营单位本身的竞争地位有关。对于市场竞争地位较强的经营单位，增加研发费用、开发较多新产品、通过营销努力提供差别化水平可以提高经营业绩；但对于市场竞争地位较弱的经营单位而言，这些措施则会对利润有不利的影响。因此，对研发（革新）和差别化的努力应视经营单位所处的市场竞争地位而定。

• 纵向一体化。纵向一体化对经营业绩的影响，根据（结合）产品所处的市场状态而定。如果经营单位所处的市场是成熟期、较稳定，提高纵向一体化程度通常会产生较好的经营业绩。如果市场正在迅速增长或处于衰退期，提高纵向一体化程度则会对经营业绩有不利的影响。

• 成本因素。工资增加、原材料涨价等生产成本的上升对业绩的影响程度及方向较为复杂。这取决于经营单位如何在内部吸收成本上升的部分或怎样将增加的生产成本转嫁给客户。

改变上述任何因素，都会以这一因素对当前业绩影响的相反方向来影响着经营单位的未来业绩。

3.4.5 PIMS 在企业制定营销战略中的作用

对于参加 PIMS 项目的企业，可以了解其参与研究的每项业务的战略潜力。参加项目的企业都收到了各自业务的 PAR 报告，这些报告将企业的实际投资回报率和销售回报率与 PIMS 预测出的该企业 ROI 和 ROS（ROS＝四年平均的税前收入/销售额）进行了对比。从报告的分析可以看出实际 ROI 与 PAR 投资回报率之间的差异，这可以帮助企业深入了解所评估的这项业务在多大程度上实现了它的战略潜力；其次，PIMS 分析还提供了一份“有限信息报告”，即 PARROI 模型的简要分析结果。有限信息模型只包括 18 个变量，可以用 PIMS 模型所需数据的子集进行评估。

企业以 PIMS 为基准既有益处，又存在风险。一方面，公司可以将 PIMS 作为诊断工具，通过对相关指标的评估，了解其业务的绩效，并据此评估具体业务战略的适用性。另一方面，

PIMS的分析结果并不能提出战略建议。到目前为止，研究人员对PIMS的数据收集方法和模型结构有不同意见；同时，因为PIMS数据库中的数据都是10年前收集的，市场环境已经发生了很大变化，因此PIMS的具体建议和数据能否适用于当前业务也存在着置疑。

总之，PIMS只是一种简单的基准方法，对企业制定战略有一定的参考作用，但因时空及研究方法的局限，不能将其作为战略决策的唯一依据。

3.5 案例

基于决策树的A公司WAPI市场进入决策分析

3.5.1 案例引言

随着信息化水平的提高，互联网逐渐深入使用者的日常工作和生活，人们对互联网使用的需求也随之水涨船高。除了在家和在办公室接入互联网外，也出现了随时随地如在野外、在地铁等交通工具中接入互联网的需求。无线局域网(WLAN)技术为满足这类需求提供技术保障，因此也形成了特定的无线局域网设备与服务市场。大量有关无线局域网市场的分析认为，与其他通信和高科技市场相比，WLAN市场的持续增长和盈利的迹象非常乐观。WLAN可以在覆盖范围内(建筑物内)提供高带宽，被认为是3G技术的有益补充，正成为运营商低成本建设无线城市的潜在战略重点。

作为国内A股市场上市值、营业收入最大的通信设备制造业上市公司，A公司致力于成为全球领先的综合性通信制造业上市公司和全球通信解决方案提供商之一。目前市场上无线局域网沟通技术的需求随之成为A公司发展的又一契机。但要想在这个市场中分一杯羹，需要解决一系列问题：是否进入？进入哪个细分领域？多大力度进入？这些问题的决策关系到A公司未来5～10年在此领域的市场战略及市场份额。因此，2008年4月A公司成立了专门的项目组，对基于WAPI标准的WLAN无线局域网设备市场进行了分析和研究。

3.5.2 案例背景

A公司的产品涵盖核心网、无线产品、承载、业务产品、终端产品等五大产品领域，是中国电信市场的主导通信设备供应商之一。A公司各系列电信产品都处于市场领先地位，并与中国移动、中国电信、中国联通等中国主导电信运营商建立了长期稳定的合作关系。在国际电信市场，A公司已向全球140多个国家和地区的500多家运营商提供优质的、高性价比的产品与服务，与包括法国电信、英国电信、沃达丰、澳大利亚电信、和黄电信在内的众多全球主流电信运营商建立了长期合作关系。其拥有业界最完整的产品线和解决方案，以满足客户需求为目标，为全球客户提供创新性、客户化的产品和服务，帮助客户实现持续盈利和成功，构建自由广阔的通信未来。

面对无线局域网产业标准及相应市场的大背景，A公司作为从中国本土发展起来走向全球市场的民族通信设备制造与服务企业，不能忽视国内外无线局域网市场的巨大诱惑，同时也不能无视因WLAN领域的技术标准之争引起的市场不确定性。

目前中国市场上，无线局域网有基于Wi-Fi标准和WAPI标准设计生产的两类产品，Wi-Fi标准存在的严重安全问题一直在中国及国际上饱受争议，不过由于Wi-Fi标准市场化成熟，因而其已成为事实上的国际标准。而 WAPI 标准正是为了解决 Wi－Fi 标准的不安全因素而进行了加密改进的一种无线局域网技术标准，后来其被确定为中国标准，但仍未成为 ISO 国际标准化组织认可的行业标准，这将会影响 WALN 产业链对 WAPI 投入的决心。

A 公司在综合考评了两类技术标准的基础上，为确保将来在中国及全球无线局域网市场上的领先地位，于 2008 年初正式制定了无线局域网的市场战略，决定以市场开拓者的姿态进入 WAPI 市场，积极投入资源参与以 WAPI 为技术标准的无线局域网设备市场。

为了部署并成功实现该战略，确保将来在中国及全球无线局域网市场上的领先地位，项目组需充分研究无线局域网技术标准及技术演进路线，考虑在什么样的风险下做出符合整体市场战略的系列决策来。

最终通过项目组的研究，达到如下研究目的。

- 辨识在无线局域网(WLAN)设备市场的 4 个主要细分市场中 Wi－Fi 和 WAPI 的各自特点及区别；
- 明确在 A 公司的市场战略下，要进入的目标细分市场；
- 判断针对该目标市场是否进行市场调研；
- 决定以多大的生产和销售力度进入该目标市场。

在摸清了研究方向后，项目组确定通过决策树法来讨论 A 公司 WLAN 业务投资上的现实战略管理问题。以期帮助公司在研究类似市场决策问题上，有扎实的理论可依，并有可操作的定量分析方法可循。

3.5.3 项目设计

依据决策树的思路，A 公司项目组按照发生的时间顺序来放置决策节点、事件节点和树叶，来构造 WAPI 市场进入的总体多层次决策树。在不确定性事件的树枝上标识各自的概率，并在上一层的决策点上计算得到的期望货币收益值(Expected Monetary Value，EMV)，选择具有最大期望收益的备择方案，即为最优方案。

首先，在面对巨大的国内外的市场蛋糕，和由 WAPI 标准带来的一系列不确定性的情况下，A 公司需要作如下决策。

目标市场的决策问题
是否进行市场调研的决策问题
市场进入力度的决策问题

- 目标市场的决策问题。即管理层已决定进入 WAPI 市场，但问题是进入哪个细分市场，是接入网络设备市场，还是同时接入网络设备市场及终端设备市场？
- 是否进行市场调研的决策问题。
- 市场进入力度的决策问题，即以多大力度(研发/生产力度和销售力度)进入该目标市场？

其次，评估公司进入 WAPI 市场领域会面临的市场环境变化、调研的准确性等风险。如图 3.3 所示，本案例将研究 A 公司在进入 WAPI 网络设备市场期间可能面临的三个主要的不确定性，按时间发生顺序，依次是：

- WAPI 能否被运营商采用的不确定性；
- WAPI 市场调研结果的不确定性；
- WAPI 市场预期情况的不确定性。

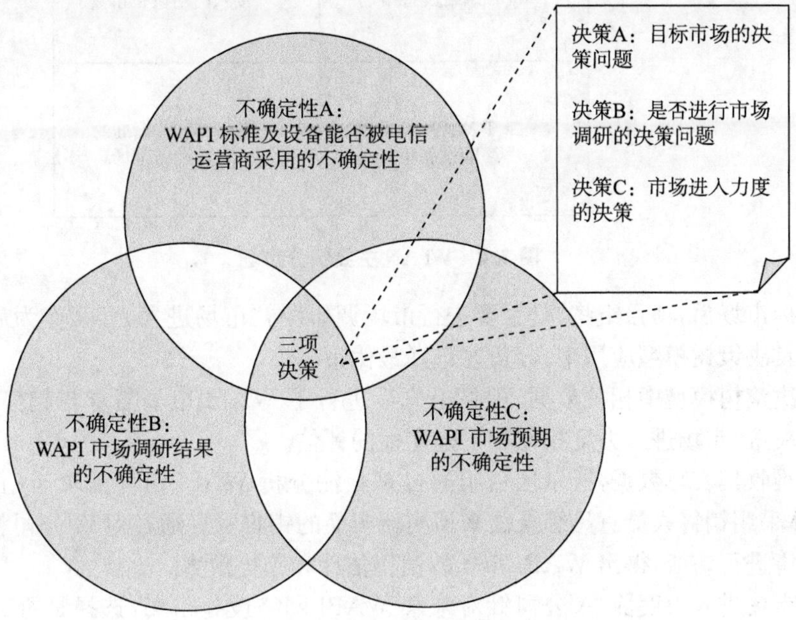

图 3.3 A 公司不确定风险下的决策

三个圆代表了上述三个不确定性风险；三个圆的交集代表了在三个不确定性风险下需做出的三项决策

再次，用 STP 方法来分析 WLAN 市场的细分与定位；依据市场需求与趋势分析理论和产品生命周期理论，采用判断法中的销售人员意见综合法来预测 WAPI 市场。

最后，主要运用决策树模型，对 A 公司所面临的上述几个不确定性因素下的市场进入系列决策问题进行深入分析，并构建可视化的决策树。根据成本和收益、不确定性评估计算的期望货币收益值选择最优决策。

3.5.4 问题剖析

若按照需求来细分市场，WLAN 产品市场可分为两大类：接入网络设备市场、终端设备市场。运营商需要“接入网络设备”向其客户提供无线局域网服务，而终端客户需要配备“终端设备”来使用运营商提供的无线网络服务。因此，我们可以将 WLAN 产品市场按照客户群分为“接入网络设备”市场(电信运营商)、“终端设备”市场(最终消费用户)。因此 WLAN 设备细分市场可主要分为四类，如图 3.4 所示。

A 公司可以单独向电信运营商推销接入网络设备或终端设备，也可以销售包括接入网络设备和终端设备的一个整体设备解决方案。鉴于 A 公司历史上对于“接入网络设备”有很丰富的技术储备，因此无需太多研发成本即可进入该领域。而对于“终端设备”，还需要大量的研发工作；同时结合销售潜力和回报等因素综合考虑。因此，A 公司面对基于 WAPI 标准的设备细分市场，兼顾到公司运营状况，仅有两种可供选择的决策方案：(1)仅进入 WAPI 标准的接入网络设备市场；(2)同时进入 WAPI 标准的接入网络设备市场和终端设备市场。

	WAPI 标准	Wi-Fi 标准
接入网络设备	基于 WAPI 标准的接入网络设备市场	基于 Wi-Fi 标准的接入网络设备市场
终端设备	基于 WAPI 标准的终端设备市场	基于 Wi-Fi 标准的终端设备市场

图 3.4　WLAN 主要细分市场

选定目标市场后，项目组将“是否要进行市场调研”与“市场进入力度”作为后续主要决策融入战略工具决策树模型应用中，分析并选择最优策略。

为填充决策树模型中相关数据，项目组先后进行了 WAPI 市场需求与趋势分析、是否进行市场调研决策、市场进入力度权衡和不确定性的评估。

由于较难收集实际数据，所以项目组通过判断法分析 WAPI 市场需求与趋势、细分市场吸引力，具体采用销售人员意见综合法来预测新产品的销售额。通过对 A 公司将近 100 位经验丰富的销售进行访谈，得出 WAPI 市场的销售估计和趋势预测。

在决策市场进入力度前，A 公司针对未来 WAPI 网络设备市场，选择是否进行相应市场调研，以便更好地估计市场预期情况，降低市场风险。可供选择的决策方案有两个，分别是进行市场调研和不进行市场调研。

进行市场调研

借助市场部的专业分析，更加清楚地把握市场机会和风险。

不进行市场调研

只是根据以往一般的网络通信设备在市场中的欢迎程度来预测未来 WAPI 市场的情况。

而 WAPI 市场进入力度主要体现在两个关键因素上：研发及生产的力度；销售及市场拓展的力度。而这两类关键因素均调动了公司各个层面的资源和能力来实现市场进入。

在进入力度上，A 公司可以选择的抉择方案有两个，分别是大规模进入市场和小规模进入市场。

大规模进入市场

即以较高的力度调动公司资源和能力，来进行大规模的研发和生产，并强化销售及市场活动。营销战略上，力争成为市场中的领导者。在未来行业景气的情况下，争取公司利益的最大化。

小规模进入市场

即以一般的力度调动公司资源和能力，来进行较小或普通规模的研发和生产、销售及市场活动。营销战略上，仅成为行业中的跟随者即可。在未来行业低迷的情况下，规避可能面临的市场风险。

3.5.5 WAPI市场进入成本与收益预测

通过和A公司市场部门和产品研发部门的访谈后，对下列成本进行了分类统计。若产品未能被运营商采用，仅在产品研发阶段产生如下成本：研发成本、研发人员的招聘和解聘成本；若被运营商采用，将在市场拓展期产生如下成本：市场调研成本、后续研发成本、生产与销售成本。

• **研发成本** 按接入网络设备研发、接入网络设备和终端设备同时研发分类，研发成本具体费用如表3.4所示。

表3.4 WAPI设备研发成本

研发项目	人月单价/USD	人数	开发时间/月	汇率/(USD/RMB)	总费用/百万元
研发接入网络设备	\$3 000	100	12	9.4	35
同时研发接入网络设备和终端设备	\$4 000	550	12	9.4	250

注：为方便计算，将对表3.4的数据进行取整，并在后续的计算中引用。

资料来源：由A公司研发部门统计。

• **研发人员招聘和解聘成本** 由产品研发部门和人力资源部门从历史数据中统计，并"结合2年后才能进入收益期"得出，研发人员招聘和解聘成本约相当于自身研发成本(表3.4所示)的2.5倍，是产品研发阶段的最大风险。具体费用如表3.5所示。

表3.5 研发人员招聘和解聘成本

项　目	总费用/百万元
研发接入网络设备	88
同时研发接入网络设备和终端设备	625

• **市场调研成本** 若想要预测WAPI市场的规模和发展趋势，市场调研是个好的选择。若进行WAPI无线局域网络设备市场调研，其潜在的成本约为1.5(百万元)人民币。

• **后续研发成本** 当产品开发期结束后，进入市场拓展期，其后续的研发费用将比新开发时的费用有所降低。具体金额如表3.6所示。

表3.6 后续研发成本

项　目	总费用/百万元
后续研发接入网络设备	25
同时后续研发接入网络设备和终端设备	250

• **生产与销售成本** 大规模的生产和销售时的成本和小规模的生产和销售时的成本具体金额如表3.7所示。

表 3.7 生产与销售成本

规模	项　目	总费用/百万元
大规模	生产/销售接入网络设备	50
	同时生产/销售接入网络设备和终端设备	400
小规模	生产/销售接入网络设备	10
	同时生产/销售接入网络设备和终端设备	100

• **市场的收益预测**　通过和公司市场部门和运营部门的访谈后，将对市场拓展期内的5年期间的销售额(市场收益)进行具体估计。

A公司在WAPI市场上的收益情况，可用产品生命周期中的成本和收入来相应计算得出。由于在产品开发期，只有研发人员招聘和解聘费用发生而无收入；因此，研究员主要分析在WAPI市场拓展期间的成本(后续研发成本+生产与销售成本)和销售收入，并以此5年期间的市场收益数据作为后续决策树分析的依据。

营业收入与生产的规模、销售力度及市场环境的景气程度有关。A公司的市场与销售部门给出了他们的估计，参见表3.8。其中，“年平均费用(百万元)”指在市场拓展期5年内的平均费用(成本)。

表 3.8 市场收益预测(市场拓展期5年内)

项目	规模	市场预期	年平均费用/百万元	年营业收入/百万元	年收益百万元	5年总收益/百万元
进入接入网络设备市场	大规模生产和销售	市场良好	−75	300	225	1 125
		市场一般	−75	100	25	125
		市场低迷	−75	30	−45	−225
	小规模生产和销售	市场良好	−35	85	50	250
		市场一般	−35	50	15	75
		市场低迷	−35	25	−10	−50
同时进入接入网络设备市场和终端设备市场	大规模生产和销售	市场良好	−650	2 500	1 850	9 250
		市场一般	−650	900	250	1 250
		市场低迷	−650	300	−350	−1 750
	小规模生产和销售	市场良好	−350	700	350	1 750
		市场一般	−350	550	200	1 000
		市场低迷	−350	250	−100	−500

注 1. “年平均费用/百万元”列中的数据是由表3.6《后续研发成本》和表3.7《生产与销售成本》对应相加得出。如：−75=−25−50；−35=−25−10；−650=−250−400；−350=−250−100。

2. “年营业收入/百万元”列中的数据是由市场部门用判断法估计得出。

3. “年收益/百万元”列中的数据是由“年营业收入/百万元”列与“年平均费用/百万元”列的差值得出。

4. “5年总收益/百万元”列中的数据是由“年收益/百万元”列乘以5得出。

A公司在进入WAPI网络设备市场期间面临的三个主要的不确定性(事件)，按时间发生顺序依次是：

WAPI 能否被运营商采用的不确定性；
WAPI 市场调研结果的不确定性；
WAPI 市场预期情况的不确定性。

以上三个事件从性质上区分，均属于概率意义下的不确定性，即包括主观概率意义下的不确定性(也称为可能性)和客观概率意义下的不确定性(也称为随机性)。通过分析以上事件的不确定性可以评估它们发生的概率，从而获知它们(风险性)对决策问题的影响程度。

为了便于定量计算和描述上述三个不确定性的概率，A 公司按照“能否被运营商采用的不确定性”、“市场预期情况的不确定性”、“市场调研结果的不确定性”的顺序来分析和计算。其中，概率值将保留 3 位小数。

首先，着手“能否被运营商采用的不确定性”考评。WAPI 能否被运营商采用的不确定性仅有两种可能情况：

T_1 被运营商采用；
T_2 未被运营商采用。

项目组通过邀请 A 公司的资深销售经理对其访谈来预测新产品的前景，并最终估计出被运营商采用的概率 $P(T_i)$，如表 3.9 所示。

表 3.9 WAPI 被运营商采用的概率表

被运营商采用：$P(T_1)$	未被运营商采用：$P(T_2)$
0.800	0.200

来源：由销售部门通过判断法估计得出

其次，WAPI 市场预期情况的不确定性有三种可能：

A_1 市场情况良好；
A_2 市场情况一般；
A_3 市场情况低迷。

因主观地推断 WAPI 设备会遇到何种市场环境是非常困难的，项目组借助已有的相关或相似的产品市场表现，来类比和估计 WAPI 市场情况，比如 GPRS 上网卡市场。根据 A 公司市场部门内部数据(库)统计的 GPRS 上网卡产品的市场情况数据，可以估计出 WAPI 市场预期情况(概率分布)，如表 3.10 所示。其中，字母 A_1～A_3 代表着三种市场情况，$P(A_i)$为对应的概率。

表 3.10 WAPI 市场预期情况概率表

	A_1	A_2	A_3
$P(A_i)$	0.200	0.600	0.200

来源：由 A 公司市场部门统计。

最后综合市场调研结果准确性概率和 WAPI 市场预期情况概率表，评测市场调研结论为各市场预期情况的概率表。

WAPI 市场调研结果的不确定性有三种可能情况：

市场部预测市场良好；
市场部预测市场一般；
市场部预测市场低迷。

市场部门进行市场调研，事实上一直存在着市场调研结果的准确性或可靠性的风险。公司市场部门经过市场调研后预测“市场不景气”，但将来却可能被验证为市场景气。类似地，市场调研预测“市场景气”，反而将来却可能是个不景气的市场。这些风险影响着市场调研结果的准确与否，即多大程度上管理层可以信任并采纳这些调研数据作为决策依据。

为了方便对“市场情况良好”、“市场情况一般”、“市场情况低迷”三种市场预期情况进行描述和分析，现做如下定义：

A_1：市场情况良好；	I_1：市场部门分析结果为“市场情况良好”；
A_2：市场情况一般；	I_2：市场部门分析结果为“市场情况一般”；
A_3：市场情况低迷；	I_3：市场部门分析结果为“市场情况低迷”。

其中，上述字母 A_1～A_3 分别代表着三种市场情况；字母 I_1～I_3 分别代表着公司市场部门分析结果为三种市场情况。

项目运用条件概率 $P(I_j|A_i)$ 来描述在实际市场表现的条件下（A_i），原先市场部门调研后市场预判结论的概率（I_j）。例如：$P(I_1|A_1)$ 表示在实际市场表现为良好的条件下，原先市场部门预测为“市场情况良好”的概率。经过 A 公司市场部门的努力，统计了公司历史上所做过的所有类似的市场调研结果，并提供了市场调研结果准确性概率表，如表 3.11 所示。

表 3.11　市场调研结果准确性概率表

$P(I_j\|A_i)$	A_1	A_2	A_3
I_1	0.650	0.100	0.070
I_2	0.250	0.760	0.230
I_3	0.100	0.140	0.700

来源：由 A 公司市场部门统计得出。

结合表 3.10 和表 3.11 中的数据，并利用全概率公式

$$P(I_j)=P(I_j|A_1)*P(A_1)+P(I_j|A_2)*P(A_2)+P(I_j|A_3)*P(A_3)$$

式中，A_1、A_2、A_3 是对全集 A 的一个完备分割。

可求得：市场部门在完成市场调研后，做出预测结果为“市场情况良好”、“市场情况一般”、“市场情况低迷”三种情况的概率 $P(I_j)$，如表 3.12 所示。

表 3.12　市场调研结论为各市场预期情况的概率表

I_j	I_1	I_2	I_3
$P(I_j)$	0.204	0.552	0.244

来源:由表 3.11 和表 3.12 通过全概率公式求得。

结合表 3.10、表 3.11 和表 3.12 中的数据,并利用贝叶斯公式

$$P(A_i|I_j)=P(I_j|A_i)*P(A_i)/P(I_j)$$

注释:其中 $P(I_j)=P(I_j|A_1)*P(A_1)+P(I_j|A_2)*P(A_2)+P(I_j|A_3)*P(A_3)$

求得:市场部门进行市场调研后,预测出"市场情况良好"、"市场情况一般"、"市场情况低迷"的情况下,未来真实市场情况为"良好"、"一般"或"低迷"的条件概率 $P(A_i|I_j)$,如表 3.13 所示。

表 3.13　相对市场调研结论的真实市场情况概率表

$P(A_i\|I_j)$	A_1	A_2	A_3
I_1	0.637	0.294	0.069
I_2	0.091	0.826	0.083
I_3	0.082	0.344	0.574

来源:由表 3.11、表 3.12 和表 3.13 通过全概率公式求得。

3.5.6　构造总体多层次决策树

基于不确定性事件及其概率以及 WAPI 市场进入成本与收益的预测数据,A 公司构造了决策树,见图 3.5。

整个决策树共有 7 层,其中树根(决策节点 A)为第 1 层。决策树由决策节点、机会节点、树枝、结果节点四部分组成。

决策树中的节点包括决策节点和事件节点。决策节点(Decision Node):在决策树图中用方块表示,表示在这一点上需要进行决策。选择最好的枝(最大的期望值)。事件节点(Event Node):在决策树图中用圆圈表示,表示在这一点上会发生随机事件。后向计算期望收益(每个枝的概率和收益的乘积的和)。

决策节点

A:表示目标市场决策的决策节点,在决策树的第 1 层。该节点有两个决策方案供选择:仅进入 WAPI 标准的接入网络设备市场、同时进入 WAPI 标准的接入网络设备市场和终端设备市场。

D 和 E:表示是否进行市场调研决策的决策节点,在决策树的第 3 层。这些节点都有两个决策方案供选择:进行市场调研、不进行市场调研。

H、I、J、K、L、M、N、O:表示市场进入力度决策(包括生产规模和销售力度)的决策节点,在决策树的第 5 层。这些节点都有两个决策方案供选择:大规模进入市场、小规模进入市场。

事件节点

B 和 C:表示 WAPI 能否被运营商采用的事件节点,在决策树的第 2 层。这些节点都有两种可能性分支:被运营商采用、未被运营商采用。它们对应的概率值 $P(T_i)$,具体概率参考《WAPI 被运营商采用的概率表》。

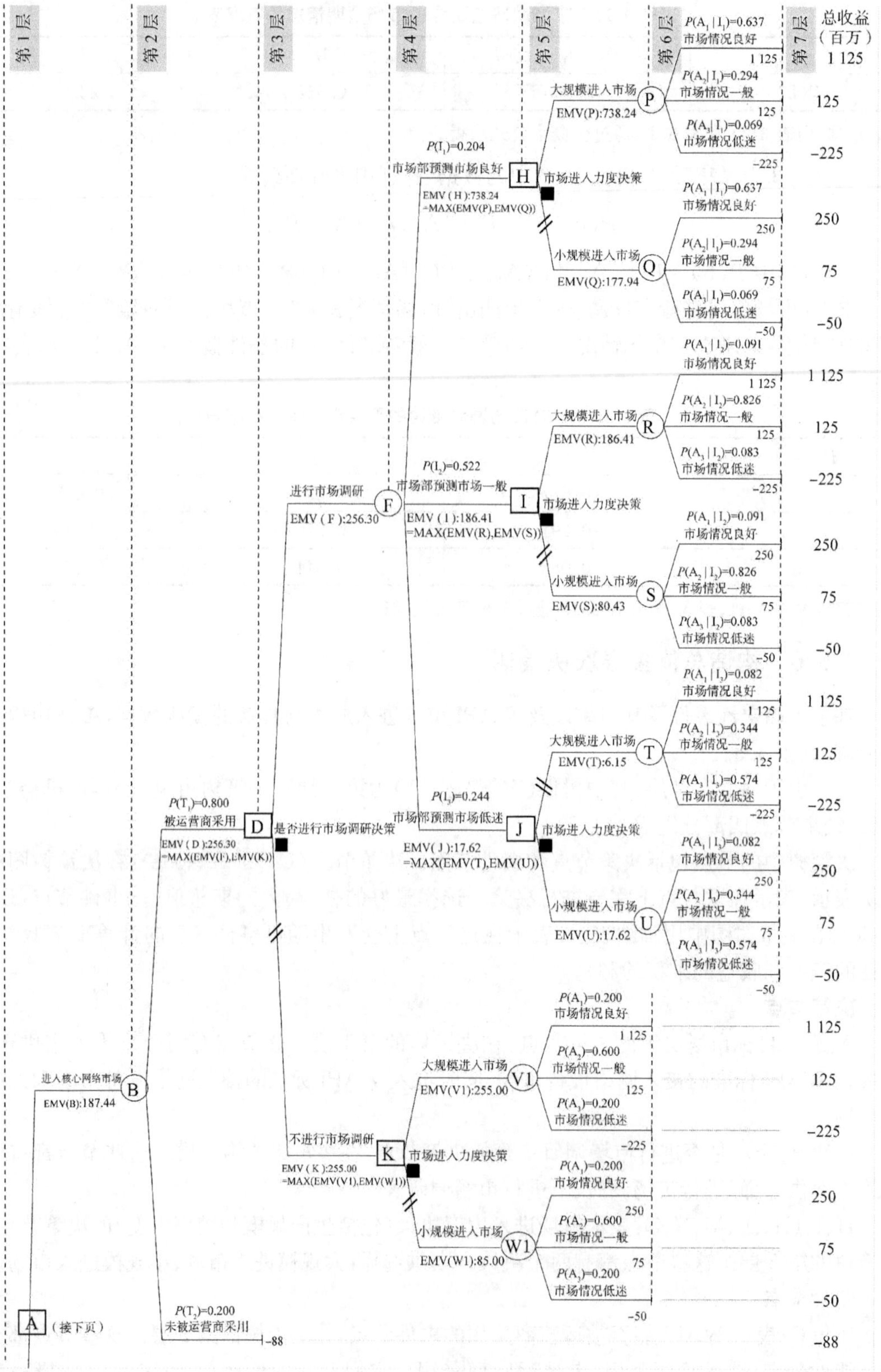
第1层
第2层
第3层
第4层
第5层
第6层
第7层
总收益（百万）
进入核心网络市场
EMV(B):187.44
P(T1)=0.800
被运营商采用
是否进行市场调研决策
EMV(D):256.30 =MAX(EMV(F),EMV(K))
进行市场调研
EMV(F):256.30
不进行市场调研
EMV(K):255.00 =MAX(EMV(V1),EMV(W1))
P(T2)=0.200
未被运营商采用
-88
P(I1)=0.204
市场部预测市场良好
EMV(H):738.24 =MAX(EMV(P),EMV(Q))
P(I2)=0.522
市场部预测市场一般
EMV(I):186.41 =MAX(EMV(R),EMV(S))
P(I3)=0.244
市场部预测市场低迷
EMV(J):17.62 =MAX(EMV(T),EMV(U))
市场进入力度决策
大规模进入市场
小规模进入市场
EMV(P):738.24
EMV(Q):177.94
EMV(R):186.41
EMV(S):80.43
EMV(T):6.15
EMV(U):17.62
EMV(V1):255.00
EMV(W1):85.00
P(A1|I1)=0.637 市场情况良好
P(A2|I1)=0.294 市场情况一般
P(A3|I1)=0.069 市场情况低迷
P(A1|I2)=0.091 市场情况良好
P(A2|I2)=0.826 市场情况一般
P(A3|I2)=0.083 市场情况低迷
P(A1|I3)=0.082 市场情况良好
P(A2|I3)=0.344 市场情况一般
P(A3|I3)=0.574 市场情况低迷
P(A1)=0.200 市场情况良好
P(A2)=0.600 市场情况一般
P(A3)=0.200 市场情况低迷
1 125
125
-225
250
75
-50
（接下页）

图 3.5　决策树全图

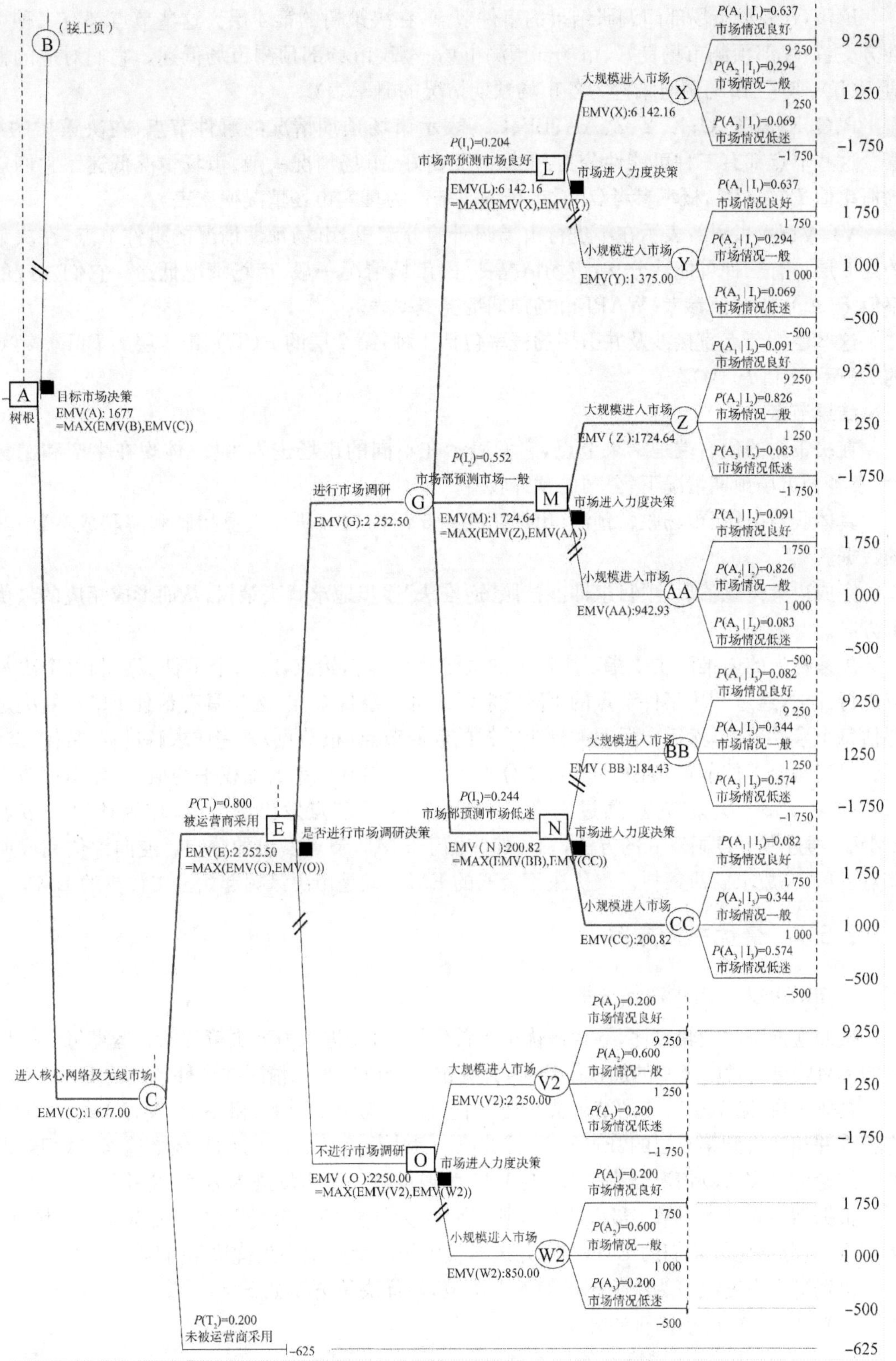

（接上页）
B
A
树根
目标市场决策
EMV(A): 1677
=MAX(EMV(B),EMV(C))
进入核心网络及无线市场
C
EMV(C):1 677.00
P(T1)=0.800
被运营商采用
E
是否进行市场调研决策
EMV(E):2 252.50
=MAX(EMV(G),EMV(O))
进行市场调研
G
EMV(G):2 252.50
P(I1)=0.204
市场部预测市场良好
L
市场进入力度决策
EMV(L):6 142.16
=MAX(EMV(X),EMV(Y))
大规模进入市场
X
EMV(X):6 142.16
P(A1 | I1)=0.637
市场情况良好
9 250
P(A2 | I1)=0.294
市场情况一般
1 250
P(A3 | I1)=0.069
市场情况低迷
−1 750
小规模进入市场
Y
EMV(Y):1 375.00
P(A1 | I1)=0.637
市场情况良好
1 750
P(A2 | I1)=0.294
市场情况一般
1 000
P(A3 | I1)=0.069
市场情况低迷
−500
P(I2)=0.552
市场部预测市场一般
M
市场进入力度决策
EMV(M):1 724.64
=MAX(EMV(Z),EMV(AA))
大规模进入市场
Z
EMV (Z):1724.64
P(A1 | I2)=0.091
市场情况良好
9 250
P(A2 | I2)=0.826
市场情况一般
1 250
P(A3 | I2)=0.083
市场情况低迷
−1 750
小规模进入市场
AA
EMV(AA):942.93
P(A1 | I2)=0.091
市场情况良好
1 750
P(A2 | I2)=0.826
市场情况一般
1 000
P(A3 | I2)=0.083
市场情况低迷
−500
P(I3)=0.244
市场部预测市场低迷
N
市场进入力度决策
EMV (N):200.82
=MAX(EMV(BB),EMV(CC))
大规模进入市场
BB
EMV (BB):184.43
P(A1 | I3)=0.082
市场情况良好
9 250
P(A2 | I3)=0.344
市场情况一般
1250
P(A3 | I3)=0.574
市场情况低迷
−1 750
小规模进入市场
CC
EMV(CC):200.82
P(A1 | I3)=0.082
市场情况良好
1 750
P(A2 | I3)=0.344
市场情况一般
1 000
P(A3 | I3)=0.574
市场情况低迷
−500
不进行市场调研
O
市场进入力度决策
EMV (O):2250.00
=MAX(EMV(V2),EMV(W2))
大规模进入市场
V2
EMV(V2):2 250.00
P(A1)=0.200
市场情况良好
9 250
P(A2)=0.600
市场情况一般
1 250
P(A3)=0.200
市场情况低迷
−1 750
小规模进入市场
W2
EMV(W2):850.00
P(A1)=0.200
市场情况良好
1 750
P(A2)=0.600
市场情况一般
1 000
P(A3)=0.200
市场情况低迷
−500
P(T2)=0.200
未被运营商采用
−625
9 250
1 250
−1 750
1 750
1 000
−500
9 250
1 250
−1 750
1 750
1 000
−500
9 250
1250
−1 750
1 750
1 000
−500
9 250
1 250
−1 750
1 750
1 000
−500
−625

图 3. 5(续)　决策树全图

F 和 G:表示市场部门调研结果的事件节点,在决策树的第 4 层。这些节点都有三种可能性分支:市场部预测市场良好、市场部预测市场一般、市场部预测市场低迷。它们对应的概率值 $P(I_j)$,参考《市场调研结论为各市场预期情况的概率表》。

P、Q、R、S、T、U;X、Y、Z、AA、BB、CC:表示市场预期情况的事件节点,在决策树的第 6 层。这些节点都有三种可能性分支:市场情况良好、市场情况一般、市场情况低迷。它们对应的概率值 $P(A_i|I_j)$,概率参考《相对市场调研结论的真实市场情况概率表》。

V1、V2;W1、W2:表示在不进行市场调研的分支里,市场预期情况的事件节点,在决策树的第 6 层。有三种可能性分支:市场情况良好、市场情况一般、市场情况低迷。它们对应的概率值 $P(A_i)$,概率值参考《WAPI 市场预期情况概率表》。

这些事件节点直接涉及并引用的概率包括 4 种:第 2 层的 $P(T_i)$、第 4 层的 $P(I_j)$、第 6 层的 $P(A_i|I_j)$和 $P(A_i)$。

结果节点

在决策树的最右端是结果节点,它们表示在不同的市场进入力度(体现在生产和销售力度)及各种市场预期情况下,公司的预计收益。

具体收益引用《市场收益预测(市场拓展期 5 年内)》、《研发人员招聘和解聘成本》中对应的数据。

完成决策树赋值后,项目组即能按照“逆推法”逐步地求解决策树,从而形成相应的最优决策方案。

决策树中的逆推法主要指以决策树的最终分支为起始点,对每个事件节点和每个决策节点进行评估,通过利用事件节点的 EMV 来评估每个事件节点,选择具有最佳 EMV 的决定来评估每个事件节点,然后向后回溯到决策树的起始节点(根节点)来完成求解过程,具体方法如下。对于每个事件节点,通过计算每个分支的 EMV 与其概率的加权平均值,计算出该节点的 EMV。对于每个决策节点,通过选择具有最佳 EMV 节点发出的分支,作为该决策节点的 EMV。通过在上方画双杠的方法,划去那些低于 EMV 节点发出的分支。逆向评估完成所有节点以后,完成求解决策树。最优决策策略的 EMV 就是由决策树起始分支计算的 EMV。

3.5.7 最优决策方案

1. 市场进入力度的决策分析

按照逆推法的逻辑顺序,寻找最优决策首先从“市场进入力度决策”开始,运算每个结果分支的 EMV 与其对应概率的加权平均值,计算出每个市场预期情况的事件节点的 EMV。

具体来讲,第 7 层对应的结果节点“预期总收益”与第 6 层的“概率 $P(A_i|I_j)$或 $P(A_i)$”对应相乘并相加得到第 6 层的“EMV - L6”的值。其中概率 $P(A_i|I_j)$的具体数值参考《相对市场调研结论的真实市场情况概率表》。表 3.14 为逆推表——市场进入力度的决策。

根据期望收益值 EMV 最大化的原则,在各“大规模进入市场”或“小规模进入市场”的决策节点上,分别比较它们的 EMV 值,并选择较大的决策分支为最优决策方案。

市场进入力度决策为决策树的第 5 层决策,最优决策方案如下。

(1) 对于进行市场调研的分支

仅进入 WAPI 接入网络设备市场时,

决策节点 H:市场部门预测市场良好时,大规模进入市场;

表 3.14 逆推表——市场进入力度的决策

决策节点（第5层）			事件节点（第6层）				结果节点（第7层）
节点	最优决策	决策分支	节点	EMV-L6	概率分支	概率 $P(A_i\|I_j)$ 或 $P(A_i)$	预期总收益/百万元
H	大规模进入市场	大规模进入市场	P	738.24	市场良好	0.637	1 125
					市场一般	0.294	125
					市场低迷	0.069	−225
		小规模进入市场	Q	177.94	市场良好	0.637	250
					市场一般	0.294	75
					市场低迷	0.069	−50
I	大规模进入市场	大规模进入市场	R	186.41	市场良好	0.091	1 125
					市场一般	0.826	125
					市场低迷	0.083	−225
		小规模进入市场	S	80.43	市场良好	0.091	250
					市场一般	0.826	75
					市场低迷	0.083	−50
J	小规模进入市场	大规模进入市场	T	6.15	市场良好	0.082	1 125
					市场一般	0.344	125
					市场低迷	0.574	−225
		小规模进入市场	U	17.62	市场良好	0.082	250
					市场一般	0.344	75
					市场低迷	0.574	−50
K	大规模进入市场	大规模进入市场	V1	255.00	市场良好	0.200	1 125
					市场一般	0.600	125
					市场低迷	0.200	−225
		小规模进入市场	W1	85.00	市场良好	0.200	250
					市场一般	0.600	75
					市场低迷	0.200	−50
							−88
L	大规模进入市场	大规模进入市场	X	6142.16	市场良好	0.637	9 250
					市场一般	0.294	1 250
					市场低迷	0.069	−1 750
		小规模进入市场	Y	1375.00	市场良好	0.637	1 750
					市场一般	0.294	1 000
					市场低迷	0.069	−500
M	大规模进入市场	大规模进入市场	Z	1724.64	市场良好	0.091	9 250
					市场一般	0.826	1 250
					市场低迷	0.083	−1 750
		小规模进入市场	AA	942.93	市场良好	0.091	1 750
					市场一般	0.826	1 000
					市场低迷	0.083	−500
N	小规模进入市场	大规模进入市场	BB	184.43	市场良好	0.082	9 250
					市场一般	0.344	1 250
					市场低迷	0.574	−1 750
		小规模进入市场	CC	200.82	市场良好	0.082	1 750
					市场一般	0.344	1 000
					市场低迷	0.574	−500
O	大规模进入市场	大规模进入市场	V2	2250.00	市场良好	0.200	9 250
					市场一般	0.600	1 250
					市场低迷	0.200	−1 750
		小规模进入市场	W2	850.00	市场良好	0.200	1 750
					市场一般	0.600	1 000
					市场低迷	0.200	−500
							−625

决策节点 I：市场部门预测市场一般时，大规模进入市场；

决策节点 J：市场部门预测市场低迷时，小规模进入市场。

同时进入 WAPI 接入网络设备市场及终端设备市场时，

决策节点 L：市场部门预测市场良好时，大规模进入市场；

决策节点 M：市场部门预测市场一般时，大规模进入市场；

决策节点 N：市场部门预测市场低迷时，小规模进入市场。

(2) 对于不进行市场调研的分支

K 节点：仅进入 WAPI 接入网络设备市场时，大规模进入市场；

O 节点：同时进入 WAPI 接入网络设备市场及终端设备市场，大规模进入市场。

上述计算结果表明，在“仅进入 WAPI 接入网络设备市场”或“同时进入 WAPI 接入网络设备市场及终端设备市场”两种情况下，都应该选择“大规模力度进入市场”这一决策。

2. 是否进行市场调研的决策分析

同理，在上述市场进入力度的决策分析的基础上，再向树根方向逆推计算，通过计算每个结果分支的 EMV 与其对应概率的加权平均值，将决策延伸至整体的市场调研决策问题，从第 6 层的事件节点逆推至第 3 层的决策节点，并求出“EMV－L4”的值，逆推计算如表 3.15 所示。

根据期望收益值 EMV 最大化的原则，分别比较各“大规模进入市场”或“小规模进入市场”的决策节点上的 EMV 值，并选择较大的决策分支为最优决策方案。

是否进行市场调研决策为决策树的第 3 层决策，最优决策方案如下：

仅进入 WAPI 接入网络设备市场时，

决策节点 D：进行市场调研；

同时进入 WAPI 接入网络设备市场及终端设备市场时，

决策节点 E：进行市场调研。

计算结果表明，在“仅进入 WAPI 接入网络设备市场”或“同时进入 WAPI 接入网络设备市场及终端设备市场”两种情况下，A 公司都应该进行市场调研。

3. 目标市场的决策分析

倒退到 A 公司最初的决策“目标市场”选择，具体来讲，第 3 层最优决策分支对应的第 4 层“EMV－L4”与第 2 层的“概率 $P(\mathrm{T}_i)$”对应相乘并相加得到第 2 层的“EMV－L2”的值，逆推计算如表 3.16 所示。

鉴于最大化 EMV 的原则，目标市场决策为决策树的第 1 层决策，最优决策方案为：同时进入 WAPI 接入网络设备市场及终端设备市场。

3.5.8 研究结论

综合市场进入力度的最优决策、是否进行市场调研的最优决策及目标市场的最优决策，即为 A 公司提供了 WAPI 市场战略最优决策方案。

首先，同时进入 WAPI 接入网络设备市场及终端设备市场；其次，在运营商选择采用 WAPI 网络后，拨给市场部门预算进行 WAPI 市场的调研活动。在市场部门调研结果为“市场预期良好”、“市场预期一般”的情况下，公司应以大规模的力度进入 WAPI 市场，力度体现在生产和销售上；当市场部门调研结果为“市场预期低迷”的情况下，公司应以小规模的力度进入 WAPI 市场。

表 3.15 逆推表——是否进行市场调研的决策

决策节点（第3层）			事件节点（第4层）				决策节点（第5层）			事件节点（第6层）			
节点	最优决策	决策分支	节点	EMV-L4	概率分支	概率 $P(I_j)$	节点	最优决策	决策分支	节点	EMV-L6	概率分支	概率 $P(A_i\|I_j)$或$P(A_i)$
D	进行市场调研	进行市场调研	F	256.30	市场部预测市场良好	0.204	H	大规模进入市场	大规模进入市场	P	738.24	市场良好	0.637
												市场一般	0.294
												市场低迷	0.069
									小规模进入市场	Q	177.94	市场良好	0.637
												市场一般	0.294
												市场低迷	0.069
					市场部预测市场一般	0.552	I	大规模进入市场	大规模进入市场	R	186.41	市场良好	0.091
												市场一般	0.826
												市场低迷	0.083
									小规模进入市场	S	80.43	市场良好	0.091
												市场一般	0.826
												市场低迷	0.083
					市场部预测市场低迷	0.244	J	小规模进入市场	大规模进入市场	T	6.15	市场良好	0.082
												市场一般	0.344
												市场低迷	0.574
									小规模进入市场	U	17.62	市场良好	0.082
												市场一般	0.344
												市场低迷	0.574
		不进行市场调研					K	大规模进入市场	大规模进入市场	V1	255.00	市场良好	0.200
												市场一般	0.600
												市场低迷	0.200
									小规模进入市场	W1	85.00	市场良好	0.200
												市场一般	0.600
												市场低迷	0.200
				-88.00									
E	进行市场调研	进行市场调研	G	2 252.50	市场部预测市场良好	0.204	L	大规模进入市场	大规模进入市场	X	6 142.16	市场良好	0.637
												市场一般	0.294
												市场低迷	0.069
									小规模进入市场	Y	1 375.00	市场良好	0.637
												市场一般	0.294
												市场低迷	0.069
					市场部预测市场一般	0.552	M	大规模进入市场	大规模进入市场	Z	1 724.64	市场良好	0.091
												市场一般	0.826
												市场低迷	0.083
									小规模进入市场	AA	942.93	市场良好	0.091
												市场一般	0.826
												市场低迷	0.083
					市场部预测市场低迷	0.244	N	小规模进入市场	大规模进入市场	BB	184.43	市场良好	0.082
												市场一般	0.344
												市场低迷	0.574
									小规模进入市场	CC	200.82	市场良好	0.082
												市场一般	0.344
												市场低迷	0.574
		不进行市场调研					O	大规模进入市场	大规模进入市场	V2	2 250.00	市场良好	0.200
												市场一般	0.600
												市场低迷	0.200
									小规模进入市场	W2	850.00	市场良好	0.200
												市场一般	0.600
												市场低迷	0.200
				-625.00									

表 3.16 逆推表——目标市场的决策

决策节点（第1层）			事件节点（第2层）				决策节点（第3层）			事件节点（第4层）			
节点	最优决策	决策分支	节点	EMV-L2	概率分支	概率 $P(T_i)$	节点	最优决策	决策分支	节点	EMV-L4	概率分支	概率 $P(I_j)$
A	同时进入WAPI接入网络设备市场及终端设备市场	仅进入WAPI接入网络设备市场	B	187.44	被运营商采用	0.800	D	进行市场调研	进行市场调研	F	256.30	市场部预测市场良好	0.204
												市场部预测市场一般	0.552
												市场部预测市场低迷	0.244
									不进行市场调研				
					未被运营商采用	0.200					−88.00		
		同时进入WAPI接入网络设备市场及终端设备市场	C	1677.00	被运营商采用	0.800	E	进行市场调研	进行市场调研	G	2 252.50	市场部预测市场良好	0.204
												市场部预测市场一般	0.552
												市场部预测市场低迷	0.244
									不进行市场调研				
					未被运营商采用	0.200					−625.00		

项目组的努力为A公司在WAPI战略市场的决策提供了依据。基于公司多年来的行业经验和决策树这一战略工具，项目组在辨识无线局域网(WLAN)设备市场中的两个主要细分市场Wi-Fi和WAPI的基础上，明确在A公司的市场战略下，要进入的目标细分市场，并提出针对该目标市场进行市场调研的建议，根据市场调研的结果，进行目标市场进入力度决策。

这一过程使得公司管理层能够有效而准确地进行新兴市场进入的决策分析，这也对类似的市场决策有着示范意义：从定性决策分析到定量分析的飞越，并得出量化的最优决策方案；使得管理层面决策由少数几个人的"精英决策"走向团队的"流程决策"，增加了可操作性和可复制性；对市场生命周期有了全面的理解和应用。

第4章 目标市场营销战略之一
——市场细分与目标市场选择

引言

市场是一个综合体——消费者的需求呈现出多层次、多元化的特点。每个企业的资源是有限的,不可能满足市场上所有消费者的需求。因此,企业应根据一定的因素将市场分为由相似需求构成的消费群,同时基于自身战略和资源情况从各细分市场中选择一定规模和发展前景、且符合公司的目标和能力的一个或几个作为公司的目标市场。并在所选择的市场中将产品定位在目标消费者所偏好的位置上。根据此定位,开展相应的营销活动以向目标消费者传达这一定位信息,让其认识、选择并最终购买此品牌。

目标市场营销战略,即通常所说的STP理论,是指导营销活动的基础战略理论,也是战略营销的核心内容。STP理论中的S、T、P分别是Segmenting、Targeting、Positioning的英文单词缩写,即市场细分、目标市场和市场定位。其基本思想在于企业的营销活动要选择确定目标消费者或客户。1950年,美国营销学家温德尔·史密斯最早提出了市场细分理论,其后,菲利浦·科特勒对此理论进一步发展和完善,最终形成了成熟的STP理论。

STP理论是指企业在一定的市场细分的基础上,确定自己的目标市场,最后把产品或服务定位在目标市场中的确定位置上。具体来看,目标市场理论包括三个主要步骤,见图4.1。

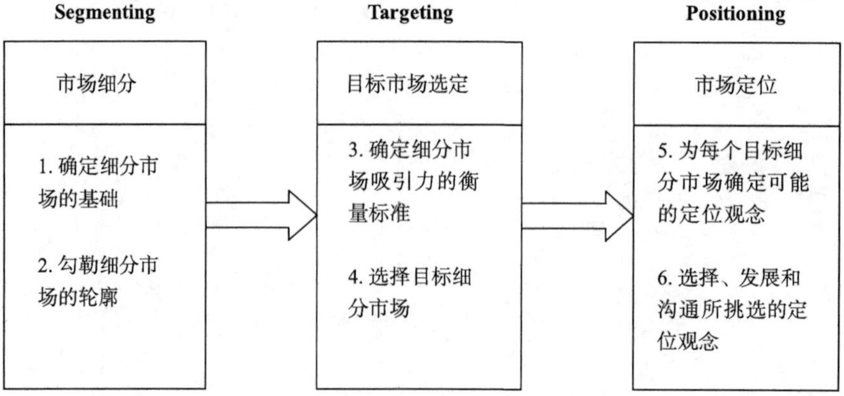

图4.1 目标市场理论

本章我们主要讨论如何运用营销工程的方法提高市场细分的效率。

通过本章学习,达到以下目标:

1. 了解市场细分及目标市场选择的基础理论;
2. 知道市场细分的方法及研究设计流程和方法;
3. 掌握营销工程在市场细分中的运用,并学会用相关方法解决实际问题。

4.1 市场细分的理论基础

市场是异质的。消费者在购买需求、购买力、地理位置、购买态度和行为等方面具有一定的差异性。企业的资源是有限的,不可能满足所有顾客的需求。因此,企业可以把巨大的、异质的市场分解为小型的细分市场,从而使它们的产品或服务更快捷、更有效地满足客户的需求。

4.1.1 市场细分和目标市场选择的相关概念

1. 市场

前一章里我们已经讨论过市场的概念。当企业以消费者为中心的营销观念开展营销活动时,市场就不能仅仅以产品的实体属性来界定,如用"汽车市场"这个统称和汽车的大小(如微型车、小型车、中型车或标准车)这个实体属性共同定义市场。

1997年,科特勒认为"一个市场由具有共同需求或欲望的所有潜在顾客组成,这些顾客愿意并能够参与交换以满足其愿望或需求。"根据这一定义,从实体产品的角度界定市场过于狭窄:同样的实体产品可能会在不同的市场上展开竞争,不同的实体产品也会在同一市场上竞争,而这一切都取决于需求。

2. 市场细分

市场细分是指营销者通过市场调研,依据消费者的需要和欲望、购买行为和购买习惯等方面的差异,把某一产品的市场整体划分为若干消费者群的市场分类过程。企业根据顾客购买行为与购买习惯的差异性,将某一特定产品的整体市场分割为若干个消费者群体,以选择和确定目标市场的活动。

3. 细分市场

细分市场是市场细分的结果。每个细分市场包含一群会对产品或服务做出相似反应的顾客或潜在顾客,即同一细分市场的顾客期望从产品或服务中得到相同的利益或者解决问题的相同方案,或者会对企业的营销活动做出相似的反应。

4. 目标市场

目标市场是指企业在市场细分的基础上,从满足现实的或潜在的目标顾客的需求出发,并依据企业自身经营条件而选定的一个或为数不多的特定市场。简单地说:目标市场就是企业产品或劳务的消费对象。

5. 市场细分描述性变量和依据变量

• 市场细分描述性变量。市场细分描述性变量,是市场细分建模中的独立变量,如年龄、收入、媒体的使用情况等。这些变量能帮助营销为不同的细分市场提供不同的产品或服务。

• 市场细分依据变量。市场细分依据变量，是市场细分建模中的非独立变量。市场细分依据变量说明为什么不同的顾客对同一营销活动会产生不同的反应。

在营销实践中，两者之间的区别是根据进行市场细分调查的原因而定的。营销研究者可以用回归法或判别分析等分析性方法决定描述细分市场成员的描述性变量。并可以采用据此发展的模型来预测某一潜在顾客是否属于某个特定的细分市场。

4.1.2 市场细分的步骤

进行市场细分时，企业应事先了解顾客在需要、欲望和偏好方面的差异特点，再决定是否能够设计出适当的产品和战略，以使企业在满足市场上不同顾客需求的同时又能获取利润。

按照以上思路，市场细分可以分为五步。

第一步：明确市场细分在企业战略中的地位。通过分析企业战略以及市场细分的目的，回答以下问题。

• 市场细分能否帮助企业建立竞争优势？如果可以，竞争优势将体现在哪些方面？

• 企业实现企业目标的其他途径？企业在经验曲线上所处的位置决定了它是否具有成本优势。如果企业可以通过低成本领先实现无差异战略，则市场细分不能体现出在企业战略中的相对优势。

• 企业有没有相应的资源能力可以成功地通过市场细分达到企业目标？如企业开发新产品的能力、建立新业务流程的能力是影响企业细分市场的两大战略因素。

因此在没有考虑企业的整体战略意图和核心竞争力之前，不要轻易地选择并展开市场细分。

第二步：选择一组市场细分变量。细分变量应该基于潜在顾客需求或欲望，并且能反映出顾客之间的差别。因此，企业营销人员应该了解对于自己本企业的产品和服务来说，哪些因素会驱使消费者对企业的产品和服务产生需求。

由于购买行为特点的差异性(购买的目的和期望价值的不同)，消费者市场和组织市场中细分变量有所不同。在消费者市场上，市场细分变量反映的是消费者在知觉维度上的差别，在分析这种差异性时，更关注人口地理特征和社会经济特征；在组织市场上，顾客寻求的利益同购买决策者个人的心理特征和社会经济特征关系不大，更多依赖于产品的最终用途以及产品所能给买方带来的利润。

此外，所选的市场细分变量应该能使顾客群呈现出组内同质性和组间异质性的特点。

第三步：选择细分市场的数学方法和统计方法。

顾客细分市场后有几种结果：顾客细分市场是离散的，即每个顾客仅包含在一个细分市场中；顾客细分市场是重叠的，即一个顾客可包含在两个或两个以上细分市场中；顾客细分市场是模糊的，即每个顾客在每个细分市场中都有部分成员资格。企业必须在这几个市场结果中做出选择：将每个顾客分配给一个细分市场，但是可能会损失信息。相对而言，重叠市场细分或模糊市场细分较符合现实情况，在理论上也较为精确。但是，以模型细分市场结果开展营销活动，企业需要将不同产品在不同且相互重叠的细分市场上确定不同定位，因此，在该情况下制定市场细分战略要相对复杂。

第四步：根据市场细分变量确定最多需要细分市场的数量；企业将市场细分为多少个是最

佳的？目前的理论和实践对此都没有解释或答案。因此，在这一步上，营销者所要或所能利用的手段更趋于艺术。

第五步：描述细分市场

将一个市场细分为若干个市场后，要对这些细分市场进行描述以供企业在选择目标市场时参考。因此，营销者选择的描述细分市场的变量必须反映：每个细分市场的利润潜力（价格敏感度和市场规则）；企业该如何为这些细分市场提供服务（企业满足这些细分市场上顾客需求的路径）。因此，在这一阶段，营销经理在细分市场过程中使用两类变量：第一类，市场细分依据变量，能概括广义市场特征；第二类，描述性变量，深入了解所选的一个或多个作为目标市场的细分市场的变量。表4.1为消费者市场和产业市场的细分市场描述。

表4.1 消费者市场和产业市场的细分市场描述

	消费者市场	产业市场
市场细分依据变量	需求、欲望、利益、问题的解决方案、使用情形、使用率	需求、欲望、利益、问题的解决方案、使用情形、使用率、规模*、行业*
市场细分描述性变量		
• 人口统计特征/企业特征	年龄、收入、婚姻状况、家庭类型和规模、性别、社会阶层等	行业、规模、地点、当前供应商、技术利用状况
• 心理特点	生活方式、价值观和个性特征	决策者的个性特征
• 行为	使用场合、使用量、使用的互补品和替代品、品牌忠诚度等	使用场合、使用量、使用的互补品和替代品、品牌忠诚度、订单规模、应用等
• 决策过程	个人决策或集体（家庭）决策、低参与度购买或高参与度购买、对产品大类的态度和了解、价格敏感度等	购买过程的规范化、决策群的规模和特点、外部咨询顾问的使用、采购标准、集权制（分权制）采购、价格敏感度、转换成本、预算周期等
• 媒体模式	使用水平、所用媒体的类型、使用次数	使用水平、所用媒体的类型、使用次数、参加贸易展览会的情况、对销售人员的接受等

注：*是“宏观市场细分”（即第一阶段细分）的依据变量。

在选择变量时必须考虑到有效市场细分的条件，即所选择的变量应该有利于达到以下目标：

衡量细分市场的规模和购买力；

确定有效进入细分市场的路径以及为之提供服务的程度；

制定有效的市场营销活动以吸引目标顾客。

4.1.3 目标市场选择

市场细分之后，企业必须结合自己的资源能力和未来战略发展方向从众多的细分市场中选择一个或几个作为目标市场。可分如下两步走。

第一步：评估各细分市场的吸引力

在具体选择某个或几个细分市场作为目标市场之前，企业必须对各个细分市场分析和评价。一般来说，用以下3类共9个衡量标准（指标）来评价细分市场的吸引力（表4.2）。

表 4.2 细分市场衡量标准

标　准	举　例
Ⅰ. 规模和增长	
1. 规模	• 市场潜力、目前的市场渗透程度
2. 增长	• 过去的增长对技术变化的预测
Ⅱ. 结构性特点	
3. 竞争	• 进入壁垒、退出壁垒、竞争者的地位和报复的能力
4. 细分市场饱和	• 市场的空白
5. 保护性	• 产品受专利的保护、进入壁垒
6. 环境风险	• 经济变化、政治变化和技术变化
Ⅲ. 产品与市场的匹配	
7. 匹配程度	• 与企业的优势和形象相吻合
8. 与其他细分市场的关系	• 协同作用、成本互动、形象转移以及产品线的内部竞争
9. 利润水平	• 进入成本和利润水平、投资收益率

注:评估细分市场的吸引力时所使用的标准:采用适合你的行业与企业的标准。

第二步:选择目标市场

对各个细分市场进行评估后,企业就选择相应的目标市场——发展。

企业在选择目标市场时,有如下 5 种可供参考的市场覆盖模式。

(1) 市场集中化　在市场细分后的几个细分市场中,选取一个细分市场,生产一种产品,供应单一顾客群,开展集中化营销。

(2) 产品专业化　企业集中生产一种产品,并向各细分市场的顾客销售这种产品。其优点在于由于企业专注于某一类领域的生产,有利于形成和发展生产及技术的优势,在该领域树立专家的形象。

(3) 市场专业化　企业针对某一细分市场,提供其需要的各种产品。选择市场专业化策略的企业,因其经营的产品类型众多,能有效地分散经营风险。缺点在于,由于其集中于一个细分市场,当该细分市场的需求下降时,企业会遇到收益下降的风险。

(4) 选择专业化　企业在评估各细分市场后,选择几个具有良好的盈利潜力和结构力,并且符合企业目标和资源的细分市场作为目标市场,但各细分市场间共性较少。因为企业在差异性较大的各个细分市场经营,即使某个细分市场盈利情况不佳,也可以在其他细分市场获利,有效地分散了企业的经营风险。企业应具有较强资源和营销实力。

(5) 市场全面化　企业生产多种产品以满足各细分市场不同顾客群体的需要。实力雄厚的大型企业在发展到一定阶段时都会选择该模式。

企业在选择哪个模式时,必须考虑到自身既有的资源能力、目前的发展阶段及未来的战略发展方向。即在权衡细分市场的吸引力与企业的核心能力及相对优势,做出战略决策。基于此,通用电气公司发展了目标市场选择矩阵,如图 4.2 所示。

横坐标表示细分市场的吸引力,分为低、中、高三个程度区域;纵坐标表示企业的优势与能力,分为强、中、弱程度区域。如图,沿着东北方向,细分市场对于企业的吸引力逐渐增强。

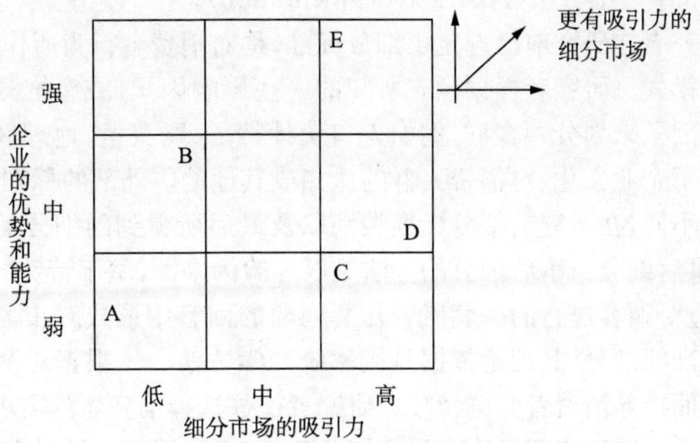

图 4.2　选择目标细分市场

运用该矩阵选择目标市场的具体方法如下。

(1) 确定影响每个维度的主要因素。分别确定对企业的优势与能力、细分市场的吸引力产生驱动作用的因素，注意在众多的因素中应尽可能选择那些对特定与整体战略产生关键作用的因素。

(2) 确定各个影响因素的权重。在此步骤中，企业应通过商讨(适当的研究的方法或手段，如德尔菲法、与相关的行业专家座谈、利用历史资料等方法)给各影响因素分配权重。

(3) 使用影响因素指标，对各个细分市场打分。打分与确定权重一样，应通过适当的方法进行商讨与折中。

(4) 权重乘以第三步中的评分，得到各细分市场的最终分数。

(5) 解释最后结果。

(6) 敏感度分析。即采用不同权重与不同的打分重复，以期得到最优结果。

营销者使用这一矩阵评估企业面临的机会。对非常有吸引力并且非常符合公司竞争力的细分市场(如细分市场 E)，或对非常缺少吸引力并且非常不符合公司能力细分市场(如细分市场 A)，管理者都能做出明确的决策：为细分市场 E 提供服务，放弃细分市场 A。企业应该选择吸引力一般、与企业能力的匹配程度也一般的细分市场(细分市场 B、细分市场 C 和 D)制定战略决策，即要在市场的吸引力与企业核心能力及优势之间折中(平衡)。

4.1.4　市场细分方法

市场细分研究中的另一个核心问题就是如何进行市场细分。市场细分之间的根本差别在于细分标准，不同的细分标准需要不同的细分技术方法作为分析手段，由此导致细分方法论上的差异，最终导致各种不同的细分方法有着各自不同的市场适应性。

1. 按细分标准数量划分

根据细分变量的多少，可以将细分方法分为单一细分标准、混合市场细分。在实践中，企业一般是组合运用有关变量来细分市场，而不是单一采用某一变量。近年来，细分方法研究主要集中在生活形态细分，这是综合了人口统计、地理、心理、行为这四类细分的混合细分方法。

2. 按时间角度划分

从时间角度划分，Wind(1978)按照细分标准选择的先后将市场细分分为事前细分法(Priori Segmentation)和事后细分法(Post hoc Segmentation)。

事前细分是研究者在研究前已选定了细分标准,是对消费者行为所作的定性分析,其理论基础是消费者行为模式。研究者根据预先所知的一些影响因子,或者推测的与产品或服务消费相关的一些影响因子来划分顾客群,例如人口统计特征、购买量、地理区域等。事前细分的分类结果直接体现了企业文化、对消费人群的认知或其他的内外部的标准。

与事前细分法不同,在研究前细分标准类别以及最后所得到的细分类群数目在分析前都是未知的,又称为事后细分。事后细分的方法是以经验为来源,基于特殊的市场细分目的而进行的调查研究,通过对顾客进行的一套或者几套问题的回答中形成对市场细分的研究。事后细分是以聚类为基准的细分,其理论依据是概率统计学方法——根据对消费者的抽样调查数据的统计分析结果而推导消费者分群特征。研究者往往选择消费者的需求、态度、生活形态等心理描述特征以及人口统计特征等作为混合细分变量,运用因子分析对变量降维,利用聚类分析得到细分结果。通过问卷调查得到的顾客反应可能会显示出对企业有利的细分市场。事后细分的理论假设是,某一时空点的统计结果可以反映消费者的稳定心理和行为特征,厂商可以用过去的消费统计结果推知消费者未来的消费购买行为。

任何一种细分方法的使用效果都与其所要解决的营销问题、产品特性、消费者心理、行业生命周期等一系列因素有关,细分方法无所谓绝对优劣,完全取决于营销者对营销问题的界定,对市场竞争情况、供求状况等问题的分析判断,以及对市场细分的理解程度,所以营销者要能灵活应变,根据其所要解决的具体问题采用相对应的细分决策工具。

4.1.5 市场细分研究设计/流程

市场细分调研包括调研设计与数据收集。细分市场的方法很多,企业内部和外部的数据也很多。在此,本书对以原始数据采集为基础的市场细分研究流程进行介绍。

1. 确定测量工具(如调查问卷):想要收集什么信息,如何收集?

在设计问卷之前,公司就要通过收集二手资料、访谈等形式了解潜在消费者的需求。对于这些需求,不同顾客强调的侧重点可能会存在差异,通过这种差异比较,不同的顾客群体即可初步被识别出来。要从一系列变量中选择一组市场细分依据变量和描述性变量,这些变量应该基于潜在顾客的需求或愿望,且能反映出顾客之间的差别。所以,所选的市场细分变量应该能够使顾客群呈现出组内同质性和组间异质性的特点。市场细分调研通常要收集到以下信息。

- 需求:包括历史购买或消费以及预期未来购买。
- 需要:可以是明确表达出来的需要,也可以是联合分析或使用价值分析推导出来的需要。
- 人口统计特征方面的描述性数据:对消费者来说,包括年龄、收入、学历、婚姻状况和教育程度;对产业市场来说,包括行业分类、规模(员工数量和销售量)和岗位责任。
- 心理特征:如对于消费者市场和服务市场来说包括活动、兴趣和生活方式等。
- 态度:如对产品、供应商、购买风险的态度,或者对采用过程的一般态度。
- 媒体和分销渠道的使用:如所用媒体的类型和数量以及通常购买产品和服务的地点。

在市场细分调研中收集的数据,通常会构成一个数据矩阵:矩阵中的列对应于所衡量的各个变量,每一行则是每个调研对象的回答。在收集数据和构建数据矩阵时,应考虑解决以下问题。

问题1:调研对象是什么人?

问题2:要收集哪些数据?什么样的数据?名义数据(如是/否,男/女,等)和分类数据(如学历等)都很难同评价尺度得到的数据(如满意程度1～7打分等)进行比较。(有关数据类型,将在本章后面部分进行介绍)

问题3:测量尺度是否一致?如果尺度不同(如在1～7尺度上表示同意/不同意、在1～100尺度上表示需求等),就要进行数据标准化。

问题4:变量相关性?往往几个变量测量的是同一事物的不同方面,所以处理这些变量时一般要对数据进行预处理(因子分析等),避免重复计算。

问题5:怎样处理异常值?有些异常值是错误数据,有些则代表正在形成的新的细分市场,所以处理异常值时要具体问题具体分析。

2. 选择样本

对于任何市场调研,分析人员都必须确定要调查的人群(总体),并确定从总体中找出部分有代表性的样本的方法(取样框架)。对探索性调查或小样本调查而言,便利样本法或主观判断法非常适宜。对于定量调查,通常使用某种概率样本,如下所述。

- 简单随机抽样:样本框架中每个样本被抽出作为样本的概率相等。
- 分组抽样:以组为单位进行抽样,每个组被抽出作为样本的概率相等。
- 分层抽样:取样框架分为若干层,这些层内部相对同质,但是各层之间存在差异,每层内部都用简单随机抽样生成样本。

建议尽可能使用分层抽样,从"重要"的层(如:大量使用者、潜在的品牌转换者、大企业或具有特定人口统计特征的目标细分市场)里抽取较大的样本。

3. 调研对象的选择和汇总

怎样从组织或者家庭的不同成员那里了解到他们的不同反应,并用这些信息预测这个家庭或组织未来的行为?收集好数据后要将数据进行汇总、整理,便于后期的分析。

4. 分析数据和市场细分

市场细分的数学方法和统计方法有多种,我们要选择合适的数学方法和统计方法才能将单个顾客汇聚成同质顾客群。有效的市场细分,才会对企业的营销活动有指导意义。(数据处理方法将在本章后面部分进行介绍)

4.2 营销工程中市场细分的运用

市场细分中的分析技术示意图见图4.3。

4.2.1 因子分析法——数据信息压缩

通过前期市场调研,营销者往往会掌握大量关于细分市场中顾客行为特征,如需求、态度等的数据。这时,就需要削减变量,使营销者能从众多的细分变量中识别出最能够区分顾客的变量,以提高随后分析的效率。同时,分析人员应放弃那些对识别顾客差异性作用不大的变量。Miligan & Copper 1987年的研究表明,哪怕只包含一对无关变量,都有可能使数据无法体现细分变量的结构。

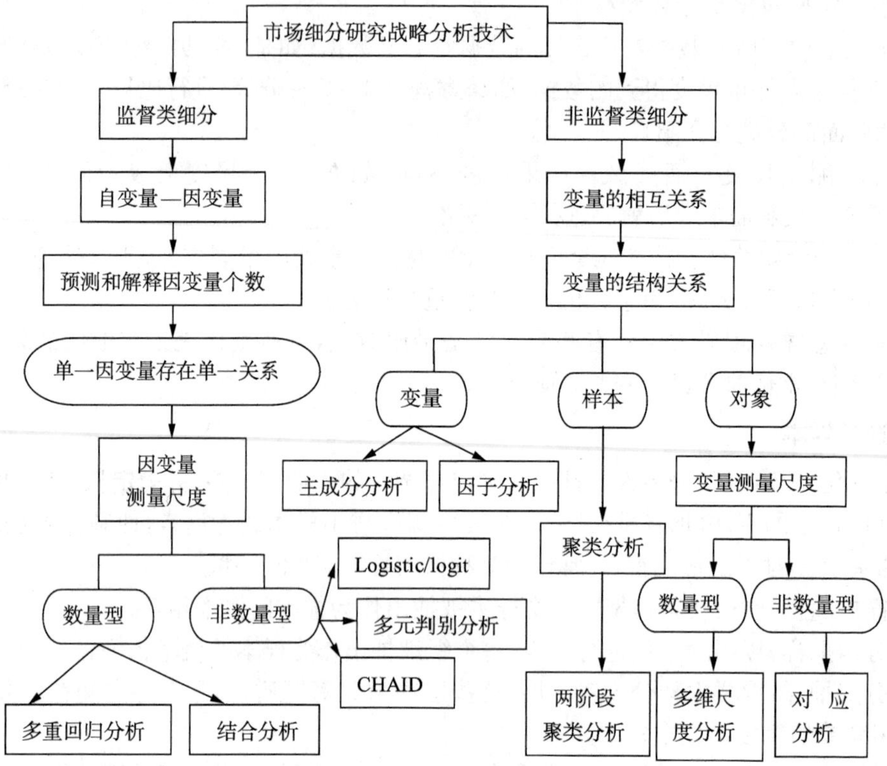

图 4.3　市场细分中的分析技术

主成分分析法和因子分析法能有效地帮助营销者简化数据。其中因子分析法更为常用。

1. 主成分分析法

主成分分析法是市场研究中采用较广泛的数据处理技术。在 SPSS 软件中,主成分分析法是提取因子变量的主要方法。其主要利用降维的思想,在保留原始变量尽可能多的信息前提下把多个指标转化为几个综合指标的多元统计方法。通过把转化生成的综合指标称为主成分:每个主成分都是原始变量的线性组合,但它们之间并没有相关性。因此,与原始变量相比,主成分更具有某些能反映问题实质的性能,使营销者在随后的分析中能够更好地抓住关键因素。

主成分分析法的发展

主成分分析(Principal Component Analysis),也称为主分量分析,由霍林特在 1933 年首先提出。

人们在对某一事物进行实证研究的过程中,为了更加全面准确地反映事物的特征及其发展规律,往往要考虑与其有关的多个指标,这些指标在多元统计分析中也称为变量。因为研究某一问题涉及的多个变量之间具有一定的相关性,就必然存在着起支配作用的共同因素。主成分分析法就是设法将这些具有一定线性相关性的多个指标,重新组合成一组新的相互无关的综合指标来代替原来指标。通常数学上的处理就是将原来的几个指标做线性组合,作为新的综合指标,但是这种线性组合,如果不加限制,则可以有很多个。我们主要遵循这样的原则去选择:将选取的第一线性组合指标记为Y1,Y1应该尽可能多地反映原来指标的信息,我们可以用Y1的方差Var(Y1)来表达Y1包含的信息,Var(Y1)越大,表示Y1包含的信息越多。因此在所有的线性组合中所选取的Y1应该是方差最大的,故称为第一主成分。如果第一主成分不足以代替原来的几个指标的信息,再考虑选取Y2,即选取第二个线性组合,为了有效地反映原来信息,Y1已有的信息就不需要出现在Y2中,即要求Y1、Y2的协方差cov(Y1,Y2)=0,称Y2为第二主成分,依此类推可以选出第三主成分,第四主成分……这些主成分之间不仅互不相关,而且它们的方差依次递减。

通过上述方法,在保留原始变量主要信息的前提下起到降维与简化问题的作用,使得在研究复杂问题时更容易抓住其主要矛盾,揭示事物内部变量之间的规律性,同时使问题得到简化,提高分析效率。

2. 因子分析法

因子分析法(Factor Analysis),是主成分分析的推广,是一种主要用于数据简化和降维的多元统计方法。在面对诸多具有内在相关性的变量时,因子分析试图使用少数几个随机变量来描述许多变量所体现的一种基本结构。其基本思想是根据相关性大小把原始变量分组,使得同组内的变量之间相关性较高,而不同组的变量间相关性较低。

运用因子分析,营销者可以将一堆烦琐的数据简为较少的数据,即通过分析大量变量(如态度、对问卷的回答等)之间的相互关系,然后用常用的基本维度表示这些变量。

因子分析的特点主要有以下几方面。第一,因子变量的数量远小于原有的指标变量的数量,因子变量的分析能够减少分析中的计算工作量;第二,因子变量不是对原有变量的取舍,而是根据原始变量的信息进行重新组合,能够反映原有变量大部分的信息;第三,因子变量不存在线性相关关系,对变量的分析比较方便;第四,因子变量具有命名解释性,即该变量是对某些原始变量信息的综合与反映。

因子分析和主成分分析具有很大的差异性:主成分分析不能作为一个模型来描述,它只能作为一般的变量变换,是可以测变量的线性组合;而因子分析需要构造一个因子模型,公共因子一般不能表示为原始变量的线性组合。因子分析中的因子一般能够找到实际意义;而主成分分析的主成分综合性太强,一般找不出实际意义。

使用新的变量集能够更好地说明问题,利于简化和解释问题。与主成分分析法相比,因子分析法正是一种有效的简化数据的减维技术,它能够识别数据中潜在的不能直接观测的结构或维度,还可以识别变量中重要的变量。因子分析产生的不相关的因子可以帮助营销者作其他分析,如聚类分析、回归分析、判别分析,同时还可以检验问卷设计的信度和效度。因此,在营销工程中,比较常使用因子分析法对数据进行筛选。

简化数据,找出主要本质性的变量,对于其后市场研究中构建知觉图和进行市场定位非常重要。

4.2.2 构建细分市场——聚类分析的运用

聚类分析(Cluster Analysis)是研究事物分类的基本方法,如今被广泛地应用于自然科学、社会科学、生产等各个领域。

聚类分析在《红楼梦》作者问题上的运用

《红楼梦》的作者除了曹雪芹还有谁？自从胡适作《红楼梦考证》以来，大家都认为前80回为曹雪芹所写，而后40回的作者则是高鹗。但长期以来，红学界对此并未达成共识。为了客观地给出《红楼梦》作者到底是谁的证据，从1985年开始，复旦大学的李贤平教授带领他的学生应用统计分析方法进行了论证。他们创造性的想法是将120回看成是120个样本，然后确定与情节无关的虚词出现的次数作为变量，巧妙运用数理统计分析方法，看看哪些回目出自同一人的手笔。在文学创作中，每个人使用某些词的习惯是特有的。于是李教授用每个回目中47个虚词(之，其，或，亦……呀，吗，咧，罢……；可，便，就……)出现的次数(频率)，作为《红楼梦》各个回目的数字标志；之所以要抛开情节，是因为在一般情况下，同一情节大家描述得都差不多，但由于个人写作特点和习惯的不同，所用的虚词是不会一样的。然后利用多元统计分析中的聚类分析法对这120组数据进行分类。结果将120回分成两类，即前80回为一类，后40回为一类，很形象地证实了不是出自同一人的手笔；之后又进一步分析前80回是否为曹雪芹所写 这时又找了一本曹雪芹的其他著作，做了类似计算，结果证实了用词手法完全相同，断定前80回为曹雪芹一人手笔，是他根据《石头记》写成，中间插入《风月宝鉴》，还有一些别的增加成分；而后40回是否为高鹗写的呢？论证结果推翻了后40回是高鹗一个人所写，而是曹雪芹亲友将其草稿整理而成，宝黛故事为一人所写，贾府衰败情景当为另一人所写等。这个论证在红学界轰动很大，李教授他们用多元统计分析方法支持了红学界的观点，使红学界大为赞叹。聚类分析，顾名思义，就是按照某种标准，将样本物以类聚。即使是作者刻意模仿作者的写法，但是文风是不能模仿的，而对虚词的使用是难以做到一致的，这就是标准(也就是统计量)所在。李教授的工作便证明了前80回和后40回在虚词的使用上截然不同。而石头记与风月宝鉴的对比使用的则是因子分析的方法。每一回47个虚词出现不同次数，而一共有120回，这样就构成一个47×120的矩阵，李教授在统计软件SPSS上分析这个大型矩阵得到以上结果，可信度甚高，因为它是完全客观不带有主观色彩的方法，仅从文本入手。

聚类分析是研究如何将研究对象(样品或指标)按照多个方面的特征进行综合分类的一种多元统计方法。它根据“物以类聚”的道理，辨别事物在某些特征上的相似性或相异处，并按照这些特性将事物划分成几个类别，使在同一类别中事物有较大的相似性，而不同类别中的事物有较大的差异，也就是将样本尽量分为若干个互相没有交集的小组，使得组内差异最小，组间差异最大。

1. 聚类分析的种类

根据分类对象的不同，聚类分析可以分成样本聚类和变量聚类。

(1) 样本聚类

对样本进行聚类称为样本聚类，又称为Q型聚类。用SPSS的术语来说就是对事件(Cases)进行聚类，或者说对观察对象进行聚类。其目的是将分类不明确的样本按性质相似程度分成若干组，从而发现同类样本的共性和不同类样本间的差异。例如，把城市(观测量)按照各种指标进行分类，以便对不同城市的策略进行比较。

(2) 变量聚类

对指标进行聚类称为变量聚类，又称为R型聚类。反映同一事物特点的变量很多，我们往往选取部分变量对事物的某个方面进行研究。因此变量聚类的目的就是将分类不明确的指标按性质相似程度分成若干组,从而在尽量不损失信息的条件下,用一组少量的指标来代替原来的多个指标。在现实生活中不乏进行变量聚类的实例,例如根据人体各部分尺寸数据找出最有代表性的指标,如身长、肩宽、胸围作为上衣的代表性指标。变量聚类跟因子分析很相似,但是两者相比,变量聚类较粗糙,因子分析更加精确。

2. 聚类分析的步骤

聚类分析通常包括以下五个步骤:选择分类变量、筛选数据、相似性测量、进行聚类和解释聚类结果。

(1) 选择分类变量

观测值代表要聚类的对象,变量则代表聚类所依据的属性。由于聚类分析是根据所选定的变量对观测值进行分类,所以变量的选择在聚类分析中非常重要。通常研究者根据实际工作经验以及相关调研来判断选择合适的分类变量。

(2) 筛选数据

在许多市场细分调查中,调研人员收集了大量关于态度和需求的数据。如果许多数据测量的都是相似或相关的内容,由于有些数据被看得过于重要,而其他数据则被低估,所以接下来的分析很可能导致错误的结论。分析人员还应放弃调查中不相关的变量(即那些无法将顾客区分开的变量)。研究表明,哪怕只包含一对无关变量,都有可能使数据无法体现细分市场的结构。为了能够充分而有效地利用数据,通常希望用较少的新指标代替原来较多的旧变量,同时要求这些新指标尽可能地反映原变量的信息。因子分析正是解决此问题最有效的多元统计方法,它能提取信息,使变量简化降维,从而使问题更加简单直观,在经济、社会领域得到广泛应用。

在因子分析中,较常用的是主成分分析,就是分析大量变量(态度、对问卷的回答)之间的相互关系,利用降维的思想把多个指标转换成较少的几个互不相关的公共因子,使变量的结构得以简化,从而使进一步研究变得简单。这些方法对构建知觉图和进行市场定位研究非常重要。主成分分析后,要对提取的公共因子进行命名,使其能解释各个主成分所蕴含的信息。然后,这些主成分将作为分类变量进入聚类分析中。

(3) 相似性测量

聚类变量确定后,接下来就要计算研究对象之间的相似性。为形成细分市场或顾客群,必须:

- 界定衡量所有个体之间相似性(或不相似性,如距离)的衡量尺度。相似反映了研究对象之间的密切程度,距离越接近则代表两者关系越密切,反之则越不相似。
- 寻找一种方法,能将每个个体分配给顾客群。越相似的研究对象将会被分在同一个类中。

图 4.4 举例说明了这个问题,要形成图中的三个顾客群,就必须知道每对调查对象或调查对象群之间的距离。虽然此图仅包含两个维度,但实际上是处于多维空间中:维数等于在数据筛选步骤中所保留的因子数。

图中有三个组(Ⅰ、Ⅱ、Ⅲ),距离 b 是组Ⅰ的中心到组Ⅲ中心之间的距离,a 是组Ⅰ中某一个调查对象到该组中心的距离。

(4) 进行聚类

分类变量确定且计算出研究对象之间的相似性之后,接下来就是要选定聚类方法将研究对象进行分类,并判断出合适的分类数。

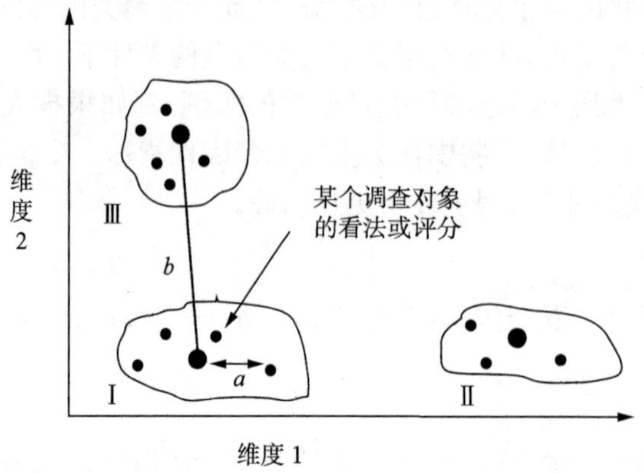

图 4.4　两维空间聚类分析示意

(5) 解释聚类结果

虽然可以运用聚类分析方法得到分类结果，但是对聚类结果的解释以及类别的命名，均需要由人来判断并加以解读。

3. 聚类分析的测量方法

在聚类分析技术的发展过程中，形成了很多种相似的测量方法，每一种方法都从不同的角度来测量相似性，采用何种测量方法取决于变量的类型。变量按其测量的精度可以分成定性变量、定序变量、定距变量。

(1) 变量类型

① 定性变量。定性变量也称为名义(Nominal)变量或者命名变量，它的取值只代表观测对象的不同类别，例如性别：0 男；1 女。数字不代表大小，只代表类别。

② 定序变量。定序变量又称顺序(Ordinal)变量，它取值的大小能够表示观测对象的某种顺序关系，不表示大小。例如"学历"变量的取值是：1. 高中及高中以下；2. 大专；3. 本科；4. 研究生及以上，由小到大代表的是学历由低到高。

③ 定距变量。定距变量又称为间隔(Interval)变量、等距变量，它的取值之间可以比较大小。例如年龄，其取值 20 与 30 相比，表示 30 岁比 20 岁大，而且大出 10 岁。定比(Radio)变量跟定距变量意义相近，差别在于定距变量中"0"值表示某一取值，而定比变量表示"没有"。通常定距变量与定比变量不需要加以区别，两者统称为定距变量或间隔变量。

将调查得到的数据进行聚类分析时，一般要将各变量的取值数值化，以方便后期的多元统计分析。例如，性别，将"男"赋值为 0，"女"赋值为 1，数值不代表大小，仅代表类别。又如，赞同程度，"非常喜欢"为 1，"喜欢"为 2，"一般"为 3，"不喜欢"为 4，"非常不喜欢"为 5，数值不代表大小，不能相加减。定性变量、定序变量的取值均是定性数据，而定距变量为定量数据。

(2) 测量方法

在聚类分析中最重要的问题是如何描述"差异"，其实也就是如何进行相似性测量。相似性测量的方法主要有两种：距离测量及关联测量。其中，距离测量适用于定距变量的数据，关联测量则适用于定性变量和定序变量的数据。

① 距离测量——定量数据

距离测量是将观测值视为 m 维空间(m 为变量个数)中的一个点,并在 m 维空间中测量点与点之间的距离,距离越接近的点,相似性越高,就越有可能归为同一类。如果两个观测值在所有变量上的值都一样,那这两个点在 m 维空间中应该重合,且距离为 0。

测量分为区间(Interval)、个数(Count)与二进制(Binary),用以选择数据类型的距离或者相似性可用的测距方法。其中,区间(Interval)数据为 SPSS 默认选项,其可使用的测距方法有:欧式距离、欧式距离平方、余弦(Cosine)、皮尔逊相关(Pearson Correlation)、闵氏(Minkowski)距离、切比雪夫(Chebychev)距离、组块(Block)距离等。其中,欧式距离是 SPSS 中处理等距数据的默认值,其定义如下。

• 欧式距离(Euclidean Distance)

$$d_{ij}(x)=\sqrt{\sum_{k=1}^{p}(x_{ik}-x_{kj})^2} \tag{4-1}$$

也称为几何距离,它是各个变量值之差的平方和的平方根。

② 关联测量——定性数据

当测量的聚类变量为定性变量和定序变量时,使用关联测量来测量研究对象的相似性。Count 即聚类变量计数数据,距离是以其出现的频次为测量的标准。关联测量系数众多,其中只有三种获得广泛应用。

• 卡方值测距(Chi-Square Measure),以卡方检验两集合出现的频次是否相等。

• Phi 平方值测距(Phi-Square Measure),这个统计量是以组合频次平方根正态化后的卡方统计量。(以上两个在本章后面将详细介绍。)

• 二进制数据(Binary):二分变量可用的距离指标,例如"有或没有"的二分数据,SPSS 将构建 2×2 的交叉表,如表 4.3 所示,a、b、c、d 分别代表每种组合下的配对数。

表 4.3 2×2 的交叉表

Case1/2	有	没有
有	a	b
没有	c	d

例如某事件有 5 个变量,假设 Case1 的值分别为 1、0、0、1、0,Case2 的值分别为 0、1、0、1、1,其中 1 代表"有",0 代表"没有",则对应的交叉表见表 4.4。

表 4.4

Case1/2	有	没有
有	1	1
没有	2	1

③ 数据标准化问题

前面介绍的大部分相似测量,尤其是距离测量,受聚类变量测量单位的影响很大。单位大的变量在相似性测量的贡献中占主导地位,因此,一些变量可能掩盖了其他单位较小的变量的影响,从而控制了聚类的结果。另外,当变量的测量单位变化时,相似性测量的值也会随之改变,这也可能改变最终的聚类结果。所以,数据标准化是一种"补救措施",它能改变变量中元素的分布，使每个元素的平均值为 0，标准差为 1。标准化能使各个变量对聚类结果的贡献相同，但是也忽略了元素之间有意义的差异。所以，如果有间距尺度数据，一般要先对数据进行标准化(减去平均数，再除以其标准差)，再使用距离测量指标。

4. 聚类方法

聚类方法有很多种，但常见的是层次聚类法(Hierarchical Cluster)和非层次聚类法(Non-hierarchical Cluster)。

(1) 层次聚类法

层次聚类法可以分成两种，凝聚法(Agglomerative Method)和分解法(Divisive Method)。分解法和凝聚法类似，只是过程完全相反。SPSS 中采用的是凝聚法，没有分解法，层次凝聚法是聚类分析中应用最广泛的聚类方法，整个过程可以用树状图(Dendrogram)表示。

凝聚法通常遵循下列程序。

- 在聚类开始时，每个观测值各视为一组；
- 然后按照选定的距离指标，计算组与组之间的距离，将最近的两组合为一组；
- 重新计算组间距离，再将最接近的两组合并；
- 重复执行第三步，直到所有观测值被归为一组为止。

层次聚类法的一个核心问题是计算组与组(或类与类)之间的距离。统计学家提出了五种比较常见的方法。

① **最短距离法**：也称为单一联结法(Single Linkage)，组间距离是两组中两个距离最近的个体间的距离(图 4.5)。最短距离法的主要缺点是当组与组之间的距离为两组间距离最短者时，其距离容易失真并扭曲，可能会使大部分的观测值都被集中在同一个群中，所以最短距离法在研究上很少被使用。

② **最远距离法**：也称为完全联结法(Complete Linkage)，组间距离是两组中两个距离最远的个体间的距离(如图 4.5)。和最短距离法完全相反，最远距离法克服了最短距离法的缺陷，但因组与组之间的距离是两组间距离最远者，故其也存在失真和扭曲的问题，所以最远距离法在研究上也很少被使用。

图 4.5 为距离矩阵生成的最短距离法树状图(实线)和最远距离法树状图(虚线)。由公司 1 和公司 2 形成的组或细分市场同由公司 3 和公司 4 形成的细分市场可联结起来，最远距离法的联结水平(3.42)要高于最短距离法的联结水平(1.81)。而在这两种情况下，公司 5 都属于“局外人”。由图 4.5 可知，这 5 个公司可以分成两组：A＝5，B＝{1、2、3、4}；也可以分成三组：A＝5，B＝{1、2}，C＝{3、4}。

③ **平均联结法**(Average Linkage)：两组间的距离是两组中所有个体间的平均距离。平均联结法是聚类效果较好且普遍使用的一种聚类方法，在 SPSS 中又将平均联结法分为两种形式：一种是组间联结法(Between - groups Linkage)；另一种是组内联结法(Within - groups Linkage)。

④ **重心法**(Centroid Clustering)：两组之间的距离为两组重心之间的距离，而每一组的重心是该组中所有观测值的平均值。此外，每合并一次，都要重新计算新群的重心。其实各种聚类方法的区别在于计算距离的数学方法不同，导致它们在聚类过程中有不同的倾向，例如，重心法倾向于形成不规则的聚类形状，而且它只能被用于分析间隔的或者有比率的数据。由于存在这些倾向，所以选择的运算方法和数据的基本结构(例如样本大小、观测值的分布情况、变量的类型)要匹配。例如，重心法只能应用于满足下列特征的数据：数据是用间隔或者比率测

距离矩阵

	公司 1	公司 2	公司 3	公司 4	公司 5
公司 1	0.00				
公司 2	1.49	0.00			
公司 3	3.42	2.29	0.00		
公司 4	1.81	1.99	1.48	0.00	
公司 5	5.05	4.82	4.94	4.83	0.00

得出的树状图

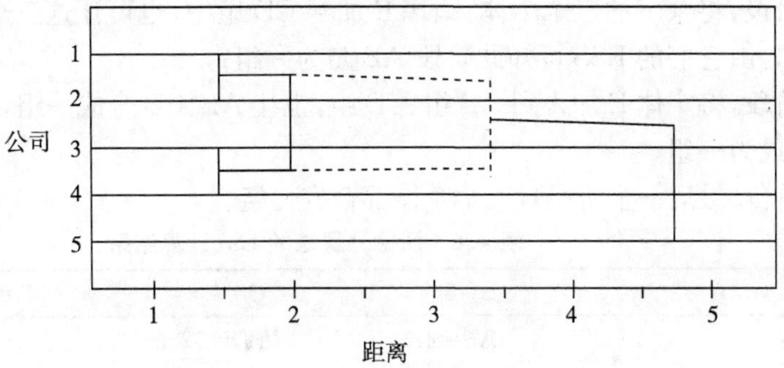

图 4.5 最短距离法和最远距离法实例

量的;希望聚类结果是每组都不一样的。

⑤ **沃德分层法**(Ward's Method),又称为最小变异数和法,它是根据任意两组联结的误差平方和的变化进行分组的。就是说,它并不是以分类间的距离来分类,而是计算同一类内的变量和,使同一类内观测值的变异数和最小,不同群之间观测值的变异数和最大。在各种可能的聚类情况中,找到符合上述条件的最适合的分类状况(参阅下例)。

沃德分层法倾向于产生组内观测值的数量大致相等的聚类结果,而且聚类结果会被极端观测值严重扭曲。所以,沃德分层法最好适合于:希望每个聚类小组里的观测值的数量大致相同;没有极端值。在社会科学领域,沃德分层法和平均联结法是最常见的聚类方法。

举例

此例取材自迪龙和戈德茨坦的研究成果(Dillon & Gold Stein,1984)。下面是对 5 个顾客的购买意图这一特征进行衡量的结果,所用的尺度在 1~15 之间(表 4.5)。

表 4.5 顾客的购买意图标准

顾客	购买意图
A	2
B	5
C	9
D	10
E	15

根据沃德分层法，在分组时要尽量减少在个体聚成组的过程中发生的信息丢失。衡量信息丢失的方法是将每个观测值减去该组的平均值，所求得的差进行平方后再加总，以此来衡量信息的丢失。沃德分层法要求对这些组所赋的值应使误差平方和(ESS)最小，这里ESS定义为

$$\mathrm{ESS}=\sum_{j=1}^{k}\left[\sum_{i=1}^{n_j}X_{ij}^2-1/n_j\left(\sum_{i=1}^{n_j}X_{ij}\right)^2\right] \quad (4-2)$$

式中，X_{ij}是在j组中第i个个体的购买意愿分数；k是每个阶段中组的数目；n_j是第j组中个体的数目。表4.6是ESS的计算过程，图4.6是相应的树状图。

第一阶段，ESS为0；

第二阶段，要考虑所有含两个个体的组，计算它们的ESS值，对比得到C和D聚合时信息丢失最小，故C和D结合在一起；

第三阶段，将余下的三个个体A、B、E加到CD组中，也可让这三个尚未归入任何组的个体两两配对，由它们的ESS可知此阶段AB归为一组；

第四阶段，将个体E加入到AB组、CD组，也让AB、CD合成一组，计算它们的ESS值，此阶段CDE成为一组；

第五阶段(最后一个阶段)，五个个体都合成一组。

表4.6 沃德分层法的ESS计算结果

第一阶段：	A=2	B=5	C=9	D=10	E=15
第二阶段：		AB=4.5	BD=12.5		
		AC=24.5	BE=50.0		
		AD=32.0	CD=0.5		
		AE=84.5	CE=18.0		
		BC=8.0	DE=12.5		
第三阶段：	CDA=38.0	CDB=14	CDE=25.16	AB=5.0	
	AE=85.0	BE=50.5			
第四阶段：		ABCD=41.0	ABE=93.17	CDE=25.17	
第五阶段：			ABCDE=98.8		

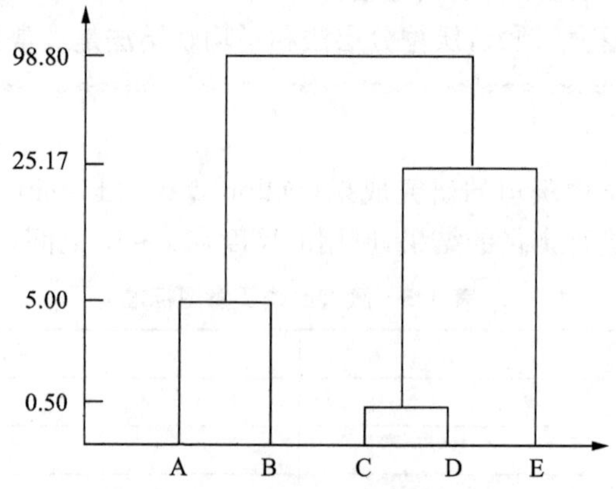

图4.6 沃德分层法的树状图

资料来源：Dillon & Goldstein 1984，p174.

(2) 非层次聚类法——K－Means 聚类法

层次聚类法在聚类过程中需要对距离进行多次计算，所以从整体而言花费的储存空间与计算时间相当高。而非层次聚类法特别是 K 均值聚类法(K－Means Cluster)可以解决这些问题，该方法也被称为快速聚类法，可以节省运算时间，适用于大样本的聚类分析(样本量大于100)。但是，非层次聚类法只对观察值(即样本)进行聚类。

K－Means 聚类法的步骤如下。

• 首先要确定聚类数，对样本进行初步分类并计算每一类的重心；

• 接下来，计算每个观察值到各类重心的距离，把每个观测值归入距重心最近的那一类；

• 将所有观测值重新移动后，重新计算各类的重心，再计算每个观测值到各类重心的距离，把每个观测值归入距重心最近的那一类；

• 重复第三步，直到没有观测值可以移动为止。

在层次聚类中，当某个观测值被归属在某一类中，即使后来发现不恰当也不会进行重新分类。但是非层次聚类法在每次聚类过程中均会重新考虑每个观测值最适当的类，所以不会像层次聚类法那样将某些观测值固定在不适当的分类中。但是，非层次聚类法的主要困难是要主观决定初始的聚类中心和分类数，而这种主观认定不一定正确，通常会以每类的重心作为初始的聚类分析，在 SPSS 中会生成估计的初始聚类中心。

(3) 分类数的确定

在使用非层次聚类法之前要先设定所需的聚类数，而层次聚类法中则列出各种分类数的聚类过程，所以，无论是哪种方法，有关分类数的确定都是聚类分析技术难以解决的问题。虽然分类数很难确定，但仍可以从一些现象来判定，如各类的观测值不要太多太少，类与类之间的界限要尽量清楚，即类与类间的重心距离必须很大。此外，聚类分析时最好不要有某个类的观测值很多或某个类的观测值特别少的现象。还有，聚类数最好是三类、四类或五类，因为超过五类时，就很难对每个聚类加以解释并命名。

(4) 聚类方法选择

从以上有关聚类分析方法的讨论中，我们可知聚类分析有多种不同的方法，所以同样的样本用不同的聚类方法可能会得到不同的聚类结果，那应该如何选择适当的方法呢?

首先，聚类分析受异常值(out liers)影响很大。异常值可能会独自成一类，在聚类分析过程中可以发现异常值，这时应该去除这些异常值，然后再重新进行聚类分析。此外，最短距离法和最远距离法常会造成类与类之间距离计算的失真与扭曲，也应该尽量避免使用。而相似性测量方法也必须针对变量的类型来选择合适的方法。

由于层次聚类法和非层次聚类法都存在缺陷，所以目前研究人员普遍采用的是“两步聚类法”，分别结合了层次聚类和非层次聚类的优点。第一步使用层次聚类法(如沃德分层法)来决定合适的聚类数，并检查是否存在异常值。在聚类分析中受异常值的影响较大，异常值可能会独自归为一类，这样在聚类过程中就可以发现异常值，应删除异常值，并重新进行聚类。第二步是使用非层次聚类法，以层次聚类法得到的聚类中心作为初始聚类的中心，并将删除异常值后的观测值分类。这样一来，既可以解决非层次聚类法主观决定分类数的问题，也可以改善层次聚类法无法改变观测值所属类别的问题。同时，两步聚类法对变量没有要求，可以是连续变量也可以是离散变量，不必像其他方法那样，在进行聚类之前先将离散变量进行连续化。但是两步聚类法要求研究人员花更多的时间和精力，而且两步聚类法适用于大样本。因此，总的来说，最好的方法是联合使用层聚类法和非层次聚类法。但是在目前几个主流的统计软件中，也只有 SPSS 能够实现两步聚类法。

5. 聚类结果的解释

(1) 聚类的命名

解释聚类结果其实就是希望对各个类别的特征（对聚类效果有显著作用的分类变量）进行准确的描述，并且给每个类取一个合适的名称。这一步可以借助于各种描述性统计量进行分析，通常的做法是计算各个类在各分类变量上的平均值，对平均值进行分析。若是两类进行 T 检验分析，若是三类及以上进行 One－Way ANOVA 分析。此外，还有一点需要特别注意，就是聚类命名后，后续的分析中将以新的聚类名称来代替原始的分类变量，所以聚类命名与因子分析的命名一样重要。当然，聚类的命名也同样困难，特别是当有很多的聚类变量时，所以聚类变量也不宜过多。如果命名不恰当，容易引起误解。

(2) 聚类结果的后续分析

通常聚类分析只是研究的起点而不是终点。可以通过其他描述性变量，帮助描述各个类别的特征，解释造成差异的原因。在描述细分市场时，可以非正规地简单描述细分市场的特征，也可以采用判别分析、卡方检验、T 检验分析、One－Way ANOVA 分析等方法进行正规的描述。如果要概括各组的特征，就要根据两类变量来描述，一类变量是依据变量，即分类变量；另一类就是描述性变量，即分组时没有使用但是可以用来识别细分市场并选择目标市场的变量。一般而言，在描述各组的特征时要说明每组依据变量和描述性变量的平均值。

第一，判别分析（Discriminant Analysis）

判别分析是根据观测值的变量和它们所属的类求出判别函数，然后根据判别函数对未知所属类别的事物进行分类的一种分析方法。因此，与聚类分析不同，判别分析需要已知一系列反映事物特征的数值变量及类别。判别分析就是要从中筛选出能提供较多信息的变量并建立判别函数，使得利用判别函数对观测量进行判别时的错判率最小。所以，采用判别分析，能够寻找出能将细分市场以最佳方式区分开的变量的线性组合，它是寻找能使组间方差（而不是组内方差）达到最大的描述性变量，所以判别分析可以用来描述各个市场的特征。

第二，其他多元统计方法

在描述各个市场特征时，也可以用平均数比较分析（卡方检验、T 检验、One－way ANOVA 检验等）、两变量关联分析（Correlate 分析、Crosstabs 分析等）来描述。交叉表（Crosstabs）分析最适合用来计算分类或者命名变量的交叉表以及变量间关联的计算。Crosstabs 中就有卡方统计（Chi－square），经常用来检验性别、地理位置等定性变量在各类中是否存在显著差异。而单一样本 T 检验是要检验样本的某单一变量的平均值是否与总体平均数相符合；而独立样本 T 检验是检验两组的平均数是否存在差异，例如男生女生两组在各科成绩上的平均数是否存在差异；成对样本 T 检验，即相关样本平均数的检验，例如某群大学生参加电脑培训前后两次得分的平均数检验；One－Way ANOVA 检验，是检验单因素在不同组别（三类及以上）的平均数是否存在显著差异。

(3) 聚类的验证

对于聚类的结果，可以采用不同的方法进行聚类分析检验。如果采用不同的聚类方法分析且得到的结果很接近，或者选用不同的初始变量重复用非层次聚类法进行聚类，得到完全相同的聚类结果，则表明聚类结果是恰当且可信的。但也有研究学者指出可以用判别分析对聚类结果的准确性进行检验。聚类分类后，即可以作为判别分析的类别输入，进行判断。判别分析的过程可以分为两个部分，首先是依据已知样本及其预测变量建立起一系列分类规则或判别规则，其次是运用这一规则对样本的原有分类进行检验以确定原有分类的错判率。如果原有分类具有较低的错判率，表明聚类的结果较为准确，建立的分类规则也可以应用于实际工作中。

4.3 案例

E 品牌啤酒如何走出叫好不叫卖的困境？

4.3.1 案例引言

2009 年 3 月的一天，金融危机的阴影随着春天的到来，在中国市场上也似乎要慢慢散开了。上海一商务楼中，E 品牌啤酒的市场总监张先生打开窗户，一阵冬末初春的寒风扑面而来，整个人不禁打了个寒战，低头看见渐渐出青的草地，张先生不禁苦笑了一下。

今天一早，秘书送来了某机构关于去年中国啤酒市场的研究报告，报告显示了中国市场消费者对啤酒的偏好情况。

25～35 岁年龄段（目标消费群）最经常喝的啤酒品牌前三位：A、B、C。

各收入水平段的消费者对前三位品牌的偏好排列如下（表 4.7）：

表 4.7

999 元以下	B 11.6%	A 10.1%	C 6.5%
1 000～1 999 元	A 17.7%	B 13.7%	C 12.5%
2 000～2 999 元	C 16.4%	A 10.1%	B 12.2%
3 000 元以上	C 20.8%	D 13.6%	B 13.2%

多年来，E 品牌啤酒偏好度一直处于前三位，但去年其偏好度跌破前三。这让张先生对 E 公司在未来中国的发展忧心不已。

4.3.2 案例背景

中国啤酒市场近年呈现以下特点：

- 啤酒业的市场化程度高，竞争激烈
- 需求仍然呈稳定的增长趋势
- 消费者的消费水平日益提高，消费者的需求、偏好发生了巨大的改变。

E 品牌是一家国外酿酒公司，拥有上百年的历史。2009 年，其在世界 65 个国家拥有超过 130 家酿酒厂。

但 2008 年，世界啤酒的消费格局随着全球化进程开始有了微妙的改变："价值 3 670 亿美元的世界啤酒市场正发生一场剧烈的变化，美国和欧洲的啤酒消费正在萎缩，比如说美国从 2000 年来的每年啤酒消费减少了 1%。"

作为曾经的世界最大啤酒消费国美国，近年来消费量趋于饱和，2000 年以来均为 230 多亿升，2003 年为 237 亿升，少于中国的 250 亿升，从而退居第 2 位，2005 年为 241 亿升，2006 年为 245 亿升，占世界总量的比例由 2000 年的 17%下降到 2005 年的 15.3%和 2006 年的

14.8%。同时另一消费大主——欧洲，其啤酒消费量占世界总消费量的比例开始下降(表现出了下降的趋势)，2006年为32.2%。而在1999年至2003年间为33%以上，2003年达34%。

在西方啤酒消费总量呈现出下降趋势的同时，亚洲的啤酒消费量已在不知不觉中迅速成长：1998年亚洲啤酒消费量为326亿升，2000年增至353亿升，2004年超过400亿升，2006年增为500亿升。亚洲啤酒消费量占世界总消费量的比例也不断上升，由1998年的25.3%分别提高到2000年的25.9%、2003年的26.8%和2005年的29.1%，2006年提高到30.1%。亚洲啤酒消费量已逼近世界啤酒消费总量第一的欧洲。从国家消费量来看，中国和俄罗斯的消费量增长不可忽视。

其中，中国啤酒消费量增长速度在各消费国中是最高的。1996年中国啤酒消费量为165亿升，2000年和2005年分别增加到220亿升和305亿升。2006年中国啤酒消费量为350亿升，比上年增长14.8%。中国啤酒消费量占世界啤酒消费量总量的比例，也由1996年的13.3%提升到2000年的16.1%和2005年的19.5%，2006年为21.1%。从2003年起，中国啤酒消费量已连续4年超过美国，稳居世界首位。中国消费量2003年超出美国12亿升，2006年扩大为105亿升。

俄罗斯啤酒消费量2006年增长了9%，由上年的88亿升增至96亿升，首次排在世界第3位。

从人均啤酒消费量看，世界啤酒豪饮国多在欧洲。人均啤酒消费量超过51.6升的国家，共有35个，其中有26个是欧洲国家。消费量居前10位的国家中，9个在欧洲。人均啤酒消费量超过100升的国家分别是捷克162升、爱尔兰118升、德国116升、奥地利108升和澳大利亚107升。爱沙尼亚、英国、西班牙、比利时和立陶宛的人均消费量排第6位至第10位，分别为98升、92升、90升、89升和86升。

中国虽然是世界啤酒最大生产国和消费国，但人均消费量仍然较低，2005年排在世界第57位。中国人均啤酒消费量1997年为15.2升，1999年增至16升，2002年为19.2升，2005年为24.4升，2006年为27.6升，折合为43.6大玻璃瓶，排在世界第53位。

面对以上的变化，自2002年起，E公司的战略方向就是在世界范围内进行跨地区的兼并扩张。全球啤酒业品牌化的时代，以中国和东欧为重点地区。

在中国市场上，E品牌延续了自己的品牌风格——年轻化、国际化，目标消费群体主要是高收入人士，以年轻人为主要的目标消费群，先是确定在25～35岁的男性。他们的生活形态是：平常不喝啤酒以外的烈酒，热爱生活，对运动与时装非常有兴趣，喜爱多姿多彩的休闲活动。

无疑，在中国啤酒市场强劲增长的趋势下，E品牌在中国市场的表现对其未来的发展确实有一定的影响。作为快消品的啤酒，市场化程度高、竞争较激烈。而在全球化进程中的中国，在消费者消费水平日益提高的同时，其需求、偏好也正在发生着巨大的改变。消费者偏好的变化让E品牌啤酒颇为忧虑。

基于此，张先生提出对中国啤酒市场进行深入调研的设想，意欲解决下述问题。

(1) 了解当今消费者的需求和偏好，并有助于发现消费者的潜在需求，以此预测消费者行为的大趋势。

(2) 制定相应的营销战略和策略。

本调研中主要运用营销工程的聚类分析对啤酒市场进行细分，认识中国啤酒市场目前的消费格局和消费者偏好，为该啤酒未来的发展提供目标营销战略的决策信息。

4.3.3 研究设计

1. 问卷设计

××公司通过问卷调研的形式收集消费者的偏好数据，首先对消费者进行了深度访谈，并结合现有的行业报告，归纳出了影响消费者购买啤酒的五大利益维度：产品属性、功能利益、社交利益、情感利益、心理利益，并由此延伸出了若干个初始利益变量，完成调研问卷的设计。预调研时检测了问卷的信度和效度，修改问卷后，展开正式调研。

正式问卷重要组成部分为消费者购买啤酒的利益变量，如表4.9所示，即前述小节中提到的市场细分依据变量。用李克特7点量表尺度进行测量，1代表“非常不赞同”，7代表“非常赞同”，由被访者进行打分。

表4.9 影响消费者购买啤酒的利益维度与利益变量

利益维度	利益变量
产品属性	口味、包装、价格、品牌、酒精度
功能利益	增进感情、调动气氛、解压、清爽
社交利益	聚会、应酬
情感利益	个人喜好、习惯
心理利益	追求潮流、喜欢尝试新鲜事物

2. 数据分析

偏好数据分析过程使用统计分析软件SPSS11.5进行，主要运用了因子分析、聚类分析。先对量表中的细分依据变量进行因子分析，过滤提取出6个互不相关的公共因子，使变量的结构得以简化，同时再次检验量表的结构效度。此后，将6个共同因子作为聚类变量进行快速聚类分析来细分市场，挖掘细分市场的特征，具体步骤如下。

(1) 因子分析步骤

将对应题项的调研数据导入SPSS文件中，对数据进行清洗，单击Analyze菜单下的Data Reduction，选择Factor Analysis打开对话框(图4.7)。

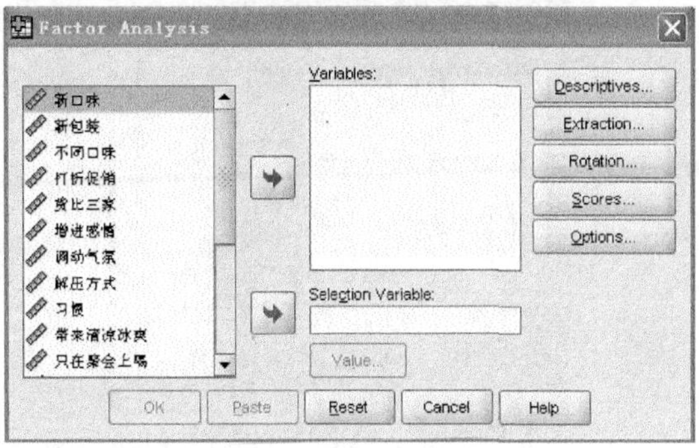

图4.7

选择需要进行因子压缩的变量到 Variables，单击 Descriptive，在 Correlation Matrix 中选择重要数据处理结果参数(图 4.8)。

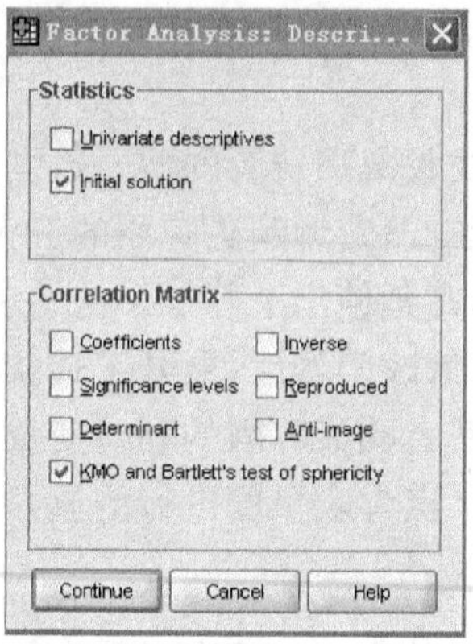

图 4.8

单击 Extraction 选择因子分析方法、因子个数提取标准(图 4.9)。

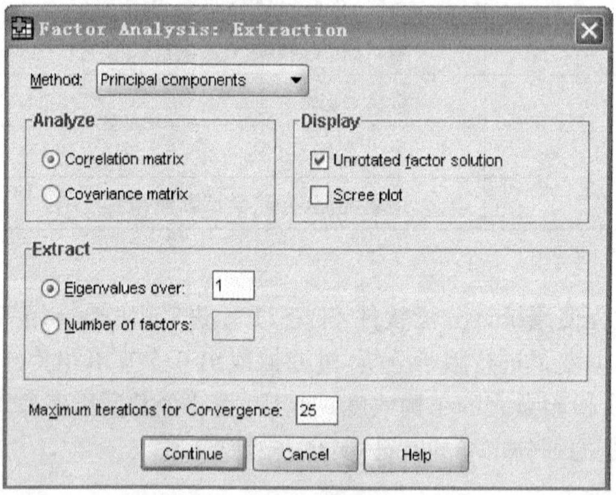

图 4.9

单击 Rotation，选择因子分析旋转方法，通常使用 Varimax 旋转法(图 4.10)。

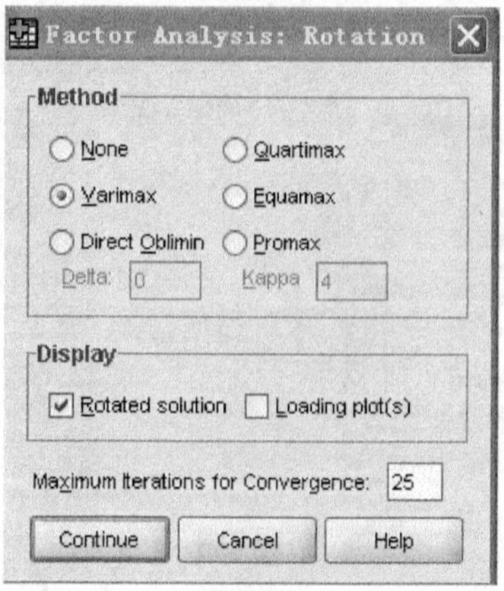

图 4.10

在 Scores 菜单中勾选 Save as variables 选项，将提取的因子以变量的方式保存方便后续聚类分析(图 4.11)。

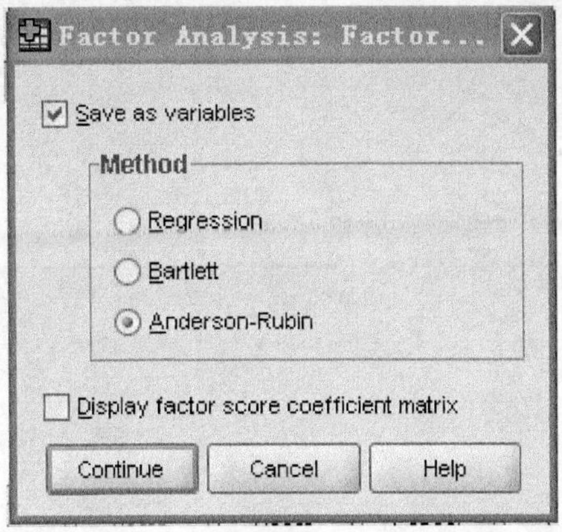

图 4.11

Options 按钮可通过选择 Sorted by size 在因子描述中按照原题项对因子信息贡献的大小排序，方便理解原题项与因子间的关系。最后单击 OK 按钮完成数据分析操作，得到 KMO and Bartlett's Test，Total Variance Explained，Rotated Component Matrix 等表格，帮助解读因子分析结果(图 4.12)。

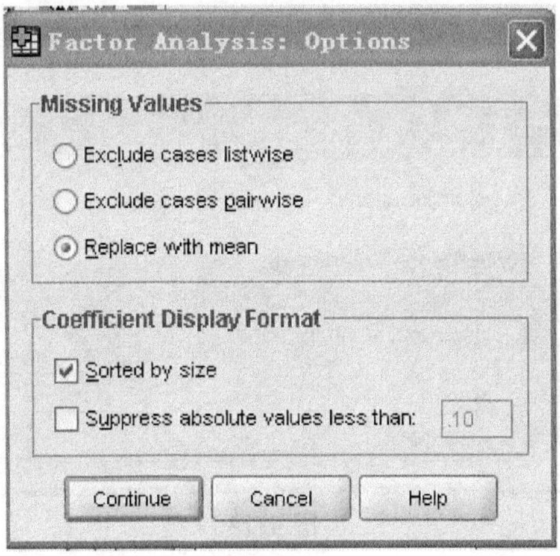

图 4.12

(2) 聚类分析

因子分析最终将题项压缩为 6 个因子，基于这 6 个因子，项目组进行了聚类分析，从需求层面了解各细分市场的特征。单击 Analyze 中的 Classify，选择 K - means Cluster Analysis (图 4.13)。

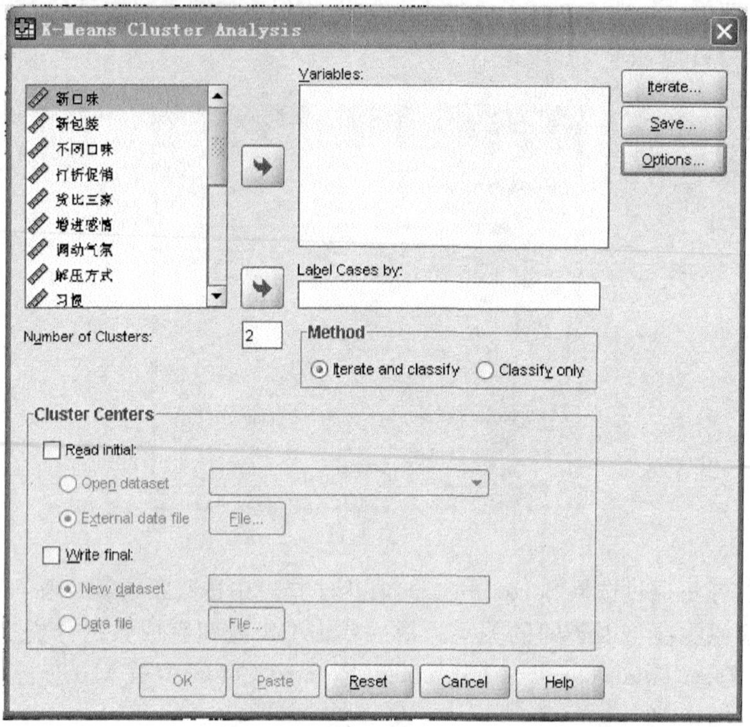

图 4.13

选择因子进入 Variables 框,在 Iterate 按钮中选择迭代次数(图 4.14)。

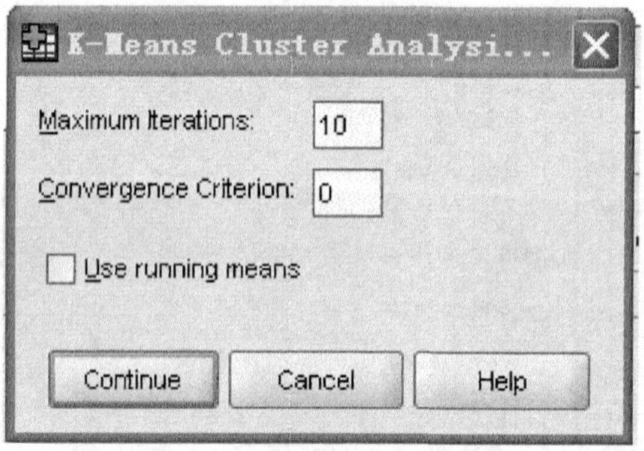

图 4.14

在 Save 按钮下可将分组的结果、样本与组心间的距离以变量的形式保存,单击 Continue (图 4.15)。

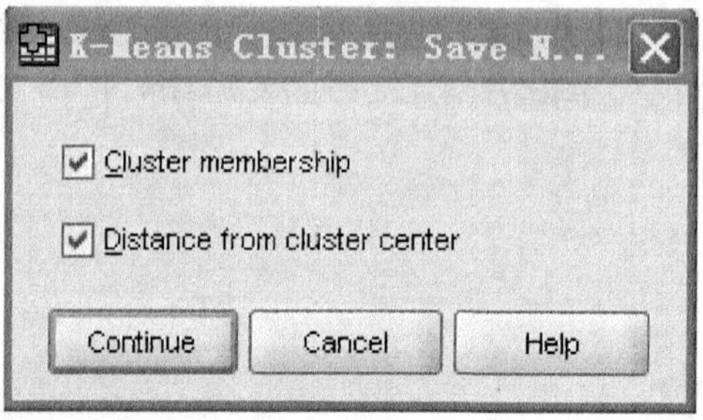

图 4.15

在 Options 按钮下，为获得最初、最终分类各类组心位置和方差分析结果，选择 ANOVA table，Initial cluster centers 等选项。最后单击 OK 按钮，完成操作，得到 Final Cluster Centers，ANOVA，Number of Cases in each Cluster 解释分类结果(图 4.16)。

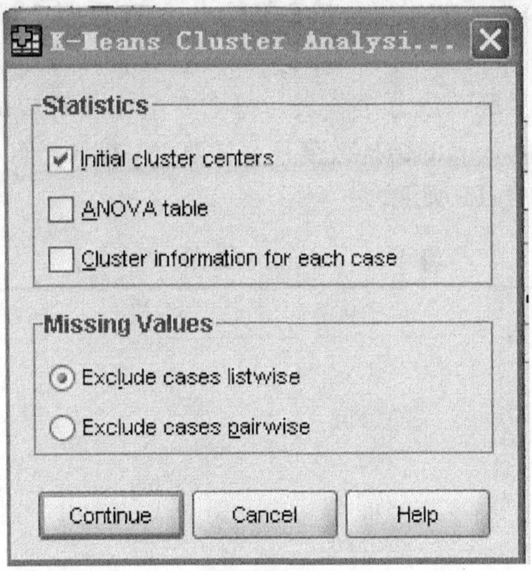

图 4.16

4.3.4 数据分析与结果

(1) 因子分析

因子分析能够检验问卷的结构效度，本案例通过主成分分析将因子负荷值低于 0.5(结构效度检验标准)的三个测量项目“喜欢喝新鲜的啤酒、关注酒精度、应酬”删除，随后重新分析提升因子分析的效果。因子分析的效果和结果分别通过输出文件中 KMO 值和巴特利特球体检验(Bartlett's Test of Sphericity)表格、解释总方差表、旋转成分矩阵展示(表 4.10)。

表 4.10 KMO and Bartlett's Test

Kaiser - Meyer - Olkin Measure of Sampling Adequacy.		0.729
Bartlett's Test of Sphericity	Approx. Chi - Square	1 185.038
	Df	190
	Sig.	0.000

KMO 检验是用于检查变量间的偏相关性，取值在 0～1。KMO 统计量越接近于 1，变量间的偏相关性越强，因子分析的效果越好。由表 4.10 可知，此研究 KMO 值为 0. 729，表明因子分析的效果能够满足要求[1]。Bartlett's 球形检验用来判断资料是否是多变量正态分布，也可用来检验相关系数矩阵是否适合进行因子分析。此研究 Bartlett 值为 1185.038，$P=0<$

① 根据 Kaiser(1974)的观点，如果 KMO＞0.9(很棒)，0.8＜KMO＜0.9(很好)，0.7＜KMO＜0.8(较好)，0.6＜KMO＜0.7(一般)，0.5＜KMO＜0.6(粗劣)，KMO＜0.5(不能接受)，此时不适合应用因子分析法，应考虑重新设计变量结构或者采用其他统计分析方法。

0.001，达到显著水平，即变量之间具有较强的相关性，可以进行因子分析。

公因子的提取以特征值为标准，一般要求公因子对应的特征值要大于 1。若小于 1，说明公因子的解释能力太弱。在实际应用中，多综合考虑特征值大小以及累积贡献率。如果特征值都小于 1，而且大多数公因子的累积贡献率都较小，往往表明选择的原变量不大合理或样本容量太小，应继续深入调整。本案例中以 1 为临界值，共提取 6 个公因子，且前面 4 个因子的特征值很高，都大于 1.5，且旋转成分矩阵表。每个变量在相对应的因子上有较高的负荷量，大部分都超过 0.60，这说明量表的结构效度还是较高的，表明它们对原变量的解释能力很强。因子分析的结果总结如表 4.11 所示。

表 4.11　因子分析结果($N=181$)

提取因子	因子负载	特征值	方差贡献率	累积贡献率
因子 1				
能调动气氛	0.798	4.503	22.516	22.516
增进感情	0.755			
只在聚会时喝啤酒	0.663			
另一种解压方式	0.599			
别人点什么我就喝什么	0.589			
因子 2				
喜欢喝啤酒	0.798	2.242	11.209	33.725
成为习惯	0.727			
心情不好时喜欢喝啤酒	0.703			
啤酒带来清凉、冰爽	0.689			
因子 3				
喜欢尝试不同口味的啤酒	0.776	2.086	10.430	44.155
新口味能吸引我	0.769			
新包装能吸引我	0.744			
因子 4				
流行什么就喝什么	0.831	1.672	8.360	52.515
喜欢尝试新鲜事物	0.705			
会因为包装好看而购买	0.599			
因子 5				
要喝知名品牌的啤酒，质量有保证	0.768	1.360	6.798	59.313
喜欢有文化内涵的产品	0.746			
购买固定品牌啤酒	0.631			
因子 6				
货比三家，选择经济实惠的	0.805	1.114	5.570	64.883
关注打折、促销	0.777			

参照表4.11,根据因子负载情况分别为6个利益因子命名。

因子1体现喝啤酒“能调动气氛,增进感情”的作用,“只在聚会时喝啤酒”,“别人点什么我就喝什么”,“是一种解压方式”的说法均体现了消费者寄托在啤酒上的社交需要,因此将因子1命名为“社交利益”。

因子2在“喜欢喝啤酒”、“成为习惯”、“啤酒带来清凉、冰爽”、“心情不好时喜欢喝啤酒”这些变量上有很大的负载,消费者个人对啤酒的偏好色彩较浓,因此命名为“个人偏好”。

因子3“喜欢尝试不同口味的啤酒,新口味、新包装能吸引我”的题项凸显了消费者喜欢改变、求新求异的心理,命名为“多样化诉求”。

因子4“流行什么就喝什么,喜欢尝试新鲜事物,会因为包装好看而购买”展示了追逐潮流的个性,故定义为“紧跟潮流”。

因子5“要喝知名品牌的啤酒,质量有保证;喜欢有文化内涵的产品;购买固定品牌的啤酒”是消费者的品牌诉求,故定义为“崇尚品牌”;

因子6“货比三家,选择经济实惠的,关注打折、促销”的需求特性说明了经济型消费的外显特征,所以命名为“价格导向”。

与问卷中原利益维度问题项相比较,因子分析拟合的6个利益因子结构相差不大(表4.12)。因子分析将利益维度中的产品属性拆分成三个维度:多样化诉求(口味、包装)、价格导向、崇尚品牌;利益维度中的功能利益、社交利益经过因子分析合成了一个因子——社交利益,原来属于功能利益的“带来清凉冰爽”,经过因子分析后属于个人偏好因子;而情感利益、心理利益与个人偏好、紧跟潮流包含的利益变量大部分一致,因子命名更有针对性。量表设计的结构与因子分析得到的结构大体一致,表明此研究的量表结构效度很好。

表4.12 利益维度与利益因子的比较

量表设计的结构		因子分析得到的结构	
利益维度	利益变量	利益因子	负载高的利益变量
产品属性	口味、包装、酒精度	多样化诉求	不同口味、新口味、新包装
	价格	价格导向	货比三家、打折促销
	品牌	崇尚品牌	喝名牌、喜欢有文化内涵产品、购买固定品牌
功能利益	增进感情、调动气氛、解压、带来清凉冰爽	社交利益	调动气氛、增进感情、聚会、解压、点什么就喝什么
社交利益	聚会、应酬		
情感利益	个人喜好、习惯	个人偏好	喜欢喝啤酒、习惯、心情不好时喜欢喝、带来清凉冰爽
心理利益	追求潮流、喜欢尝试新鲜事物	紧跟潮流	流行什么就喝什么、喜欢尝试新鲜事物、因包装好看而购买

注:“酒精度、应酬”经过初始因子分析后由于因子负载小于0.5而被删除,不作为利益变量进入因子分析。

(2)聚类分析

① 确定聚类数目

依据6个共同因子,案例通过多次尝试使用快速聚类细分观察各变量的显著性确定细分市场的数目，将市场分为六类。这种分类方案6类中的样本分布也比较均匀，没有出现极端现象。快速聚类分析的效果与分类结果借助"ANOVA(每个聚类中的案例数)"这张表来展示，单个样本所属组别反映在"聚类成员表"中，子市场间的差异程度通过"最终聚类中心间的距离"来计算。

表4.13对聚类分析结果进行归纳，表中显示类别间距离差异的概率值均小于0.001(即$P<0.001$)，6个利益变量均达到显著差异。

表4.13中的F统计量表示每个变量方差解释能力，近似作为评判哪个变量在聚类分析中的作用更大的标准。在此次聚类分析的结果中，各个变量对聚类结果的重要程度排序为：个人偏好>社交利益>价格导向>崇尚品牌>多样化诉求>紧跟潮流。最终聚类中心表对各个类别在中心罗列说明了各子市场的特点。

表4.13　聚类分析结果与利益变量的 *F* 检验分析表

	类别一 (n=17) 品牌型消费	类别二 (n=28) 交际型消费	类别三 (n=35) 不喜欢喝啤酒	类别四 (n=17) 啤酒爱好者	类别五 (n=45) 经济型消费	类别六 (n=39) 自我型消费	*F* 值
社交利益	−0.100	0.909	−0.036	0.048	0.440	−1.105	27.824***
个人偏好	−0.878	−0.335	−0.914	1.297	0.461	0.347	33.717***
多样化诉求	1.014	−0.030	−1.080	−0.361	0.316	0.341	22.064***
紧跟潮流	0.141	−0.327	0.032	−0.469	0.541	−0.275	5.179***
崇尚品牌	0.557	−1.273	0.485	0.204	0.391	−0.304	22.291***
价格导向	−1.277	−0.014	0.116	−1.298	0.642	0.287	27.120***

注：*** $P<0.001$。

② 结果解读

基于数据分析的结果，E公司对其进行了解读，了解各个细分市场的潜在需求和差异，并提出相应的营销建议。通过上述的数据分析，最终得到基于利益变量的啤酒市场细分模型，如图4.17所示。

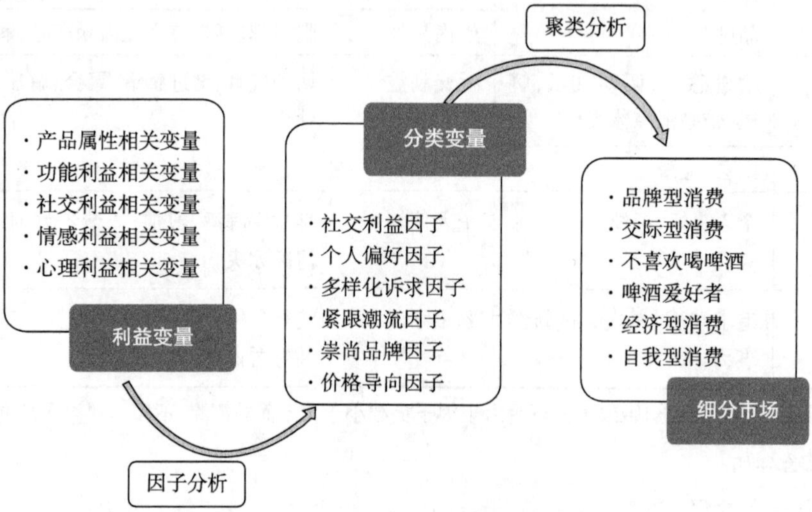

图4.17　基于利益变量的啤酒市场细分模型

细分市场1:品牌型消费

该类群体最不关注价格,不是啤酒爱好者,但是偶尔也会喝啤酒。他们好面子,追求品牌,如果喝啤酒就要喝知名品牌的啤酒。他们不是因为社交的需要而喝啤酒,他们易受品牌的影响,愿意尝试不同口味的啤酒,新包装、新口味能吸引他们,这些都表明该群体是崇尚品牌的高端消费群体。

细分市场2:交际型消费

该类群体主要是为了社交的需要才喝啤酒。他们不是啤酒爱好者,平日几乎不喝啤酒,但是因为社交的需要,会在聚会上喝啤酒。他们对啤酒不了解,不追求品牌,别人点什么就喝什么。

细分市场3:不喜欢喝啤酒

该类群体不喜欢喝啤酒,新口味、新包装也不能引起他们的注意。平日几乎都不喝啤酒,但是偶尔会在聚会上喝点啤酒。由于对啤酒不了解,选择啤酒时会偏向于挑选知名品牌的啤酒,觉得质量有保证。

细分市场4:啤酒爱好者

该类群体喜欢喝啤酒,但是不怎么关注价格。他们经常喝啤酒,有自己喜欢的品牌及口味,不会轻易改变。他们不会因为流行而购买其他品牌的产品。他们属于忠诚度高的啤酒消费者。

细分市场5:经济型消费

该类群体比较喜欢喝啤酒,但是没有形成固定的品牌偏好,他们最关注价格,价格的高低直接影响他们的购买行为。他们追求潮流,喜欢尝试新鲜事物,新包装、新产品能吸引他们的注意,只要价格合理,他们就会购买。不会盲目追求名牌,购买时会更多考虑产品的价格,购买经济实惠的产品。

细分市场6:自我型消费

该类群体比较以自我为中心,他们不是因为社交的需求才喝啤酒,想喝的时候就会去购买啤酒,他们选择啤酒也是根据自己的喜好,不会盲目追求潮流和名牌。他们愿意尝试不同的产品,新产品能引起他们的注意,但是只有他们想喝的时候才可能会购买。同时,他们选择啤酒时也会考虑价格。

4.3.5 营销建议

对数据的解读告诉E公司,随着消费者需求的多样化,啤酒市场正在朝差异化方向分化。企业只有针对不同的细分市场,采取不同的营销努力,提供与众不同的产品和服务,才能形成竞争优势并在激烈的竞争中取胜。从基于利益变量的啤酒市场细分可以清晰地看出,不同需求人群在购买啤酒时有不同的利益偏好,从而形成了不同的利益群体。

E公司根据未来的战略选择目标市场,保持高端定位亦或是降低姿态直接决定了子市场的选择和针对性营销策略的制定。前期的市场细分恰巧为后期策略的制定提供了保障,指导了公司战略背景下的营销策略的设置。

E公司在兼顾品牌历史定位和自身资源的基础上,保持高端定位。因此,根据前述市场细分的结果,E公司致力于培养品牌认同,锁定品牌型、交际型、啤酒爱好者三个子市场。针对目标市场进行有针对性的营销,培养潜在的消费者。

品牌型消费群体是潜在的高端消费人群，对价格不敏感，只关注品牌。知名品牌的啤酒企业可以针对这部分人群进行品牌宣传，使他们了解品牌文化，让他们产生强烈的认同感和归属感，这有助于培养潜在的忠诚客户。同时，可以通过推出新包装、新口味来吸引其购买。

交际型消费群体在聚会上喝啤酒，对啤酒不是很了解，有什么就喝什么。所以企业可以提高夜店、酒吧的铺货率，占领终端。

啤酒爱好者对啤酒比较了解，有喜欢的品牌及口味，忠诚度比较高。企业要想维持住这一顾客群，就应不断地提高产品质量，加强宣传力度，让消费者了解本企业产品与竞争者产品的不同之处与优势，以此提升他们的满意度与忠诚度。

第5章 目标市场营销战略之二
——市场定位

引言

前述章节中讲述了目标市场战略三步骤中的市场细分和目标市场选择的相关模型和方法，为提高组织营销效率提供了保证，也指引着后续的市场定位活动。目标市场定位体现的是通过相应的营销定位活动有选择性地满足消费者需求的过程，体现市场细分中消费者需求的差异化进而凸显品牌、产品的差异化。通过定位活动形成差异化价值、满足差异化需求，同时也成为了解市场竞争结构、挖掘市场机会的工具。本章在介绍定位思想的基础上对定位功能应用进行拓展，通过营销工程中知觉、偏好两大模型工具实现定位在营销中的价值。

通过本章学习，达到以下目标：

1. 知道市场定位的相关概念和基础理论；
2. 掌握营销工程方法在定位中的运用；
3. 能运用知觉偏好图等技术解决现实中的定位问题。

5.1 定位概述

5.1.1 定位的意义

随着中国市场经济的逐步放开，市场自由化程度日趋上升催生了整个市场经济，无论是经济总量还是市场竞争状况都进入到新的发展阶段。中国的汽车市场，特别是轿车市场，早期国内就只是“老三样”产品：桑塔纳、捷达和富康。而近年来，随着世界各大汽车集团在国内的合资，新轿车品牌层出不穷，每年投放市场的轿车新产品都有几十种之多，中国的汽车市场从少数几个品牌到几十上百个品牌。品牌总类的增多直接导致厂家为争取消费者所投资的广告公关等营销宣传活动明显上升，营销信息以数量级的速度上涨。同时，技术环境的进步使得信息传播方式种类和效率有了长足的发展。单从媒体形式的发展来看，除了报纸、电视等传统媒体外，诸如网络、移动电视、楼宇广告等传统媒体的补充——新媒体成为营销信息传播的又一大渠道。竞争环境和技术手段的刺激，使得消费者面临的信息呈现爆炸式增长。

但事实上消费者所能接收的信息有限，如表 5.1 所示，Hauser，Wernerfelt(1990)的相关研究表明通常情况下消费者在购买过程中所能想到的可选择品牌个数在 2.0～8.1 间变化。

表 5.1　各类产品消费集大小统计

Published Studies		ASSESSOR Database	
Category	Mean(or Median) Consideration set size	Category	Mean(or Median) Consideration set size
Antacid*	3.0	Analgesic	3.5
Autos * (USA)	8.1	Antacid	4.4
Autos* (Norway)	2.0	Air freshener	2.2
Beer	3.0	Bar soap	3.7
Beer(USA)	2.6	Bathroom cleaner	5.7
Beer* (Canada)	7.0	Beer	6.9
Coffee	3.3	Bleach	3.9
Coffee	4.2	Chili	2.6
Deodorant*	3.0	Coffee	4.0
Dish washing liquid	5.6	Cookies	4.9
Fast food restaurant	5.4	Deodorant	3.9
Food product	2.9	Frozen dinners	3.3
Gasoline	3.0	Insecticides	2.7
Laundry detergent	5.0	Laundry detergent	4.8
Margarine	4.3	Laxative	2.8
Over-the-counter medicine*	3.0	Peanut butter	3.3
Pain reliever*	3.0	Razors	2.9
Shampoo*	4.0	Shampoo	6.1
Skin care product*	5.0	Shortening	6.0
Soft drinks	5.0	Sinus medicine	3.6
Table napkins	5.0	Soap	4.8
Tea	2.6	Soda	5.1
Toothpaste	3.1	Yogurt	3.0

资料来源：Hauser J R，Wernerfelt B. An Evaluation Costmodel of Consideration Sets. 393－408.

消费者信息处理能力方面的局限在竞争日益激烈的信息时代里更为明显，组织必须通过更为有效的营销活动吸引消费者眼球，争夺同类产品中的第一。在听说、知道、记住、喜欢、购买的态度变化过程中引导消费者进行购买选择。定位直接决定了某品牌或产品能否在消费者心目中留下印象并使其产生偏好，定位影响着其他营销策略的制定，间接引导产品的销路走向，对于产品或品牌市场开发意义非凡。有些学者甚至认为定位一个好的产品一定程度上决定了公司能否成功。舒肤佳的“有效除菌护全家”提倡消灭隐性细菌；白加黑“白天服白片，不瞌睡，晚上服黑片，睡得香”打破了传统上服感冒药会瞌睡的瓶颈，进行理念和功能的组合创新；脑白金 “今年过节不收礼，收礼只收脑白金”的礼品用途定位；西安杨森采乐去屑洗发水“各大药店有售”；七喜“不含咖啡因的非可乐”痛击可口可乐和百事可乐；“农夫山泉有点甜”；海尔优质服务名片“五星级服务”等定位均为各品牌赢得了市场竞争优势。

5.1.2 定位的相关概念

1. 定位的发展

定位(Positioning)的观念起源于1969年,美国营销专家艾尔·列斯与杰克·特罗在《定位:同质化时代的竞争之道》论文中首次提出了商业中的"定位 Positioning"观念。1972年,两人合作的《定位时代》论文开创了定位理论。按照艾尔·列斯与杰克·特罗的观点:定位起始于产品(一件商品、一项服务、一家公司、一个机构,或者甚至是一个人……)。然而,定位并非是对产品本身做什么。定位是指要针对潜在顾客心理采取行动,即将产品在潜在顾客的心目中定一个适当的位置。①

此时,艾尔·列斯与杰克·特罗关于定位的理解侧重于从心理学的视角理解关注顾客的心智感知,往往局限于一种广告传播策略。在《定位时代》中他们强调产品和企业形象的重要性,提倡让产品占领消费者的心,提出定位起于产品但不限于产品而是将产品植入到顾客的意识中去(Olga Ampuero,Natalia Vila,2006)。

20世纪70年代早期,艾尔·列斯、杰克·特罗再次合作,对定位的涵义进行了发展并给出了如下的定义:所谓定位,在对本产品和竞争产品进行深入分析、对消费者的需求进行准确判断的基础上,确定产品与众不同的优势及其在消费者心中的独特地位,并将它们传达给目标消费者的动态过程。虽然《定位》这本书中对于定位的诠释仍是侧重于考虑广告效应和顾客的心智感知,但是对于市场的竞争态势以及顾客的需求等因素本书中也有所涉及。

此外,迈克尔·特里西和弗雷德·威尔西马1994年提出了价值准则的定位框架。从这一框架来看,定位的核心主要在于产品领先、运作良好的公司、亲近顾客的公司三个价值准则之间的选择。根据他们的观点,企业成功必须遵守以下规则:从三个价值准则中选择一个(定位方向)成为最好并持续改进,已达到领先的目的;在剩余的准则上获得好的绩效水平并寻求优化的方法,以满足日益提高的顾客期望。

菲利普·科特勒从顾客价值的角度理解定位的本质和目的,其在《营销管理》第12版中为定位给出的定义如下:定位就是一种对公司的供应品和形象进行设计,从而使其能在目标顾客心目中占有一个独特位置的行动。定位的最后结果是成功地创立一个以市场为重点的价值建议,它简单明了地阐述为什么目标市场会购买该产品。即定位的目的是使得顾客能够接收到产品的价值信息,从而达到脱颖而出的目的。

2. 定位的涵义与方法

综合考虑上述关于定位概念的发展,定位主要包括以下几层涵义:

(1) 定位是相对于某个坐标系来开展的,要从竞争的角度考虑。

(2) 定位的定义侧重核心竞争力的形成,注重差异化。

(3) 定位要契合顾客的偏好和需求才能产生价值。

(4) 定位在顾客的心目中占据一定的地位。

关于定位方法,目前主要有以下几类。

(1) 强化已有的定位。如若原有定位被证明是具有价值的,为顾客所认可的,需要反复强

① 摘自 Al Ries and Jack Trout. Positioning:The Battle for Your Mind. New York:Warner Books.

化产品在消费者心目中的定位。

(2) 寻找现有市场上的空白。伴随竞争日趋激烈过程的是竞争者们对市场的瓜分即对市场空隙的填补,以此寻找发展机会。

(3) 针对竞争者进行反定位,又称之为比附定位。市场上消费者需求的差异性使得反向定位为竞争定位提供了另一类思路。

(4) 强调自身在行业中的地位。行业中名列第一的公司知名度最高,作为行业的领导者,要宣传第一的地位,保持第一的优势。对于非第一的企业,则可以通过高级俱乐部战略(菲利普·科特勒)使得自己入围行业内最佳 N 大公司之一,步入优质品的行列。

(5) 重新定位或产品线延伸。随着产品生命周期或市场的发展,产品的定位需要做出一些调整以适应外界需求的变化,因此需要重新定位。但重新定位需要打破已有产品在消费者心目中的位置(消费者印象),难度较大,甚至出现产品定位的模糊化。某些情况下借助于建立新品牌进行产品定位胜算更大,当然重新定位亦或是产品线延伸视具体情况而定。

鉴于以上理解,首先定位必须能被顾客感知,顾客的感知过程直接影响着购买选择,当价值的感知符合顾客需求,定位才能对企业产生价值。其次,供大于求的买方市场状况使得"产品在市场上代表一个独特的观念"即差异化的定位成为又一大重点。因此,定位必须是建立在对市场上其他竞争者的定位策略有大致了解的基础上进行的。

另外,顾客对卖方定位的感知要借助于配套营销策略如产品、定价、地点、促销、人员、服务等,配套活动与定位的吻合度关乎定位的效率。企业的定位不能停留于公司的设想,因为企业在市场的表现取决于顾客感知定位而非企业的定位目标,在具体操作中还需撇清实际感知与设想之间的差距。顾客感知价值测量后仍然存在又一轮筛选过程,即感知到的价值并非是顾客所需要的。因此,卖方的定位、顾客感知的定位、顾客的偏好(能够满足顾客的需求的价值定位)之间存在差距,这些差距直接决定着定位的市场效果。因此,它们成为检验现有定位和未来定位的重点。测量顾客感知的定位、顾客偏好是了解市场竞争结构、评判定位效率、理解顾客偏好的必经之路。

3. 传统定位方法的局限性

以往关于定位的研究,对于顾客对定位的感知研究较少,竞争对手的识别和对市场竞争格局的描绘、市场机会的挖掘主要依据企业自身推崇的定位,对于顾客偏好的认识也较少。这一状况给新产品推出时的产品定位、重新定位等带来了困难,准确的定位还需依赖一定的技术手段完成。营销工程则借助了统计学方法,应用市场调研中的感知和偏好数据,较为准确地描绘出知觉图、偏好图,以帮助明确企业定位与顾客感知、感知与偏好之间的差距;同时达到了解市场竞争结构,进行定位改进,或者为新产品确定合适定位的目的。

5.2 营销工程中的定位方法

营销工程中定位的确定需要涉及两个方面:顾客知觉和顾客偏好。知觉图通过顾客对目前市场上主要竞争产品进行价值评判,从而展示竞争产品间的关系,产品在属性坐标系上的表现、市场竞争状况、空白点等一目了然。偏好图则是从满足顾客需求的角度出发,融合了消费者属性偏好的空间图,使得定位能够有的放矢。无论知觉图还是偏好图,所依附的调研数据只能来自于单个细分市场,不能糅合众多子市场相异的知觉偏好信息。

5.2.1 知觉图

Green 将知觉图定义为一种运用多种绘图技术，用于描绘消费者对某个产品市场上各类产品蕴含价值感知的空间图(Green，1975)。它是一种基于统计技术，具有诊断产品市场、帮助企业制定战略定位的功能，对新产品的开发定位，制定竞争策略尤其适用。

知觉图被广泛应用于了解和解释市场竞争结构，其最终的输出结果，是对市场上竞争产品在顾客脑海中的一个空间位置比较。在知觉图中，品牌或产品以点或域的形式表现。向量表示对选择行为影响很大的一些产品利益或成本属性，通过向量维度可将各类产品有效地区分开来，坐标轴表示经过数据压缩后的拟合维度，表示知觉图的主要维度。根据每个产品在坐标系中的位置可以描述出顾客眼中的各大竞争品特征所在，产品的竞争格局一目了然。

知觉图最终的输出结果比较直观，易于解读：(1)每对竞争产品间的距离表示产品间的感知相似度，距离越大，相似度越低。(2)图中向量在坐标系中既表示大小也表示方向，向量的长度表示对应属性在顾客价值感知中的权重(重要程度)，方向可以度量各属性维度间的关系(包括属性与压缩维度间的关系)。(3)坐标系中存在一对特殊向量即为被压缩后的向量，这对向量表示在这对维度上最能够区分竞争产品，从这两个基本维度就能推断竞争对手的战略重点。(4)产品代表点在属性向量上的投影表示在这一属性维度上消费者能够感知到的价值。图5.1说明了喜力、青岛、百威、嘉士伯、朝日啤酒五个品牌的定位以及消费者偏好现状。由图5.1可知，嘉士伯、喜力、百威三个品牌较为相似，在产品设计上有特色。青岛、朝日啤酒差异化较为明显，其中青岛啤酒在价格上占有优势，在口味、地位显示属性上与喜力相仿。各属性对于顾客价值感知、二维因子的信息的贡献度无明显区别，且地位显示、口味、啤酒颜色等属性相关性较高。

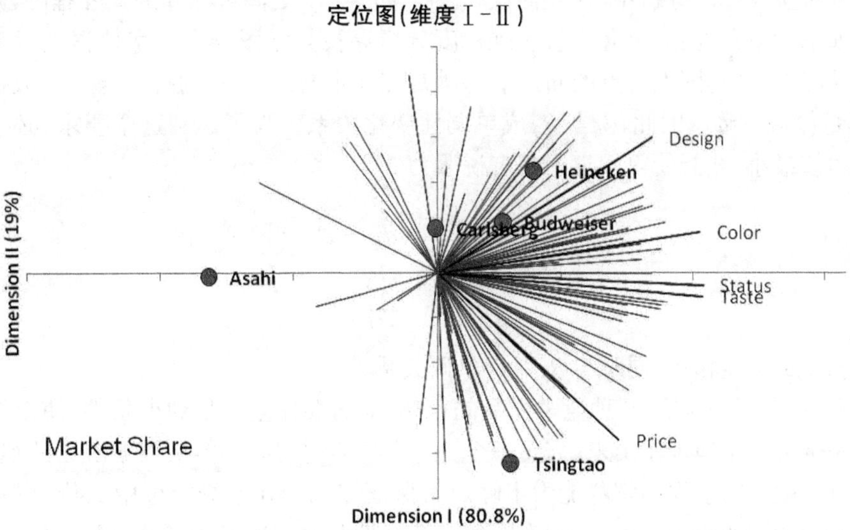

图 5.1 啤酒市场知觉偏好图

资料来源：案例调研分析所得。

企业可以依据知觉图中隐涵的多重涵义进行新产品开发和产品定位，其所反映出来的信息有益于企业定位、产品定位、产品管理的决策。具体来讲，知觉图至少能够帮助企业实现两个目标，首先企业能够识别相对于竞争企业来说自身所处的位置。除此之外，通过理解知觉图，管理者可以轻松地发觉现存的竞争市场上的空白点，并对自身进行重新定位以比竞争者更具优势。因此，运用知觉图工具能够帮助营销者进行自身提高，吸引和保留客户。

5.2.2 知觉图的绘图技术

用于进行知觉图绘图的技术较多，较为常用的有两种：多维标度分析法(Multidimensional Scaling)和因子分析法(Factor Analysis)。两种绘图技术所需的数据和计算方法存在差异，最终知觉图的输出形式也有区别。多维标度分析通过收集产品或品牌间的相似度系数绘图，称为直接绘图模型；因子分析则是基于对产品或品牌属性数据的收集，被称为间接绘图模型。下面将对两种基本的绘图方法做详细介绍。

1. 多维标度分析法

多维标度分析法是一种在降维的空间中通过产品间的几何距离来描述产品间的相似度的方法。图中任意产品间的几何距离与顾客给予的相似度数据相对应，距离越长，相似程度越低。知觉图的绘图原则是使得知觉图上两点之间的距离排序与调研数据中的相似度排序一致，即知觉图上关于产品之间的相似度的刻画能够代表顾客的评判感知。

多维标度分析法随着输入数据类别的差异、数据的特性、数据分析的几何模型的变化，多维标度所用的计算方法也会随之改变。如相似程度是通过排序的方式将被比较的产品对按照最相似到最不相似来排列，这类数据处理使用的方法是非度量方法；对于 interval 或者 ratio-scaled 数据，通过打分而非排序进行的相似度估量数据则使用度量多维标度分析。计算方法的差异使得输出结果存在偏差，但最近的相关研究提出两种方法得出的结果倾向于一致，本书主要介绍非度量多维标度分析的计算方法。

在非度量多维标度分析中，首先假设 δ_{ij} 为产品 i 与 j 之间可感知的差异程度，知觉图的绘图要满足如下约束条件：通过非度量多维标度分析寻找知觉图绘图方案使得在尽量压缩空间图维度的情况下，知觉图上各点的布局能够满足点间集合距离 d_{ij} 的排序与真实数据中差异性排序 δ_{ij} 尽量保持一致。因此，d_{ij} 与 δ_{ij} 成单调性变化关系。为了达到这个要求，必须使得如下所示的压力值最小，才能使得知觉图具有说服力。

$$\text{压力值} = \left[\frac{\sum_{i<j}(\hat{d}_{ij} - d_{ij})^2}{\sum_{i<j} d_{ij}^2}\right]^{\frac{1}{2}} \tag{5-1}$$

式中，$\hat{d}_{ij}$ 与 d_{ij} 尽可能相等，同时与 δ_{ij} 保持单调关系。

理论上讲，对于一个有 N 种竞争产品的市场，如若要完全满足约束条件，使得知觉图上相似性信息完全无差错地表示出来，需要一个 $N-1$ 维的空间图。但从数据解读的视角来考虑，管理人员对维度多的空间图解释能力不够。为保证知觉图在市场定位中的价值和作用，必须尽量降维减少读图的难度。因此，知觉图的可解释性与可信度形成了此消彼长的关系，在实际的数据分析过程中要综合考虑两者关系，寻找均衡。

多维标度分析法的数据收集比较简单，通过邀请被调查者针对各产品对进行相似性打分即可，调研难度较低，但不可否认，多维标度分析也存在一定的局限性：

(1) 竞争产品(或品牌)个数选择　Klahr(1969)指出一个二维的知觉图绘制至少需要 8 个产品。Green，Wind(1973)认为维度个数要少于品牌产品类别的 1/3，而顾客的考虑集平均水平是5，顾客很可能在被调研过程中碰到自己不熟悉的产品，调研的准确性会受到影响。另外，若知觉图涉及产品个数较多，顾客进行相似度评判的次数为$N(N-1)/2$，被调查者的任务还是比较艰巨的。

(2) 维数的选择以及维度的命名　维度的选择直接关系到知觉图对于原始数据信息的解释度，在数据分析过程中需要寻找平衡点。关于这方面的介绍，迄今为止没有系统的理论给予我们指导。较为常用的方法是从一维开始，逐渐增加维数，直到压力值不会随着维度的增加而大幅度降低为止。而对维度的命名是为解释统计输出和为企业管理工作提供指导的前提。多维标度分析只是从相似度入手，调研中未提及从哪些方面分析相似度的问题，对应的知觉图的维度不方便解释。根据目前的相关经验，主要是寻找处于各维度极端位置的产品点(如坐标轴的两端)，寻找极端位置点的差异化特征(在哪些属性上能够表现出如此大的反差)。为了帮助解释知觉图更准确的命名维度，可以任意旋转知觉图坐标轴，对于知觉图信息的解释度没有影响。

(3) 信度、效度、稳定性　多维标度分析计算稳定性仍待观察。尽管 Moore，Lehmann (1982)证明产品刚上市时多维标度知觉图是稳定的。如果产品的名字是从产品属性的视角命名的，一段时间内产品的知觉不会有太大的变化。但是 Malhotra，Jain，Pinson(1988) 通过不完整数据检测了多维标度分析的稳定性。尽管不完整数据中有60%的数据缺失，其得到的输出结果与基于完整数据得到的结果相关性达到0.4。多维标度分析法的稳定性由此遭到质疑。除此之外，在信度和效度检验中，Malhotra(1987)以个人的研究对象通过调研产品相似度得到的知觉图上各点之间的距离与基于产品名称语义判断的相似度得到的距离间的相关性达到0.4到0.5。从而，多维标度分析法的信度效度值得商榷。

尽管多维标度分析法在使用过程中还存在问题，但因为流程比较简单且为目前绘图方法中比较成熟的方法之一，得到了广泛的应用。下面大致介绍多维标度分析法的使用步骤。

① 首先选择所要定位的产品。在选择过程中要综合考虑决策的性质、市场状况、模型本身的局限以及调研任务复杂程度，适当地选择定位的产品。

② 在确定定位的产品后，可开始着手收集数据，通过建立相似性评判对称矩阵(表5.2)展开调研，通过排序或打分的方式进行。

表5.2　啤酒品牌相似性矩阵

	Heineken	Tsingtao	Carisberg	Asahi	Budweiser
Heineken	1				
Tsingtao	7	1			
Carisberg	8	4	1		
Asahi	3	3	5	1	
Budweiser	6	5	4	2	1

③ 数据分析，绘制知觉图，根据相似性矩阵和多维标度分析法绘制知觉图。在绘制知觉图的过程中存在维度的选择问题，根据前文中提到的规则选择适当的维度进行知觉图描绘。

④ 图形解读。使用多元标度分析法所绘制的知觉图上，产品(或品牌)是以点的形式出现，点与点之间的距离代表产品之间的差异程度，与产品间的相似程度成反比。根据最终知觉图为维度命名，挖掘知觉图的深层涵义。当维度命名不明了时，可使用坐标轴旋转法寻找隐藏的属性信息。

2. 因子分析法

因子分析法最早用于挖掘构成人类智力的组成部分的研究，随着技术的发展逐渐被引用到社会学领域，特别是广泛应用于营销学中的产品评估。

按照收集数据类型的视角，定位章节中因子分析绘图技术又称基于属性的绘图技术。不同于前述的基于相似性的绘图技术，基于属性的方法顾名思义是以具体的产品属性为维度进行调研，降低了知觉图的解读难度。但不可忽视的是，通常情况下属性个数偏多，无法通过简单的空间图来展示，同样给识图和用图带来了困难。从而，降维的目标和要求应运而生。

因子分析能够实现降维，通过寻找变量间的相关关系，以少于原变量数的因子概括原变量所携带的大部分信息。通过因子分析技术，知觉图中众多产品属性维度经过压缩将被转化为因子，以压缩后的数目较少的因子为坐标轴绘制的知觉图更直观。

因子分析方法假设知觉调研中的每个属性是由少数的潜在变量构成的，而原始属性的方差部分来自于这些共同因子，部分由各属性的特殊化因子所导致。正是共同因子使得属性之间存在相关性，也为降维提供了先决条件。

我们把原始属性表示为共同因子、特殊化因子、误差项的线性组合，见式(5－2)。

$$X_{ijk}=z_{k1}f_{ij1}+z_{k2}f_{ij2}+\cdots+z_{kr}f_{ijr}+d_k y_{ijk}+\varepsilon_{ijk} \tag{5-2}$$

式中 r——共同因子的个数；

X_{ijk}——顾客 i 在产品 j 的属性 k 上的打分；

z_{kr}——共同因子 r 对属性 k 的影响，即为载荷；

f_{ijr}——顾客 i 在产品 j 的共同因子 r 上的打分；

d_k——特殊化因子 y_{ijk} 的权重；

ε_{ijk}——误差项。

每个共同因子也可以表示为原始属性的线性组合，见式(5－3)。

$$f_{ijr}=a_{r1}X_{ij1}+a_{r2}X_{ij2}+\cdots+a_{rk}X_{ijk} \tag{5-3}$$

式中 f_{ijr}——顾客 i 在产品 j 的共同因子 r 上的打分；

a_{rk}——原始属性在共同因子 r 上的权重；

X_{ijk}——顾客 i 在产品 j 的属性 k 上的打分。

寻找因子的过程即为寻找能够概括原始打分矩阵信息的因子，矩阵信息的解释度借助于方差解释度来测量。因此共同因子的遴选是以共同因子方差解释度为衡量标准。首先选择涵盖信息量最大、方差解释度最大的第一个因子，第二个因子必须在与第一个因子正交的条件下信息量达到最大以排除与第一个共同因子相关的可能性，避免了第一、二个因子携带重复信息。依次类推，寻找第三、第四个因子。最后以压缩后的共同因子($r<k$)为坐标轴绘制知觉图，同时结合矩阵计算最终输出的载荷矩阵计算的得分矩阵(新坐标系下的坐标)，从而定位产品。

因子分析的方法还可继续分类：Principal components，Unweighted least square，Maximum likelihood，Principal axis factoring，Alpha factoring，Image factoring。其中 Principal components 最为常用，与上述因子分析假设中不同的是它弱化了属性构成中特殊化因子的影响，直接剔除 y_{ijk} 的影响，简化计算过程。主成分分析中，原有属性与共同因子间的关系表示为

$$X_{ijk}=z_{k1}f_{ij1}+z_{k2}f_{ij2}+\cdots+z_{kr}f_{ijr}+\varepsilon_{ijk} \tag{5-4}$$

式中 r——共同因子的个数；

X_{ijk}——顾客 i 在产品 j 的属性 k 上的打分；

z_{kr}——共同因子 r 对属性 k 的影响，即为载荷；

f_{ijr}——顾客 i 在产品 j 的共同因子 r 上的打分；

ε_{ijk}——误差项。

每个共同因子也可以表示为原始属性的线性组合，见式(5-5)。

$$f_{ijr}=a_{r1}X_{ij1}+a_{r2}X_{ij2}+\cdots+a_{rk}X_{ijk} \tag{5-5}$$

式中 f_{ijr}——顾客 i 在产品 j 的共同因子 r 上的打分；

a_{rk}——原始属性在共同因子上的权重；

X_{ijk}——顾客 i 在产品 j 的属性 k 上的打分。

基于属性的因子分析绘图技术在技术的准确度、可解释归纳性、可操作性三方面均有优势(John R. Hauser，Frank S. Koppelman *)，并且对定位时竞争产品数没有严格的限制，因此因子分析使用比较广泛，主要的应用步骤如下。

(1) 确定被定位产品和定位原始属性　首先，根据定位决策的目的以及市场的发展状况确定定位对象(直接竞争对手或间接竞争对手)。其次，属性的确定按照满足顾客需求的原则，选择顾客关心的产品属性价值，才具有意义，避免选择无关痛痒的属性；另外，属性的选择要遵循差异化目的，必须能够说明各竞争产品间的差异化特点。一般情况下，可通过顾客小组讨论法了解顾客消费时的行为特点和消费者对企业营销某些诉求点的反应来寻找。Kolter 做了一部分归纳，从 14 个维度来寻找能够给顾客带来价值的属性，概括地较为全面(表 5.3)。

表 5.3　用基于属性的知觉图方法进行定位分析所需的各种属性

特　性	产品基本功能之外的补充特点(如汽车的立体声音响)
性能	产品的最主要特点能够达到的水平
耐用性	衡量产品预期寿命
可靠性	衡量产品在某一时间内故障或报废的可能性
服务能力	衡量维修故障或报废产品的难度
风格	指顾客对产品外观和触觉的感觉
产品形象	指一些能传达产品情感方面的属性，这些属性能影响顾客的情感和理智，一般包括与产品或公司相关的声望、产品使用者生活方式等
递送	指产品或服务递送给顾客的过程的各个方面，包括递送过程的速度、准确和精心
安装	指在预定的位置上对产品实际使用前必须完成的各种活动
培训和咨询	指公司培训顾客使用和维护产品并尽可能在使用中发挥产品的最大价值
维修和维护	公司所提供的防止产品故障并当产品达不到预期性能时进行维修服务的便利性和质量
其他服务	包括保修、贷款及能增加顾客购买产品或使用产品的价值的其他服务
服务形象	指会影响整体服务认知的属性，包括服务人员的称职、友好和礼貌及顾客能否得到个性化的关照
可感知质量	指产品能满足顾客对产品/服务应有的质量期望的程度，它与上面提到的特性、性能、可靠性、耐用性等其他属性密切相关(Garvin，1987)

资料来源：Kolter，Philip，1991. Marketing Mangement：Analysis' Planning' Implementation and control，seven edition，Prentice Hall，Englewood Cliffs，New Jersey.

(2) 数据收集　与多维标度分析相异，因子分析通过产品-属性矩阵(表 5.4)进行调研，邀请被调研者从设置属性的角度为各竞争产品打分或排序，进行评判。知觉图绘图可使用单位单个样本数据绘图，也可用所有样本评判分数的平均数绘制。若以平均数为依据绘图，则需保证样本的同质性，否则输出结果不具参考性，这种情况下，建议使用细分市场章节中的聚类细分方法先将被调研者进行分类，使用同类被调研者的数据再分别绘制知觉图，这与 STP 的思想是一致的。

表 5.4　基于属性的角度进行知觉数据收集(打分)

	Budweiser	Carisberg	Tsingtao	Asahi	Heineken
Taste	Bad	Good	Fair	Good	Good
Color	Fair	Good	Good	Fair	Good
Design	Good	Good	Good	Fair	Excellent
Price	Good	Good	Excellent	Excellent	Fair
Status	Fair	Good	Fair	Fair	Excellent

(3) 知觉图绘制　这一步涉及因子的选择。在共同因子的选择过程中，因子个数的选择是一个重要决策，目前尚无公认的原则，需视情况而定，通常情况下以因子的方差解释度以观测标准，然而方差解释度如何计算?

前述式(5－2)中提到的 Z_{kr} 为共同因子 r 与属性 k 的相关系数，z_{kr}^2 代表了共同因子 r 涵盖的属性 k 的方差比例，即为方差解释度，则属性 k 的信息被解释度可表示为 $h_k^2=\sum\limits_r z_{kr}^2$，共同因子 r 对于所有原始属性解释程度为 $\sum\limits_k z_{kr}^2$，表示为矩阵计算中的特征值。在权衡共同因子个数时即以所有选择因子的特征值之和以及单个因子特征值来评判。当共同因子的方差解释度低于原有属性的平均方差或表示方差解释度的碎石图折线没有明显的下降趋势时(因子解释度较小，增加一个因子所解释的信息量仅发生平稳微小变化)，考虑停止提取信息，因子个数确定。为降低知觉图解释难度，通常情况下因子个数不超过 3 个。

(4) 解读知觉图　确定因子个数后，根据得分矩阵即能轻松绘出知觉图，如何解释输出图形成为知觉绘图应用的最后一步。

基于属性的绘图方法最终的输出方式是：被定位产品以点的形式分布于知觉图的各个角落，原始产品属性从坐标原点出发，与坐标轴保持一定的夹角，属性向量与坐标轴间夹角的余弦即为属性与因子间的相关性表示，属性向量的长度表示此属性方差的被解释度。产品在属性向量上的投影表示该产品在此属性维度上的得分高低，较易理解。

相对于多维标度分析法，因子分析属性信息更明确，对于市场的竞争特征描绘得更为清晰。但上述因子分析介绍中也有所提及，每个属性都是由共同因子所构成的，这一假设使得原有属性与共同因子间的拟合关系变得模糊，共同因子的解释难度增加，为更好地陈述属性因子间的联系，大部分因子分析绘图中使用了因子旋转技术(最常用方法为方差极大旋转)，在不损害信息解释总量的前提下，使得任意属性和因子间的相关性非常大或非常小，原属性信息重点承载在单个因子上，最终可解释度加强。

本节介绍的知觉图主要对顾客所感知的产品特征进行描述，一方面能够帮助公司管理层判断定位配套的营销支撑策略的效果，为下一阶段的营销策略设计、投入提供指导。另一方面，知觉图上竞争产品的分布信息能够帮助管理人员认清市场竞争现状，挖掘隐藏的市场机会，辅助市场定位决策。但仅仅了解竞争状况，缺少顾客需求信息的掌握，在竞争激烈的买方市场是不够的，市场定位需要兼顾竞争者的定位与市场的需求意向，在了解影响顾客购买决策的产品属性特征的基础上，设计产品或剖析公司产品在这些变量表现出来的优劣势，从而对现有产品进行升级，赢得市场。市场需求信息则来自于下一节即将介绍的偏好图技术。

5.2.3 偏好图分析

顾客偏好图是一种用于分析描述顾客满意原因的感知变量工具(Schlich 1995；McEwan 1996)。目前对偏好图的图形呈现嫁接在知觉图上，被称为简单共同空间图，兼具知觉偏好信息。嫁接方式分为两种，一类是将偏好信息以理想点的方式(类似于前述竞争产品)落于知觉图中，另一种方法是通过偏好向量的方式(类似于属性的形式)植于知觉图中。下面对两种方法所需的调研数据要求和理想点、偏好向量的确定方法做简单介绍。

1. 理想点偏好绘图

所谓顾客的理想点即为顾客希望产品在知觉图上所处的位置，这个位置所代表的品牌特点和品牌的属性结合对顾客最具吸引力。理想点偏好绘图源于这个期望产品的思想，这个期望产品即为顾客的理想属性组合。在知觉图上理想点正代表着期望产品。调研过程中，要求被调查者给出期望产品的属性组合，即以原有属性为维度为期望产品打分。最终输出的共同空间图中，顾客对离理想点最近的竞争产品偏好程度最高，且偏好程度与竞争产品、理想点间的距离成反比。

理想点位置的确定原则为：使共同空间上竞争产品到理想点的距离随着偏好度得分单调递减(分数越高偏好度得分越高)，具体计算方法表示为

$$\hat{s}_{ij}=b+ad_{ij}^2 \tag{5-6}$$

式中，$\hat{s}_{ij}$为顾客i对产品j的评分估计值；i为顾客标识；j为被定位产品标识；d_{ij}为知觉图i号顾客的理想点到产品j之间的集合距离。

通过现有的顾客评分数据拟合计算最优的常数a和b，使得$\hat{s}_{ij}$最大程度接近s_{ij}，离差平方和最小，满足了偏好度与距离递减关系。

以理想点描绘顾客偏好的方法，综合了展示市场竞争结构的知觉结构和偏好信息的偏好结构，了解顾客最喜欢的产品属性组合和现有竞争产品的优劣势所在，为产品设计提供指导。除此之外，理想点的植入使得知觉偏好图的另一功能——市场细分也被挖掘出来。若在知觉图的绘制前未进行聚类细分，融入偏好数据后，通过观察最终理想点的分布位置可以大致地对目前市场做细分，根据每个细分市场理想点的密集程度还可判断此子市场的市场潜力。

2. 偏好向量绘图

偏好向量绘图将顾客偏好等同于一个属性，即为偏好度属性，调研时请调研样本在偏好度属性上为所有的被定位产品打分。共同空间图上的偏好信息以偏好向量的方式展示，顾客对现有竞争产品的偏好度估测可通过做各竞争产品在偏好向量上的投影，比较投影的长度。投影越长，顾客对其偏好度越高。另外，按照空间图上偏好向量与产品属性向量间的夹角关系，可粗略解读部分产品属性对偏好度的影响，同向属性(相关性为正)促进偏好，反向属性(相关性为负)抑制偏好形成。

偏好向量的绘图原则为：样本给竞争产品的偏好评分与其在偏好向量上的投影呈现单调递增的关系。主要的绘图方法如下：

$$\hat{s}_{ij} = a_i \sum_{k=1}^{r} x_{ik} y_{jk} + b_i \tag{5-7}$$

式中，a_i 为偏好向量的斜率；b_i 为偏好向量的截距；y_{jk} 为知觉图上产品 j 在因子 k 上的坐标；x_{ik} 为偏好向量在因子 k 上的坐标；r 为知觉图维度。

利用样本的偏好数据 s_{ij} 拟合出 a_i、b_i、x_{ik}，使得 $\hat{s}_{ij}$ 与 s_{ij} 的离差平方和最小，以此为依据确定了偏好向量的方向。

建立于知觉图上的偏好图绘制较为简单，知觉图的框架设计使得偏好信息易于理解。数据收集的准备工作也无需额外工作。通过统计数据分析手段达到知觉偏好信息的合辑，使得市场机会的挖掘工作简单易行，完善企业定位的制定，从战术或战略层面把握公司的发展方向。得益于知觉偏好技术较为严谨的技术支撑和对市场的真实反映能力，这一技术已被运用于诸多行业，协助市场定位的制定，下节以自主轿车品牌 A 为例介绍知觉偏好技术在定位中的运用。

5.3 案例

5.3.1 案例背景

1. 公司简介

20 世纪八九十年代，我国的汽车生产技术还比较落后，因此国内汽车本着"以市场换技术"的初衷通过与国外品牌合资的方式吸收外资品牌汽车制造的经验和技术。随着时间的推移，世界性技术交流机会的增多，中国自身汽车技术环境不断改善，为轿车自主品牌发展提供了可能，比亚迪、长安、吉利、奇瑞等自主品牌轿车入驻汽车行业，参与角逐。

A 作为最大的轿车自主品牌之一，创办于 1995 年，自创办以来，已有十多个系列数十款车型投放市场，并且实现了"研发一代、生产一代、储备一代"的良性循环，保证了技术和产品的不断升级换代。多年来，A 品牌产品深受全球消费者青睐，销量一路领先于其他自主品牌，但相对于其他合资品牌销量来说，无论从销量还是利润率的角度评判，A 品牌的发展还有一定差距。

据最新销售数据显示，如图 5.2 所示，销量排名前十的轿车品牌中，A 品牌轿车位列其中，但仍落后于上海通用、上海大众等大型合资汽车品牌。

2. 行业简介

市场的急剧膨胀加快了外资汽车品牌在中国汽车市场的各项投资步伐，拓展生产线、增加技术研发投入、扩充营销投入、增强品牌竞争力等手段使得原本就是在石缝中求生存的 A 品牌轿车承受着空前的压力。

随着国内购买力的持续上升以及国内相关政策的鼓励，轿车日趋成为汽车行业销量增长的主要动力，加之轿车生产规模效应的日渐显现，使得轿车进入家庭步伐逐步加速。在汽车行业持续快速发展的大背景下，能够在最大市场模块轿车市场上占有一席之地，并实现市场份额

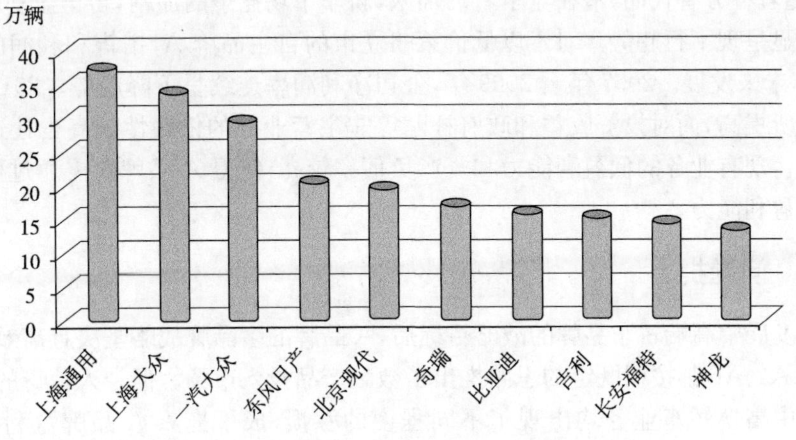

图 5.2 2011 年 1～4 月中国轿车市场销量排名

资料来源：汽车市场网 http://www.automarket.net.cn

长期稳步增长成为众汽车品牌努力的目标和发展方向，国内轿车市场的竞争达到白热化。一方面，原有轿车品牌通过拓宽产品属类、层次进一步挖掘市场发展潜力，保持甚至夺取市场份额。另一方面，原微车品牌、商用车品牌甚至是汽车零部件生产商也在不断探求轿车生产新理念，寻求能够在轿车市场上打响第一战的可行路径。

虽然中国轿车市场各品牌都有跨界发展的趋势，竞争态势有复杂化的迹象，但就目前市场上的竞争状态来看，竞争格局较为明显。根据当前消费者的感知，中国轿车市场呈现金字塔形的竞争态势。

(1) 豪华轿车、高端轿车、中高端轿车市场，处于金字塔顶层。欧美车系和日系品牌占据着这块市场。因为过硬的技术水平和坚实的质量支撑，合资、外资品牌始终占据着这一市场。处于这一层次的品牌车型价格在 20 万元以上往往都具有高排量、轴距大的特点，能够达到动力性能和安全性能的高要求。具有成熟的制造工艺的顶层轿车，不仅在汽车性能上充分满足了消费者需求，丰富的品牌文化内涵也给予消费者高端的品牌消费体验，满足了社会顶层购车者凸显个人价值、身份的目的。

(2) 中端市场则由以低油耗作为卖点的车型牢牢把握，部分德系、日系车推出的中档品牌是本层的重要代表。大众、本田、马自达、日产等部分车型处于这一行列，价格处于 10～15 万元，车内空间紧凑。车型与部分自主品牌车型重合，但因为品牌形象建设上的优势，使得消费者对其心理定价自然很高，尽管部分车型质量上并不及自主品牌。

(3) 低端市场由自主品牌覆盖，满足了低端轿车消费者“低价位满足基本需求”的产品诉求。底层的市场由自主品牌占领，价格低于 10 万元以下，部分微型车价格仅为 3～4 万。这部分市场利润率比较低，制造商们需通过量产赢取规模效应获取利润，因此在成本上不占优势的合资企业无意参与竞争，竞争往往在自主品牌之间展开。

以 A 品牌为首的轿车第三阵营虽销售量可观，但较低的利润率使得这块市场渐渐丧失吸引力。同时，合资品牌面对自主品牌低价位侵袭的同时，意识到中国轿车市场上消费者的行为特性，开始逐步放低姿态，推出低端轿车，实施保持企业市场占有率的行动方案，如上海通用通过新赛欧低价入市。

因此，随着各方替代品、潜在竞争者的加入，轿车市场竞争的加剧，轿车盈利率将会随着买方地位的凸显呈现下行趋势。对于以低价策略立市的自主品牌 A，销售和利润的双重压力阻碍了 A 汽车未来发展。2007 年至 2009 年，公司净利润率连续呈下降趋势。2010 年上半年利润率尽管有所提高，而对投资收益和政府补贴等非主营业务的依赖性较高也让这一成绩打了不少的折扣。现有业务的低盈利能力和资产负债率较高，使得 A 品牌急需通过生产高端汽车品牌来提高盈利能力。

5.3.2 问题提出

确定了发展中高端轿车品牌的战略目标后，A 品牌的多品牌战略坚决且高效，其旗下两大中高端品牌 Aa、Ab 都按照既定的思路推出了数款产品投入市场。但令人惊讶的是，原本被 A 寄予厚望的中高端轿车业务均出现了不同程度的亏损，成了拖累 A 品牌盈利指标的"拦路虎"。从生产低端轿车产品起步并渴望进军高端市场的 A 品牌汽车，已经进入了多品牌战略的困局。

销量不佳和巨额亏损让 A 品牌产生了很强的挫败感，为此公司成立了专门项目组，意欲解决目前中高端轿车品牌发展困境。经过大量的市场调研活动，项目组将问题锁定在 A 过高地估计了本身的品牌溢价，对进军高端市场过于乐观，其推出的高端精品小车概念也并没有得到市场积极的反馈，这与 A 品牌本身的品牌溢价不高和国内市场对于自主品牌生产高端车的不信任有关，换言之消费者对于 A 品牌中高端轿车定位感知与 A 品牌的定位目标错位。

由于起点低、消费者认可度低等因素，整个轿车自主品牌军团一直靠低价策略争夺和占据低端轿车市场。相对于合资品牌、外资汽车品牌，A 在营销手段上也无法与之匹敌。发展之初的低端定位使得消费者对于 A 品牌已经形成了"低端品牌"的刻板印象，尽管在多年的发展过程中，其在技术水平、工业设计、品牌价值和市场化运作方面均有提升，但品牌和价格已被前期定位整体压低，仍难逃消费者心目中的低端形象定位。相对于进口或豪华汽车品牌的高端轿车形象和合资轿车品牌中高端形象，A 品牌低品牌溢价能力，需要投入更多的营销努力，一改往日低端品牌形象。

如若要改变这一现状，项目组确定了"了解中高端轿车市场各品牌定位格局"和"分析 Aa 品牌的消费者定位感知"的目标，帮助 A 品牌轿车深入分析轿车市场竞争格局、了解消费者对于 A 品牌中高端轿车的定位感知，达到知己知彼，为 A 品牌中高端轿车合理有效定位，弥补品牌缺陷提供指导。

已难以满足自主品牌保持现有市场份额甚至是进一步进攻争夺外资品牌市场份额的需求，仅仅通过低价策略换取销售量的 A 品牌轿车在适度自由的市场竞争环境下已面临诸多问题。

在这一激烈的竞争态势下，如何克服自身已存在的诸多障碍，最大程度满足消费者显性及潜在需求，提升营销技能已成为 A 需要解决的首要营销问题。项目组借助聚类分析技术、知觉偏好定位分析技术，对中国市场上的部分轿车产品使用定位分析，明确轿车市场的竞争结构，结合中高端轿车市场上消费者的偏好状况指导 Aa 汽车的营销管理者进行产品定位。通过聚类分析、知觉偏好图技术，项目组需要达到以下目的：(1)挖掘影响消费者购车的因素；(2)探索中国轿车市场顾客的细分状况；(3)了解顾客感知下的中国轿车市场产品的定位情况；(4)根据中国汽车市场产品的定位分析和顾客的偏好，为中国汽车自主品牌定位提供一些建议。

5.3.3 研究设计

1. 问卷设计

项目组借鉴行业消费者行为特点，选取财务利益、功能利益、体验利益、心理社会利益等几方面衡量消费者价值感知。提出32个正反面说法，车型被提及的频率较高、有良好的口碑、属于高档车型、外观造型美观、属于运动性轿车、车型前卫、颜色丰富、有动力强的发动机、安全性能有保障、性价比高、不容易驾驶、保修期短、保修内容覆盖范围窄、品牌具有环保意识、维修费用高、低的驾驶舒适性、质量可靠性低、质量耐久性低、车内空间大、提供免费保养、不方便参与产品的体验、售后服务非常方便、售后服务内容覆盖面广、售后服务效率高、经常提供售后关怀、定期提供知识培训、不能满足个性化需求、有特别价格优惠、技术流行性高、内饰配置档次高、外壳坚实、噪声较大，挑选中高端轿车市场上具有代表性的几大车系品牌车型为评判对象，以供被调查者打分，评判的消费者关注价值因素，以及对各个层次水平价值属性的偏好程度，并以此为维度说明各大轿车生产商的定位现状。

2. 样本选择

项目组采用便利抽样的方式在城市核心办公写字楼区域设置调研平台进行数据收集。样本选择过程中，主要项目组以“中高端轿车市场为目标市场”为指导，对样本进行了筛选。从月收入、职业、生活方式等多方面进行过滤，保证样本有轿车消费能力。在对所有样本进行细分的基础上，选取具有中高端轿车消费需求倾向的样本进行知觉偏好分析，以精确了解这一子市场上各品牌定位现状。

3. 研究方法

因各轿车子市场对于轿车需求和关注点不同，对于各大轿车品牌的媒体广告信息的筛选区别较大，导致其对于中高端轿车品牌的价值感知、偏好形成差异。项目组主要采用了聚类分析、知觉偏好定位分析来了解市场竞争现状。×××首先通过聚类分析的方法按照消费者对于轿车产品的需求差异进行分组，并结合身份识别通过月收入、购车经验等对各子市场消费者背景特征进行把握，选择中高端轿车市场的目标消费者。最终通过知觉偏好绘图技术对目标消费人群的价值感知和需求偏好进行把握。

5.3.4 数据分析与结果

1. 数据分析步骤

知觉图绘图步骤：在EXCEL加载项中选择Positioning，选择Creat Template，选择汽车品牌个数、属性个数，设计数据输入模板，选择运行参数，包括知觉图维度、标签长度等，单击Run Model标签，单击Mapa-b表单即可观察知觉定位图。

偏好图绘图步骤：项目组对于样本偏好的把握通过两种方法实施，即通过属性向量表示偏好和以理想点的形式呈现偏好。项目组在调研过程中请消费者为每类轿车品牌进行了偏好打分，借助于属性向量来衡量偏好。偏好数据处理通过在Set Up设置中选择Preference Map，在数据输入模板设计偏好数据表格中输入消费者的偏好数据，点击Run Model即可得到兼具知觉和消费者偏好信息的共同空间图，空间图使用者可通过属性向量、偏好向量以及各品牌汽车所在点了解消费者感知下的品牌定位以及偏好特征。

2. 结果解读

(1) 聚类分析

首先根据聚类分析，将所有被调研样本分为三个子市场。每个细分市场的需求特点，可从表 5.5 推断，第一细分市场关注动力性能、安全性能、品牌与身份的契合度、轿车外观等属性，这几个属性的平均数均高于样本平均水平，对油耗的大小、价格、价格优惠上都不太重视。第三细分市场与第一细分市场形成鲜明的对比，对价格敏感，而对驾驶的舒适性则不是太在意。第二细分市场在各方面的要求都处于中档水平。

表 5.5 细分变量平均数描述

Segmentation variable/Cluster	Overall	Cluster 1	Cluster 2	Cluster 3
动力性能	5.67	6.31	5.33	5.58
安全功能	6.47	6.75	6.50	6.25
操控难易程度	4.66	6.00	5.17	3.25
油耗大小	5.59	4.62	5.50	6.33
质量可靠性	6.35	6.92	6.31	6.00
质量耐久性	5.79	6.67	5.50	5.50
售后服务	6.22	6.25	6.25	6.17
保修制度	4.99	2.44	6.00	5.67
驾驶舒适性	4.42	4.67	4.67	4.00
车内空间大小	4.60	5.00	4.92	4.00
提供免费知识培训	2.01	1.06	3.58	1.08
价格	6.17	5.81	6.25	6.33
维修费用	6.50	6.38	6.50	6.58
特别价格优惠	3.61	2.06	3.92	4.33
品牌与身份的契合度	5.77	6.75	5.50	5.38
品牌公信度	2.64	4.00	2.25	2.12
外观	5.49	6.19	4.33	6.17
车型实用技术的流行性	3.52	4.33	3.50	3
环保意识	3.45	1.31	4.25	4.08
个性化需求	4.50	4.00	4.08	5.25

基于聚类细分的结果，调研小组还从性别、教育程度、年龄、家庭规模、购车经验、平均月收入六个维度对三个细分市场的背景资料进行众数、平均数等方面的统计。得出如下结果：第一细分市场被调查者具有较强的经济实力。第二、三细分市场在收入、知识水平上都略逊于第一细分市场，对于价格具有一定的敏感性，对于汽车性能方面的要求较低。而第一细分市场对于轿车性能、外形等各方面均有较高要求，较强的购买消费能力使得其对价格、优惠这类财务因素敏感度不高。市场上中高端轿车所提供的高端性能以及高价格恰恰是为了满足这部分购车者的需求。A 品牌轿车若要通过实际行动进入中高端市场，须选准这类子市场，将第一子市场作为中高端轿车的目标市场，并针对这一市场进行知觉偏好分析，了解目标对象的价值感知结构。

（2）知觉偏好分析

知觉分析采用第一细分市场上被调查者的知觉打分数的平均数进行，使用绘图技术为因子分析绘图技术，输出如表 5.6 所示的方差解释度。由表 5.6 可知，将原 32 种属性在三维空间表现出来，这三个维度对所有打分数据的解释度达到 68.9%。因此知觉图的绘制选择三维度知觉图，通过三张二维图展示，如图 5.3～图 5.5 所示。

表 5.6 方差解释度

Dimensions/Items	1	2	3	4	5	6	7	8	9
Total variance explained	0.435	0.159	0.095	0.081	0.074	0.062	0.049	0.045	0.000
Cumulative variance explained	0.435	0.594	0.689	0.770	0.844	0.906	0.955	1.000	1.000

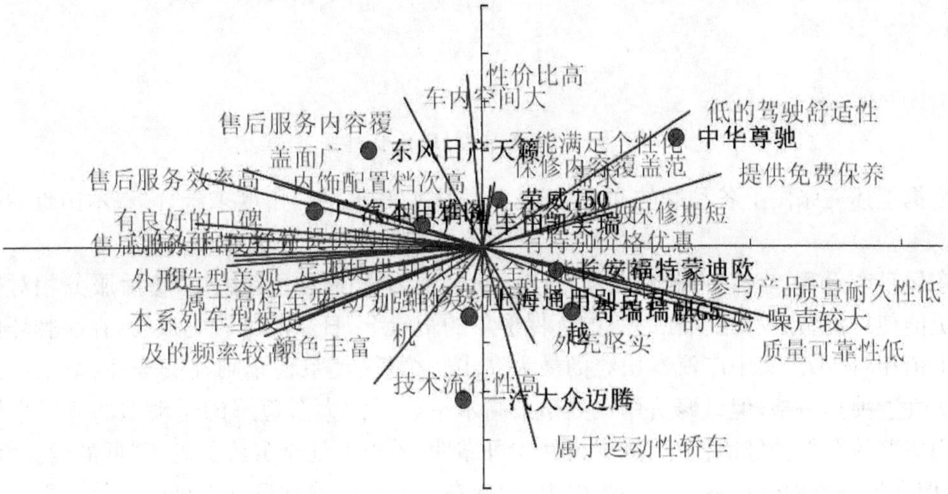

图 5.3 知觉图(Dim Ⅰ-Ⅱ)

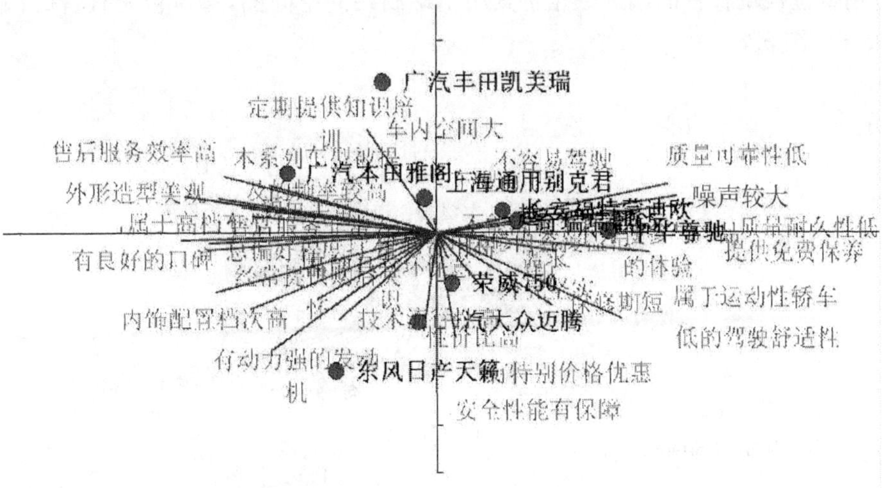

图 5.4 知觉图(Dim Ⅰ-Ⅲ)

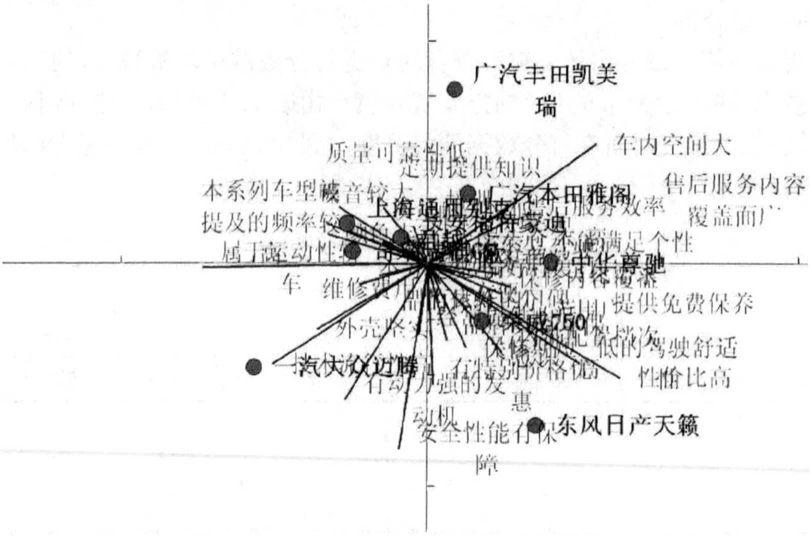

图 5.5　知觉图(Dim Ⅱ-Ⅲ)

根据上述三张图上各品牌的布局可知,从总体偏好水平的角度来看,广汽本田雅阁获得最高分。

东风日产天籁、广汽本田雅阁、广汽丰田凯美瑞内饰配置上有优势,售后服务相对于其他品牌更能使得消费者满意。在品牌的环保形象的塑造上,日系品牌较为成功,在品牌环保意识向量上值相对较大,其中广汽本田雅阁最为突出。德系、美系轿车则在安全性、车型设计和技术先进性上独具一格,但维修费用也处于最高水平。一汽大众迈腾的运动型商务风格展露无遗。中华尊驰在驾驶舒适性、质量耐久性和可靠性、噪声上处于劣势。处于“低的驾驶舒适性”之最,但在价格方面也存在明显的吸引力,荣威在各方面的属性评估上处于中等水平。

此外,通过求解 10 位细分市场总体的偏好平均数来寻找目标市场的偏好特点外,销售部门充分利用每位被调查者的偏好数据将其用于绘制共同空间图,每位被调查者的偏好体现了出来(图 5.6～图 5.8)。

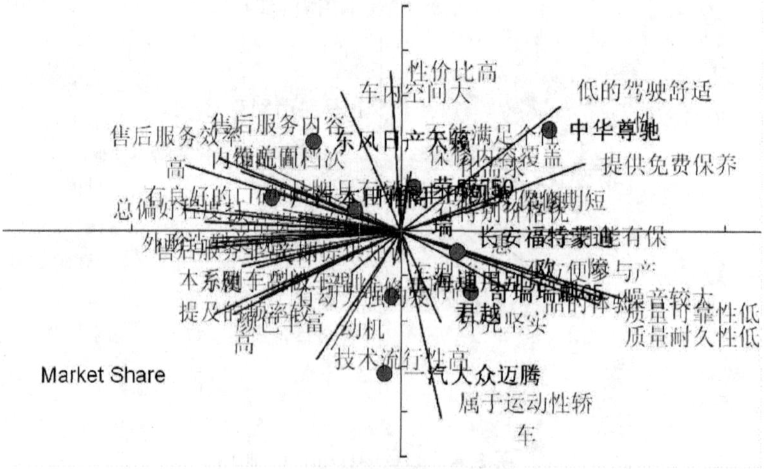

图 5.6　偏好图(Dim Ⅰ-Ⅱ)

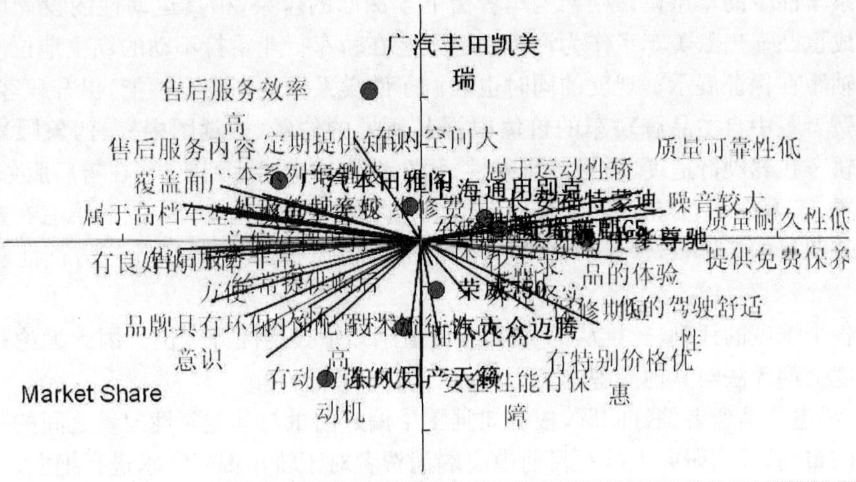

图 5.7　偏好图(Dim Ⅰ-Ⅲ)

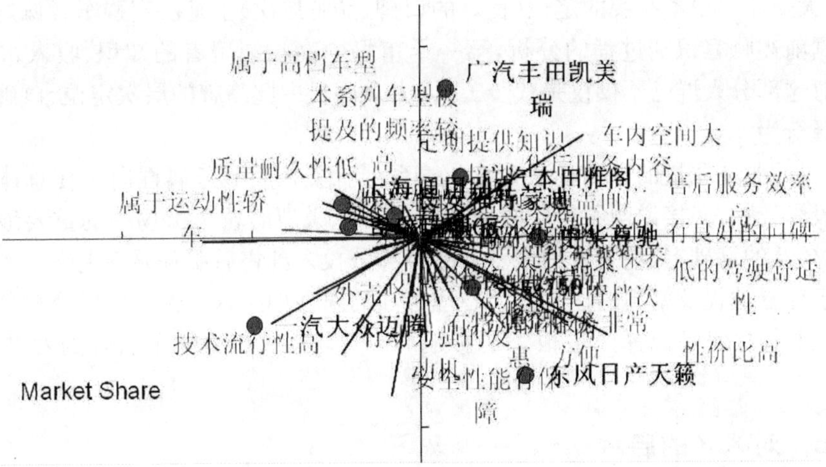

图 5.8　偏好图(Dim Ⅱ-Ⅲ)

从上述三张图中可简单看出，单个消费者的偏好向量有靠近集中的趋势，并且与诸如售后服务方便性、效率高、覆盖面广以及提供知识培训这一类属性相靠近。除此之外，轿车的外形诸如颜色、造型向量、良好的口碑向量也靠近多数偏好向量。总体来看，日系的三款中高端品牌广汽本田雅阁、东风日产天籁、广汽丰田凯美瑞在10条偏好向量上的投影最长。

5.3.5　研究结论

知觉偏好图的布局能够较为清晰地反映出中高端市场上的竞争格局。各系车定位分别位于知觉图的不同区域，差异化定位分明。

知觉图直观展示，日系品牌中高端车型相对于其他系别轿车，在售后服务板块有明显的优势。无论是从服务效率、服务的方便性、服务内容的覆盖面亦或是售后关怀上，三个日系品牌都有突破，其次，日系中高端车型不同于低端日系车型在车内空间上做了拓展，内饰配置也有提升，重视乘车开车者的舒适度。但日系车车身外壳不坚实，可靠性上差强人意。

欧美系车前卫的车型设计则给购车者留下了深厚的印象，稍具运动性的设计风格和尖端的动力总成也凸显出欧美车系作为汽车制造元老在轿车行业雷打不动的霸主地位。厚实的轿车外壳和轴距在保证展示美观度的同时也强调了欧美系重视高安全性能，提升顾客的安全感。

而消费者眼中自主品牌轿车的价值根据其所处的位置（知觉图中一、四象限）一目了然。自主品牌轿车在驾驶舒适度、质量的可靠性、耐久性上均未能达到要求，在售后服务维度、动力系统的配置、车型设计上与日系、欧美轿车形成强烈的对比反差。自主品牌唯有在购买和使用成本上有着明显的话语权，这点从特别价格优惠、提供免费保养、性价比三方面能够得到充分的证明。

基于各个维度的评判，较难从A品牌的价值感知中找到优势定位。因此无论是在知名度还是美誉度上都无法与其他品牌媲美。

另外，考虑到消费者偏好问题，根据知觉图中偏好向量与其他属性向量之间的关系以及共同空间图的布局，部门研究人员对目前中高端消费者对于轿车偏好需求进行把握。

首先，轿车外观仍然驱动消费者的价值感知。外形造型、轿车颜色作为购车者第一个感知到的属性，仍旧是决定消费者总体偏好度的一个重要因素。

其次，大众印象中本品牌的定位（良好的口碑、品牌层次）也是决定购车者偏好的一个重要因素。根据前述顾客识别过程的分析，第一子市场中高端消费者的知识、收入水平位于中高端。轿车对这部分人群已不仅仅是代步工具，大众心目中此品牌的层次定位、口碑直接决定了消费者选择行为。

最后，售后服务质量的影响日渐明显。一系列有关售后服务属性向量在总体偏好向量的方向上的投影较长，间接说明了售后服务在竞争日趋激烈的轿车市场中的重要地位。在保证可靠性、耐久性的基础上，消费者的注意力已经部分投入到售后服务属性上来。

而对于部分被提及率高的注入社会心理层面的属性如品牌环保形象以及财务层面的性价比等因素，并未对偏好选择产生很大的影响，这些均为中高端轿车品牌的发展提供了一些启示。

5.3.6 对××的启示

根据上述一系列的分析可知，轿车品牌虽意欲跻身中高端品牌，但效果不佳，需要结合目标客户的偏好和目前市场空白配合汽车制造技术支撑重新定位。通过对比目前中高端轿车市场合资品牌和各大国内自主品牌价值感知定位，加之目标子市场上的偏好分析，A品牌未来高位发展可从以下的定位建议开始展开。

1. 以优化的功能层面的技术属性作为下一阶段品牌建设的重点

中高端消费者对于财务属性的低敏感度使得期冀通过牺牲质量来配合低价策略赢得市场的自主品牌铩羽而归，A品牌作为其中一员未能幸免。技术力量和设计能力是营销软资源品牌培育成功的基础。因此，提高技术和设计水准是重点。

但这并不意味着A品牌无需品牌建设，品牌内涵可结合轿车的具体属性提出而非目前不少自主品牌所提出的尚无基础不被消费者认可的深层次意念文化。中国轿车市场发展历史并不如西方国家悠久，各大自主品牌的成军历史也很短，这块市场目前尚不具有品牌历史文化生存的土壤。这就提醒各大自主品牌通过深度品牌风格的塑造战败合资品牌难度较大。此种情况下，通过考虑凸显那些消费者能够实地感受到的特点对于A品牌来讲更具效用。

2. 凸显服务的理念

从本研究的成果来看，现在乃至未来一段时间，服务的观念都将盛行。虽然日系轿车已在这块市场上有所发展，但这一理念若能深入A公司未来的发展历程中可适当规避近期发展中的落后，同时由于地域优势，A更能把握本国的分销渠道及消费行为特点，相对于合资品牌更有可能获得这一观念的突破。诸如定期提供轿车保养方面的培训、免费保养实现轿车使用过程中体验价值，而非仅限于购前的试驾体验。

3. 中高端定位要凸显

对比本研究中选择的三个自主品牌，可以看出荣威750的总体评价相对于奇瑞瑞麟和中华尊驰颇有中高端的架势，市场表现也明显优于这两个品牌。一方面是由于荣威前身本为英国知名品牌罗孚，在品牌风格的塑造上稍显轻松。另一方面，源于"通过购买高价产品寻求身份价值和降低风险"这一消费者行为特征，荣威通过价格这一工具突出中高端定位，充分说明品牌建设需与其他工具配合使用。

从本研究所涵盖的中高端消费者对于自主品牌的看法现状来看，A公司要发展中高端轿车品牌，必须进行长期的品牌定位思考，循序渐进从技术属性逐步上升到品牌风格。

第6章 产品策略

引言

消费者买的不是产品，是产品提供给其的效用。

企业在STP战略的基础上，制定营销组合策略以达到企业的目标。产品是营销组合中最重要和基本的要素之一。企业必须首先决定以什么样的产品满足目标市场的需求。产品策略的制定对其他几个营销组合因素的管理有直接影响。

营销管理中，我们已经认识了产品策略的基本理论。本章主要侧重于讨论在一般理论的基础上，运用相应的模型展开新产品的设计和管理，以提高产品策略的科学化。

通过本章学习，达到以下目标：

1. 掌握用于新产品设计的联合分析方法的原理及运用；
2. 掌握适用于创新产品销售预测的巴斯模型的理论基础及运用；
3. 理解用于预测产品长期市场份额的ASSESSOR模型。

6.1 产品策略概述

6.1.1 基于营销视角的产品概念

在营销学中，产品的概念不仅仅局限在某种物质的形态和具体的用途上，是指提供给市场以满足需要和需求的任何东西，包括有形产品、服务、体验、事件、资产、组织、信息和创意。

营销管理者可以从以下五个层次认识产品。

核心产品：指向顾客提供的基本效用或利益。

形式产品：指产品的基本形式，或核心产品借以实现的形式，或目标市场对某一需求的特定满足形式。形式产品由五个特征组成，即品质、式样、特征、品牌及包装。

期望产品：期望产品是指购买者在购买该产品时，期望得到的与产品密切相关的一整套属性和条件。

延伸产品：指顾客购买形式产品和期望产品时，附带获得的各种利益的总和，包括产品说明书、保证、安装、维修、送货、技术培训等。

潜在产品：指现有产品包括所有附加产品在内的，可能发展成为未来最终产品的潜在状态的产品，指出了现有产品的可能演变趋势和前景。

6.1.2 新产品开发过程

产品是营销组合中的因素之一。为了在企业的营销活动中成功地管理产品，以配合营销组合中其他几个要素来共同实现企业的营销战略和经营目标，营销人员必须对产品发展的趋势以及产品在各个发展阶段的特征有一定的了解。在此基础上，在开发新产品和管理现有产品组合时制定适合的策略。

而技术的不断发展、消费者需求的不断变化使产品生命周期越来越短。为了保持在市场上的竞争力，企业需要不断地研发符合市场需求的新产品以增强竞争力，延续企业的生命周期，获得可持续发展。

传统观点认为，研发产品是技术部门的任务。市场营销近视症告诉我们：如果只注重技术、关注产品本身，而忽视市场的变化、消费者需求，则研发出来的产品是缺乏市场生命力的。因此，营销部门参与新产品的研发（从营销的角度研究新产品的发展）是必须的，对于企业开发更具针对性、更具竞争力的产品具有很强的现实意义。

从营销的角度来看，为了成功地开发和管理产品，营销部门必须在开发新产品和管理现有产品时做出一些重要的决策，包括产品组合决策和新产品开发等。

营销工程中，主要对新产品开发过程中如何运用模型方法进行科学的决策和管理（图6.1）提供指导。

第一阶段：识别市场机会。包括界定未来产品要参与竞争的市场，并据此提出创意，明确阐述与所提创意相关的市场机会。

第二阶段：（产品）设计阶段。当某一创意得到认可后，公司即要赋予其以形式、属性和意义，将创意转化成为物质实体或概念实体。在设计阶段，营销者要再次认识和理解所开发产品的细分市场，以探索这些细分市场中如何定位这一产品，与研发人员合作确定产品应具有哪些属性才能在成本和产品性能间达到平衡，开发和评价产品原型，制定初步的营销计划，并为选定的产品设计方案进行市场预测。

第三阶段：（市场）测试阶段。包括广告和产品测试、预测试及上市前的预测。在此阶段，营销人员要评估产品引入市场后能否被接受。市场测试还可以为其后的产品商业化提供必要的诊断信息：原拟定的产品或营销计划适不适合？如不适合，需要修改什么以提高其成功的可能性。

第四阶段：引入市场阶段。在产品引入时需要作以下决策：生产和营销计划是否协调；对产品设计进行适当的修改以适应大规模生产；管理分销渠道；对市场业绩进行持续监测以改进新产品引入战略等。

第五阶段：产品生命周期管理。如果新产品在市场上发展顺利（按计划顺利发展），企业随后就开始产品生命周期管理过程，以达到尽量维持产品的增长与盈利能力的目的。此外，值得注意的是，新产品的成功上市会影响企业的资源利用和市场竞争格局。

新产品开发与管理有较高的成本和风险。现实证明，新产品的失败比例非常高：美国新产品的失败率是95%，欧洲是90%。

研究表明，运用规范的方法进行新产品开发会提高成功的概率。采用新产品开发中各阶段相关的全部活动的企业有73%取得了成功，而只从事其中部分活动的企业成功率只有

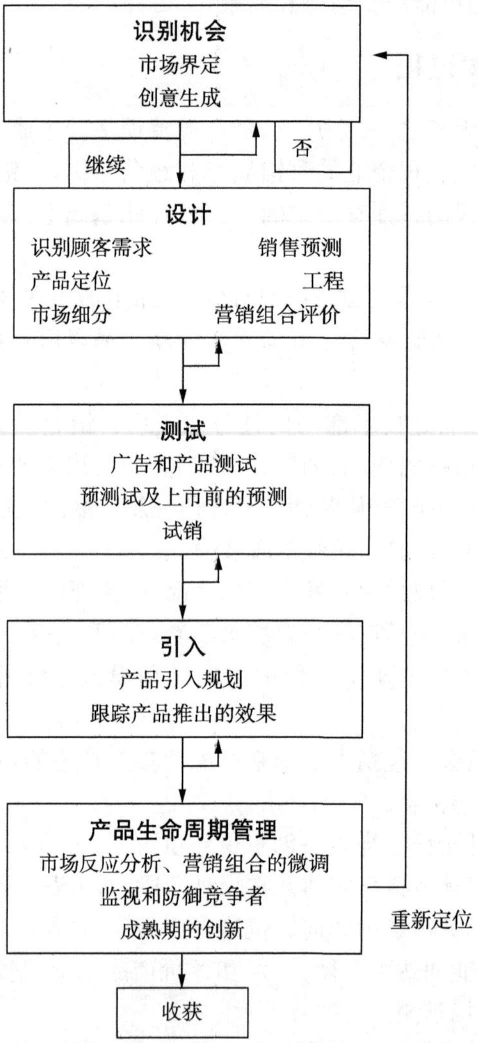

图 6.1　新产品开发过程的各阶段及决策图示

资料来源：Urban & Hauser，1993，p38.

29%。因此，如何运用科学的方法提高新产品管理过程的效率是企业营销者必须解决的问题之一。而营销工程在此方面的发展为企业营销者的决策提供了理性的方法。

6.1.3　营销工程在新产品开发过程各阶段的发展

营销工程中，新产品决策模型主要包括用于识别市场机会的模型、新产品设计的模型和用于新产品预测与测试的模型。本章将主要对后两种模型进行介绍。

1. 用于识别市场机会的模型

用于识别市场机会的模型包括创意产生和创意评估两方面。创意的产生既需要运用发散性思维，也要求运用集中性思维。人们先利用自由联想、协力创新法、头脑风暴法等发散思维方法产生大量的创意，再通过集中思维对产生的创意进行分类和挑选，确定哪些创意在未来市场上成功的希望最大。信息化发展的历程证明，人与软件之间的交互有助于增强创造力，因此目前已有几种商业软件支持产生、评估创意这一富有创造性的过程。新产品创意生成后，我们可选择层次分析法对其进行评估。

识别市场机会的几个软件介绍

创意产生方面的软件主要有：Mindlink、IdeaFisher和Inspiration等。

Mindlink是一种能实现协力创新过程的软件，它支持结构化解决问题的思想和激发创造性的技术。使用软件时，首先由用户陈述问题；其后，软件用“愿望触发器”和“创意触发器”来激发、引导用户的发散性思维。如：用户输入“提高笔记本电脑电池的使用寿命”，软件的“愿望触发器”提示希望计算机能像仙人掌储存水分一样地存储能量；“创意触发器”指出实现这些愿望的方法，如遍布整个笔记本电脑的电池，鼓励发散性思维。同时程序还用称为“备选方案触发器”的机制帮助用户评估各种创意，从中选择最能解决问题的创意。

IdeaFisher侧重于鼓励发散性思维，通过自由联想找出不同事物之间的隐性联系。该软件运用两个关联数据：一个数据库里存储了交叉引用连起来的65 000个单词和词组；另一个数据库里是分门别类组织的700个问题。用户输入一个单词或词组时，软件就会搜索与之相关的词或词组，而这些词又会引出其他相关词。此过程可反复进行，最大化地激发用户的发散性思维。如，输入新产品这个词，软件就会搜索到像营销、想象力和研究试验等相关短词，这些词可能又会引出如富有想象力的人和地点等。

Inspiration软件则提供了一个方便创意过程的视觉环境。用户可以从一组核心概念出发，借助图表、地图、符号和轮廓等视觉辅助物从核心概念联想。

一般来说，以产生创意为主的软件包只能为创意评价提供很小的支持。

创意评价的方法主要包括层次分析法和Newprod软件。

层次分析法是根据使用者提供的标准和子标准确定几个新产品项目的优先级。管理者首先把评估新产品所依据的标准和子标准构造成一个层次结构，然后再在此等级结构的每一层上对各种备选方案做出相对评价。软件可将该层次结构各层上的评价加以综合，得出一个分数，表明新产品创意的总体相对吸引力。层次分析法尤其适用于进行视觉敏性分析，能帮助营销经理了解某一标准的变化会在多大程度上改变每个备选方案的相对吸引力。

Newprod软件则从商业风险和收益的角度帮助企业评价新产品创意，并确定提高产品成功机会所需的组织资源。Newprod的模型是基于库珀的研究。库珀用80个独立变量分析了195种新产品的成功决定因素。最初的数据库一直在不断更新、扩大，目前的模型只有原80个变量里的30个变量(减少到了9个正交变量)，这些变量对新产品取得成功的原因具有较高的解释度。

2. 新产品设计的模型

用于新产品设计的方法主要有联合分析和BUNDPORT模型。其基本思想都是基于产品可表示为不同层次产品属性的组合。

BUNDPORT模型特别适用于确定新产品的属性组合。比如在设计汽车时，企业可将许多备选属性组合起来，备选属性有25个以上，但大部分消费者不会愿意为超过5个或10个属性支付高价。考虑到每位消费者想要的产品属性也各不相同，制造商必须决定产品应提供哪些属性以保证所设计的汽车能满足大部分消费者的需求和偏好。BUNDPORT模型利用来自潜在顾客的数据可以解决这个问题;此外,该模型还可用于确定各个细分市场更偏爱哪些产品属性以及哪种属性组合更适合哪个目标市场。

相比之下,联合分析目前在新产品设计中运用得更为广泛。因此,本章主要以联合分析为主讨论营销工程中的新产品设计模型。

3. 新产品预测和测试的模型

新产品上市之前,企业一般都需要预测其未来的销售情况和成功概率,一方面降低产品在市场上的风险,另一方面尽可能利用新产品的市场机会制定合理的营销策略。

营销工程中,根据产品的成功依赖于顾客对新产品的首次购买还是重复购买将新产品预测的方法分为不同类型。对可能要求消费者改变当前行为的非连续创新,主要是对顾客的首次购买行为进行预测。

对频繁购买的产品,更重要的是预测消费者的重复购买行为。在这种情况下,消费者往往已经具备了一些同类产品的使用经验,可以以此来评价新产品。企业常常要在真正的市场上或模拟市场中测试新产品,从而预测销售情况。

本章第三节将主要讨论预测首次购买行为的巴斯模型和预测重复购买行为的ASSESSOR模型。

6.2 联合分析在产品设计中的运用

在营销学中,产品可以看作是一组属性的集合,即产品可表示为不同层次产品属性的组合。联合分析是一种可以将所有属性结合起来评估的方法,它可以用来审视消费者/商家在各属性之间的权衡和取舍是否合理,确定一个能在市场上取得良好业绩的各个层次属性的有效结合。联合分析的适用情况:确定哪些属性应当加入到新产品中,使产品能在已有竞争者的市场中取得最好业绩;确定哪些细分市场最可能认为某一产品属性组合最富有吸引力。在市场竞争激烈,企业之间联系紧密的当今环境中,利用联合分析,进行产品和产品线的最终决策,这是一种新型的市场定位方法,是一种有效的营销战略。

6.2.1 联合分析概述

联合分析(Conjoint Analysis)是一种多元统计分析方法,也称为结合分析。它是1964年由数理心理学家R. Luce和统计学家J. Tukey首先提出的。Luce和Tukey在当时研究过数学心理学,原始文件是大量的数学推导和对数理逻辑顺序的研究。1971年由P. Green引入市场营销领域,成为描述消费者在多个属性的产品或服务中做出决策的一种重要方法,在商业领域取得了较好的结果。在过去的40年里,联合分析的模型估计技术得到了快速发展,在学术研究和商业研究中的应用也越来越广泛。从20世纪90年代中期开始,我国的一些学者也开始应用联合分析方法在营销等领域进行研究。

在新产品研发阶段,营销者往往会面临这样的问题:对于所开发的新产品中,应该具有哪些属性最受消费者欢迎,从而有较好的市场发展前景呢?产品一般都具有许多属性,如款式、外形、各种功能、价格等,消费者在选择、使用时,会更多地考虑或关心哪些属性?面对同样的市场机会或成本,产品的哪些属性最能获得消费者的青睐呢?联合分析可以通过测量顾客对某对象(产品)显著特征的相对重要性和各属性水平的效用,以分析消费者最愿意购买的产品属性组合的对象和方法。

联合分析可以帮助企业了解消费者的内在价值体系,可以帮助企业研究为什么消费者选择某一个产品而不是其他的产品,同时企业可以根据不同属性水平的效用值,来决定为客户化定制的顾客提供哪些具体的产品属性及其特征水平。

联合分析认为,消费者能够根据构成产品(或服务)的多个属性来进行理解并做好偏好选择,也就是说消费者对产品或服务的偏好并不是基于一个属性而是基于几个属性的组合来进行评价的。产品或者是服务通常是由多个属性构成的,而每一个属性下特征水平的不同组合则构成了不同的具体产品。消费者在购买产品时,是通过综合权衡不同的产品属性水平来做出决定的。

1. 联合分析的基本思想

联合分析的基本思想是通过假定分析对象具有某些特征,对现实的对象进行模拟,然后让消费者根据自己的喜好对这些虚拟对象进行评价,再采用数理统计方法将这些属性与属性水平的效用分离,从而对每一属性以及属性水平的重要程度(相对重要性)作出量化评价,使评价结果与消费者的给分尽量保持一致,以分析研究消费者的选择行为。

基于此,联合分析在新产品开发中,可以帮助营销者做到以下几点:(1)在顾客选择过程中确定属性(所研究产品各属性)的相对重要性;(2)确定顾客偏好度和满意度相对较高的属性组合产品;(3)根据顾客对产品各属性及其水平的偏好程度,进行市场细分研究;(4)为未来市场份额及发展提供预测等。

2. 联合分析的特点

联合分析主要运用局部价值函数方法对所研究产品属性的重要性、各属性水平效用进行评价,最终计算出最优属性组合产品。传统的调查方法是让受访者对构成产品的每个属性都要进行评估,这增加了受访者的难度。而联合分析则将整个工作转化成一系列的选择或评价等级,通过这些选择或评价等级,可以计算出每个属性的相对重要性。具体来看:联合分析法用顾客对某些产品属性组合的总体偏好数据,将这些总体偏好分解为顾客附加在每个属性每种水平上的效用价值(局部价值)。

为了达到以上效果,在数据收集阶段,企业要采集被调查的顾客对某些产品属性组合的偏好数据。挑选出来的产品属性组合一般不包括那些在所有属性上都优于其他组合的产品属性组合(运用正交方法组合的产品)。被调查对象要对这些产品属性组合打分或进行排序,以表明对每种产品属性组合的偏好程度。在评价过程中,被调查对象必须在备选产品的各种属性之间做出取舍判断:任何一个备选产品属性组合中某一属性可能具有顾客偏爱的水平,而另外一些属性水平可能不是顾客所偏好的。偏好数据使企业能获得局部价值函数,并可以用这种函数估计顾客对任何一种产品的偏好程度,包括那些消费者没有直接评价的产品。基于此,营销者能够有效地确定更多产品设计备选方案对顾客的价值,而不仅是局限于顾客直接评价过的产品。同时,还能利用数值化的局部函数对其他各种要考虑的产品进行销售与市场份额的定量预测,估计那些非经济性属性的价格。

除此之外,联合分析可以将研究成果建立成相关的市场模拟模型,并能将其运用于未来的营销策略制定。随着竞争者的进入、竞争状况的变化、企业营销策略的改变,市场结构也会发生变动。传统的研究方法是每当市场发生重大变动时，就需要进行调查，以研究消费者面对变化时的反应及影响消费者购买行为的策略。联合分析，可以将产品或现有产品的改变一起输入模拟模型，这些模型一般具有 2～3 年的精确性，直到需要进行小规模研究来决定是否需要调整模型。

3. 联合分析方法所涉及的统计术语

• 局部函数(Part－Worth Functions)，也叫效用函数(Utility Functions)，用于描述消费者赋予每种属性和每个水平上的效用。

• 相对重要性权数(Relative Importance Weights)，其估计值用于表示在消费者做出选择时，属性影响的重要程度。

• 属性水平(Attribute Levels)，表示属性所呈现的值。

• 全轮廓(Full Profiles)，也叫完全轮廓(Complete Profiles)，品牌(产品)的全轮廓是由全部属性的各种水平组合构成的(通过设计方案规定)。

• 配对表(Pairwise Tables)，在配对表中，被调查者每次评价两个属性，直到所有可能的属性组合(每两个属性)都被评价完毕为止。

• 循环设计(Cyclical Designs)，用于减少配对比较数目的设计法。

• 正交表(Orthogonal Arrays)，是一种设计表，可以减少全轮廓方法中被评价的组合数目，而且能有效地估计所有主要的效应。

• 内部效度(Internal Validity)，表示预测的效用与被调查者评价之间的相关程度。

6.2.2 联合分析的基本原理

联合分析是在已知应答者对某一产品整体评估结果的情况下，经过分解去估计其偏好结构的一种统计方法。其基本原理是，通过提供给消费者不同的属性组合产品，并请消费者根据自己的偏好，按其意愿给产品属性组合打分或排序，然后运用数理统计方法，对每一个属性水平赋值，使评价结果与消费者给分尽量保持一致，以此研究消费者的选择行为，从而寻找消费者可接受的某种产品的最佳属性组合。同时，可利用研究结果模拟市场，估计市场占有率和市场占有率变化。

在联合分析中，产品/服务被称为“轮廓”(Profiles)，每一种轮廓是由描述该产品/服务重要特性的属性(Attributes)以及与每一个属性相对应的不同水平组合而成。因变量即是消费者对某一轮廓的整体偏好评价；自变量是组成各轮廓的不同属性(因子)水平。为了达到研究目的，首先要估计不同属性水平的效用，再计算出属性的相对重要性和轮廓效用，以便定量测量消费者偏好，然后基于消费者的偏好采用最大效用模型、伯兰德雷-泰瑞-卢斯模型和 Logit 模型预测市场占有率。

6.2.3 联合分析中的统计方法

1. 水平效用

水平效用是用于描述受访者赋予每个属性的各个水平的重要性。每个水平效用由联合分析模型得到。一般根据消费者对全轮廓的偏好或评价(因变量)，分解成为所有属性水平的效用值，水平作为预测变量(自变量)，采用虚拟变量的一般最小二乘法回归得到回归系数(效用值)。常规的全轮廓联合分析模型可用式(6-1)表示。

$$Y = a + \sum vx \tag{6-1}$$

式中 Y——全轮廓的偏好得分(水平效用);

a——截距;

v——估计的效用;

x——指定不同属性水平的哑变量,$x=1$ 表示某个属性水平的出现;$x=0$ 时,则是其他情况。

2. 属性相对重要性

在计算属性相对重要性时,基于以下假设:差值越大表示该属性在全轮廓中的重要性越高,差值越小表示越不重要。一般用百分比表示属性的相对重要性,计算公式为

$$W_j = \frac{\mathrm{Max}(v_{ij} - \mathrm{Min}(v_{ij}))}{\sum_{j=1}^{J}[\mathrm{Max}(v_{ij} - \mathrm{Min}(v_{ij}))]} \times 100\% \tag{6-2}$$

式中 W_j—— 第 j 个属性的相对重要性;

$\mathrm{Max}(v_{ij})$—— 第 j 个属性的最大水平效用值;

$\mathrm{Min}(v_{ij})$—— 第 j 个属性的最小水平效用值。

3. 轮廓的效用(所研究产品的效用)

在联合分析模型中,全轮廓效用的计算最常用的模式是加法模式:消费者只是把每个属性的价值(效用值)相加起来就得到某种属性组合(产品、服务)的总价值(轮廓效用)。

联合分析的基本模型可用下列效用函数表示

$$R_{ij} = \sum_{k=1}^{K}\sum_{m=1}^{K} a_{ikm} x_{jkm} + \varepsilon_{ij} \tag{6-3}$$

式中,j 为研究设计方案中的某种特定产品或概念;R_{ij} 为第 i 位顾客对第 j 种产品的评分;a_{ikm} 为第k 种属性第m 种水平($m=1,2,3,\cdots,M_k$)相对应的局部价值;M_k 为属性k 的水平数;K 为产品属性的数目;x_{jkm} 为哑变量,当第j 种产品有第k 种属性的第m 种水平时,其值为1,否则为0;ε_{ij} 为误差项,假设为正态分布,平均数为0,并且对所有的 i 和 j,偏差等于 σ^2。

其中,得自回归分析的各 a_{ikm} 项取值要改变其尺度,使每一种属性最不受欢迎的水平取值为0,最受欢迎的取值为100,这样生成的结果更容易解释说明。设$\bar{a}_{ikm}$ 表示估算出来(重新确定了尺度)的局部价值,则产品 j 对消费者 i 的效用μ_{ij} 为

$$\mu_{ij} = \sum_{k=1}^{K}\sum_{m=1}^{M_k} \bar{a}_{ikm} x_{jkm} \tag{6-4}$$

注意,产品 j 可以是能用研究中的属性和属性水平设计出的任何产品。

4. 模拟估计市场占有率

在联合分析的许多研究中,获得属性水平的效用值往往不是市场研究的最终目标,更重要的是寻找产品 / 服务的最佳产品属性组合,模拟消费者的市场选择和估算市场占有率,这种模

拟的市场占有率是基于消费者选择模型的市场份额，同时还可以模拟当一种新产品进入市场后，市场占有率的变化情况。常用的方法有以下三种。

(1) 最大效用模型

最大效用模型中，假设每个消费者只会选择效用最大的产品，不同消费者选择每种产品的概率平均，可用以预测未来市场份额。这一选择原则适用于参与度很高的购买活动，如汽车、录像机、设备以及其他不常购买的耐用品。在这里，我们是用选择该产品效用最高的顾客数量，除以研究中顾客的总人数，以此求出该产品预计会占的市场份额，公式为

$$m_j = \frac{\sum_{i=1}^{I} w_i P_{ij}}{\sum_{j=1}^{J}\sum_{i=1}^{I} w_i P_{ij}} \tag{6-5}$$

式中，I 为参与这项研究的顾客总数；J 为可供顾客挑选的产品数；m_j 为产品 j 的市场份额；w_i 为顾客 i 购买的相对数量，设所有顾客的平均购买量指数为 1；P_{ij} 为顾客 i 购买产品 j 的概率(或者说，顾客 i 在只能购买一次的情况下选择产品 j 的概率)。

(2) BTL 模型(效用份额原则)

BTL 模型假设：某种产品对某顾客的效用越大，他选择这种产品的可能性就越大。这样，每种产品在顾客购买中所占的份额就与它在该顾客偏好中所占份额成比例。对产品集 J 中的产品 j 而言

$$P_{ij} = \frac{u_{ij}}{\sum_{j} u_{ij}} \tag{6-6}$$

式中，u_{ij} 是顾客 i 对产品 j 的效用估计值。

这样，计算出所有顾客的 P_{ij} 平均值，就能得出产品 j 所占的市场份额。这一原则适用于包装消费品等经常购买的参与度低的商品。

(3) Logit 模型(分对数选择原则)

分对数模型中假设计算出的效用值是随机过程的平均实现值，因此，具有最大效用值的产品也将随机变化。于是，对产品集 J 中的产品 j 而言，该规则就给出了产品 j 取得最大效用值的次数所占比例

$$P_{ij} = \frac{e^{u_{ij}}}{\sum_{j} e^{u_{ij}}} \tag{6-7}$$

这一规则与上面的效用份额规则类似，只是基本原理不同。效用份额规则假设效用函数基本上是准确的，但在将效用转化为具体的选择过程中，可能会受到随机因素的影响。

6.2.4 运用联合分析进行产品设计的步骤

运用联合分析展开产品设计研究一般包括三个阶段(图 6.2)。

第一阶段：设计联合分析研究方案

第一步：确定研究对象(产品)的相关属性。

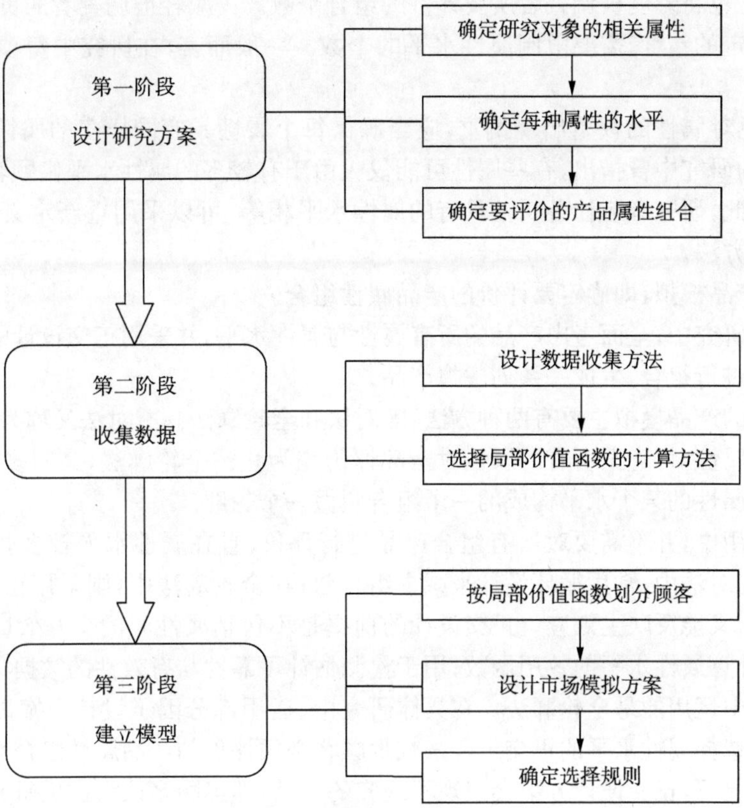

图 6.2 运用联合分析进行产品设计的步骤

运用联合分析进行产品设计，首先要确定产品的相关属性。所确定的属性应该是影响消费者偏好的突出属性，且对市场较为重要。在实践中，营销者可以通过与管理和工业专家讨论、分析二手数据、作定性研究或试调查等方法识别和确定属性。具体有：找出目标顾客中的某些重点顾客群展开调查，如产业营销中可选择设计工程师；询问新产品开发小组正在考虑哪些产品特征和利益。实践证明，经验、管理直觉和定性研究是确定产品主要属性中必不可少的。一个典型的联合分析所包含的属性一般不要超过 6 个(包含 6～7 个显著因素)：属性过多会加重消费者的负担，降低模型预测的精确性；属性太少，又会因为遗漏一些关键信息从而严重降低模型的预测能力。

第二步：确定每种属性的水平。

属性与属性水平的个数将决定分析过程中要进行估计的参数个数，也将影响被调查者所要评价的组合个数(产品属性组合个数)。在选择属性水平的过程中，应牢记以下相互冲突的标准。

- 为提高研究(联合分析)的现实意义，所选的属性水平应与目前市场上现有产品观察到的属性水平范围相近。既考虑最高的普遍水平，又要考虑最低普遍水平。确定属性水平时，既要考虑市场上的现实情况，又要考虑研究目的。如果采用的属性水平超出了市场的实际范围，则会降低评价工作的可信程度，但会增加参数估计的精确程度。营销研究者必须在过多选择和过少选择中找到平衡点。
- 研究属性及其水平个数的多少。属性与属性水平的个数将决定分析过程中要进行估计的参数个数，也将影响被调查者所要评价的组合个数。为减轻被调查者的负担，同时又使参数估计保证一定的精度，需要限制属性水平的个数。一般而言，在研究中每项属性常有 2～5 个水平。

• 为避免对属性的权重出现偏重，应当确保每个属性具有同样多的属性水平。Wittink 等在 1982 年的研究中曾指出，有些属性可能仅仅由于有较多的属性水平供顾客进行评价而显得更重要。因此，研究者应让各属性具有的属性水平相等，可以采用重新定义属性、合并属性或分解属性等方法。

第三步：产品模拟，即确定要评价的产品属性组合。

联合分析研究中，全面考虑产品的所有属性与属性水平，并采用正交设计的方法将这些属性与属性水平进行组合，生成一系列虚拟产品。

联合分析的产品模拟主要有两种方法：配对法和全轮廓法。配对法又称为两项法，受访者每次评价每个属性对，直至所有的属性对全部评价完为止。全轮廓法，又叫多项法、多因子评价法。由全部属性的某个水平构成的一个组合叫做一个轮廓。

在实际运用中，并不需要对所有组合产品进行评价，且在属性水平较多时实施难度也较大。因此，在配对法中，常用循环设计来减少组合数；在全轮廓法中，则采用正交设计等方法，以减少组合数，又能反映主效应。正交设计的前提是不包括属性间的交互效应。一般收集两组数据：用于计算属性水平的效用函数；用于检测估计可靠性与有效性的数据集。

营销工程中运用的是全轮廓法。在具体研究中，运用部分因子设计方案以减少顾客评价的产品数目。选择属性水平的正交组合来减少顾客必须评价的产品属性组合数目。

在有些情况下，正交设计方案会出现不现实的产品，即当顾客认为这项研究中所用的某些属性彼此相关，如汽车的马力(动力)和公里油耗一般呈负相关关系，但正交设计方案可能会得出某种假设产品，使高动力与高油耗里程集于一体。如果在正交组合中出现诸如这样的不现实产品，有以下几种方法以补救：(1)将这些属性合并成一个新的属性，并为之确定一组新的属性水平范围；(2)可用产品属性的其他组合方式来替代不实际的产品(也许这些组合方式是随意生成的，但不会与保留下来的组合方式重复)。虽然这种方法与正交性特点有矛盾之处，但如果在研究中只替换其中很少的几个产品属性组合(比如低于 5%)，不会显著影响效用函数的估测。(3)可先用其他的正交组合，这种方法对专业性知识要求较高。

经由上述步骤，通过讨论我们选出了消费者在考虑电脑包时最主要的三个属性来进行调研，分别是电脑包的价格、功能和颜色，同时给每个属性赋予了三个属性水平，如表 6.1 所示。

表 6.1 相关属性及其水平

属性	属性水平		
价格/元	0～100	100～300	300 以上
功能	防水防震	轻便	容量大
颜色	冷色系	暖色系	多彩

利用 SPSS 软件中的 Orthogonal Design 正交设计，我们得到了 9 个产品组合，由此设计出调研问卷，本问卷主要样本为 20～35 岁的大学生和白领人群评分(表 6.2)。

第二阶段：收集数据

第一步：设计数据收集方法。

表 6.2 调研问卷

尊敬的顾客：

您好！非常感谢您参与我们的有关笔记本电脑包的调查问卷！请您对以下 9 组搭配进行评分。请按 1～9 打分，不能出现重复性的打分，谢谢！

电话： 邮箱：

产品组合	价格/元	功能	颜色	打分
1	>300	容量大	冷色系	
2	0～100	轻便	多彩	
3	>300	防水防震	多彩	
4	0～100	容量大	暖色系	
5	100～300	容量大	多彩	
6	>300	轻便	暖色系	
7	100～300	轻便	冷色系	
8	100～300	防水防震	暖色系	
9	0～100	防水防震	冷色系	

即请目标市场中的部分消费者对虚拟产品进行评价，通过打分、排序等方法调查消费者对虚拟产品的喜好、购买的可能性，获取目标市场中某一顾客样本对所选产品属性组合的评价数据。具体可以通过文字、图片或实物模型向顾客展示产品。其中，图片的优势是能使评价过程变得有意思，提高消费者的参与兴趣，而且对某些产品而言，图片要比文字描述有优势。实物模型虽然最为理想、最直观，但成本较高，因此在研究中并不经常采用。决定采用哪种展示方式后，可通过以下几种方法来收集顾客的评价数据。

• 对产品属性组合进行成对比较评价：每次向受访者展示两种产品，要求其为这两种产品打分，比较一对产品很简单，但受访者往往被要求比较很多对产品。如，假设有 16 种产品属性组合，受访者就必须进行 120 次成对比较，任务较重，影响评价的准确性。

• 为各个产品属性组合排序。即让受访者对所给产品进行排序，把最喜爱的列为第一名（按最喜爱到最不喜爱对产品进行排序）。必要时，受访者可先将全部产品划分为几组价值相近的产品，然后再在每一小组内部排序，最后再做整体排序。

• 按一定尺度评价产品。运用这种方法是让受访者来评价每种产品（如按从 0 到 100 的尺度），数字越大，表明偏好越强。受访者可以将一常数，如 100 分，分配给所有产品。这种方法的假设是受访者有能力表示出他对某种产品的偏好比对其他产品的偏好强烈多少。此衡量指标的优势在于研究者可用包含哑变量的有序最小回归分析法（OLS）来计算局部价值函数。

第二步，选择局部价值函数的计算方法。

简化评价工作的方法有以下几种。

• 混合式联合模型。首先获得“自解释”偏好数据，然后再将它与通过传统方法得到的缩减的数据集合。混合模型就是将两种方法结合起来：在自解释阶段，受访者先按某种偏好尺度分别评价每个属性的各个水平，然后再让其在各属性间分配一常数，如 100，来反映每种属性的相对重要性。接着再将这些重要性权数与每个属性水平的偏好得分相乘，即得到属性水平的初始局部价值。研究者可用来自每个受访者对一组较少产品属性组合做出的评价数据增强这些自解释数据。最后要计算出每个顾客调整后的局部价值函数。

• 自适应式联合分析法。自适应式联合分析法也是一种减轻受访者评价工作量的方法。运用此方法，首先用计算机程序以交互方式从受访者那里获得数据。受访者先简单按重要性为属性排序（一种简单的自解释），再用成对比较修正两个重要属性之间的对比结果。该程序选择要比较的各对产品属性组合，以保证使顾客所反映的信息容量达到最大。

• 桥式设计法。这是一种用于处理众多产品属性的方法，用先进的设计方案，让顾客根据其中一部分产品属性和几个顾客共有的“桥式”属性来评价产品属性组合。该方法可将评价全部产品属性组合的负担分摊给若干个受访者。

通过上述表 6.2 问卷的发放和回收处理，我们可以得到顾客对于所设计出的 9 种组合的评分，共 126 份有效问卷，借由数据分析，可以利于诸多相关变量指标的计算。

在得到消费者对每个产品组合的评价分数后，将其录入 SPSS 中，如表 6.3 所示。

表 6.3　消费者对每个产品组合的分数

	NO.People	产品组合1	产品组合2	产品组合3	产品组合4	产品组合5	产品组合6	产品组合7	产品组合8	产品组合9
1	1	5	1	6	2	5	7	8	9	3
2	2	7	3	1	4	2	5	8	6	9
3	3	1	4	2	8	9	3	5	6	7
4	4	2	7	4	3	1	8	9	5	6
5	5	4	6	9	2	8	1	3	7	5
6	6	3	2	5	1	4	9	7	6	8
7	7	6	5	3	7	8	2	4	1	9
8	8	8	7	5	3	6	4	9	2	1
9	9	2	6	9	1	3	5	4	8	7
10	10	2	7	8	9	3	6	5	4	1
11	11	5	9	8	7	4	3	6	2	1
12	12	5	8	1	4	6	3	2	7	9
13	13	6	1	4	3	9	2	5	7	8
14	14	7	9	5	6	1	8	2	3	4
15	15	7	6	4	9	3	1	8	2	5
16	16	5	9	1	2	6	4	7	3	8
17	17	1	2	9	5	7	3	4	8	6
18	18	2	9	1	8	7	4	6	5	3
19	19	8	1	3	9	2	5	4	6	7
20	20	8	3	5	7	9	6	4	1	2
21	21	6	7	1	4	9	3	8	5	2
22	22	7	9	1	3	5	4	2	6	8
23	23	3	6	4	7	9	1	2	8	5

利用联合分析的 SPSS 程序软件（图 6.3），即运行该程序后可得统计结果，如图 6.4 所示。

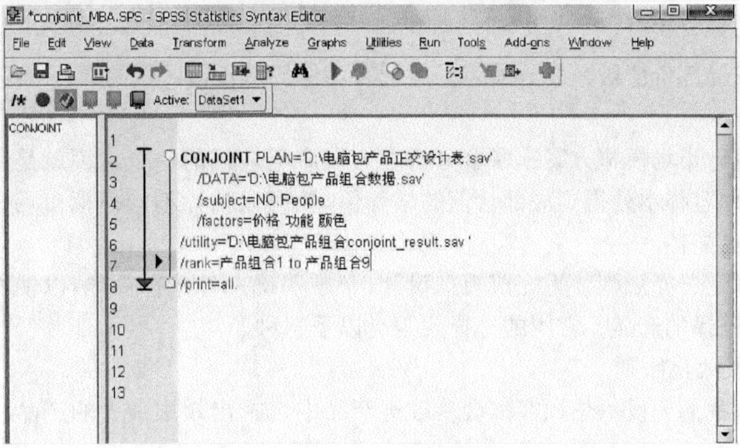

图 6.3 SPSS 中联合分析的程序

实用程序

		实用程序估计	标准误差
价格	0~100	-0.012	0.197
	100~300	-0.055	0.197
	300以上	-0.067	0.197
功能	防水防震	-0.182	0.197
	轻便	0.115	0.197
	容量大	0.067	0.197
颜色	冷色系	0.022	0.197
	暖色系	0.178	0.197
	多彩	-0.200	0.197
（常数）		5.007	0.139

重要性值

价格	32.602
功能	34.394
颜色	33.004

注：平均重要性得分。

相关性①

	值	Sig.
Pearson 的 R	0.727	0.013
Kendall 的 tau	0.444	0.048

① 已观测偏好和估计偏好之间的相关性。

图 6.4 联合分析结果

同时我们得到了每一位消费者对 9 个组合的效用评分，利用该评分，我们采用了三种方法计算每个组合的市场占有率。

第三阶段:建立模型

第一步:按局部价值函数划分顾客。即把有相似局部价值函数的顾客分组,从而完成市场细分。

第二步:设计市场模拟方案。联合分析之所以广泛应用的一个原因就是,在研究中,一旦从有代表性的顾客样本处得到局部价值的估计值,就可以估计不同模拟市场条件下一种新产品获得成功的可能性。

第三步:确定选择规则。为完成模拟设计,必须明确一种选择标准,以便将局部价值转换成顾客最可能选择的产品。常用的选择规则有以下三种。

(1) 效用最大化原则

按此原则,我们假设每位顾客都会从被选产品中选择出效用最大的产品。参见 6.2.3 节中式(6-5)。

根据效用得分,选出每一个顾客效用得分最高的产品组合,作为该顾客的选择,然后统计每一个产品组合能得到多少个顾客青睐,除以总数得到市场占有率(表 6.4)。

表 6.4　产品组合市场占有率(方法一)

方法一	顾客120	顾客121	顾客122	顾客123	顾客124	顾客125	顾客126	不合格数	被选择个数	市场占有率
产品组合1	8.33	4.33	4.67	7.33	2.67	4.33	7.33		15	13.4%
产品组合2	6.33	3.33	3.67	4.33	3.67	3.33	4.33		10	8.9%
产品组合3	6.00	4.00	2.67	2.67	6.33	4.00	2.67		5	4.5%
产品组合4	4.00	8.00	7.67	6.67	7.33	8.00	6.67		17	15.2%
产品组合5	3.67	3.67	3.67	7.00	8.00	3.67	7.00		7	6.3%
产品组合6	2.67	6.67	6.67	6.00	2.00	6.67	6.00		15	13.4%
产品组合7	5.00	3.00	4.67	5.67	1.33	3.00	5.67		11	9.8%
产品组合8	0.33	7.33	6.67	3.33	8.67	7.33	3.33		14	12.5%
产品组合9	8.67	4.67	4.67	2.00	5.00	4.67	2.00		18	16.1%
								14	112	100.0%

126 组数据中,有 14 组数据的最大效用得分出现了 2 个以上的产品组合,出于市场总容量为 1 的考虑,剔除该 14 名顾客的数据再进行分析。

使用该方法我们所得到 9 个产品组合市场占有率如图 6.5 所示。

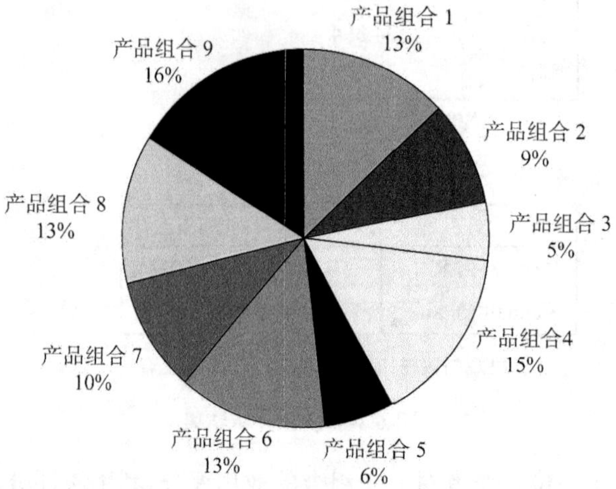

图 6.5　产品组合市场占有率(方法一)

(2) 效用份额原则

参见 6.2.3 节式(6-6)。

计算出每个产品组合效用得分和,比上 9 个产品组合的效用得分总和,得到市场占有率(表 6.5)。

表 6.5 产品组合市场占有率(方法二)

方法二	顾客120	顾客121	顾客122	顾客123	顾客124	顾客125	顾客126	效用和	市场占有率
产品组合1	8.33	4.33	4.67	7.33	2.67	4.33	7.33	650.55	11.5%
产品组合2	6.33	3.33	3.67	4.33	3.67	3.33	4.33	618.55	10.9%
产品组合3	6.00	4.00	2.67	2.67	6.33	4.00	2.67	591.22	10.4%
产品组合4	4.00	8.00	7.67	6.67	7.33	8.00	6.67	660.22	11.6%
产品组合5	3.67	3.67	3.67	7.00	8.00	3.67	7.00	607.28	10.7%
产品组合6	2.67	6.67	6.67	6.00	2.00	6.67	6.00	676.28	11.9%
产品组合7	5.00	3.00	4.67	5.67	1.33	3.00	5.67	641.22	11.3%
产品组合8	0.33	7.33	6.67	3.33	8.67	7.33	3.33	623.55	11.0%
产品组合9	8.67	4.67	4.67	2.00	5.00	4.67	2.00	609.28	10.7%
								5678.15	100.0%

使用该方法我们所得到的 9 个产品组合市场占有率如图 6.6 所示。

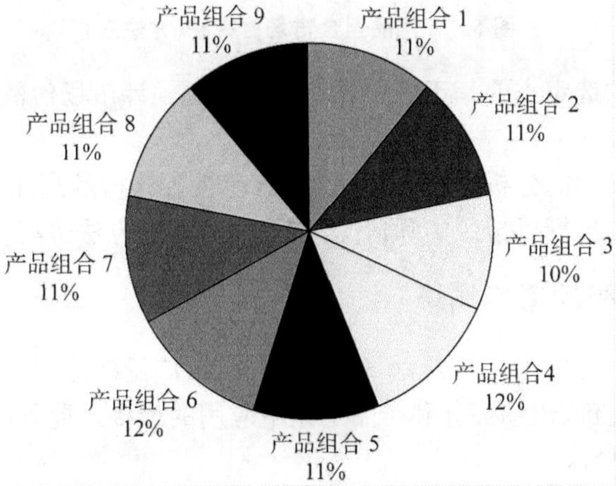

图 6.6 产品组合市场占有率(方法二)

(3) 分对数选择原则

参见 6.2.3 节式(6-7)。

所得市场占有率见表 6.6。

表 6.6 产品组合市场占有率(方法三)

方法三	顾客120	顾客121	顾客122	顾客123	顾客124	顾客125	顾客126	效用和	市场占有率
产品组合1	4146.418	75.94429	106.6977	1525.382	14.43997	75.94429	1525.382	126232.9	10.3%
产品组合2	561.1566	27.93834	39.25191	75.94429	39.25191	27.93834	75.94429	106494	8.7%
产品组合3	403.4288	54.59815	14.43997	14.43997	561.1566	54.59815	14.43997	72731.88	5.9%
产品组合4	54.59815	2980.958	2143.081	788.3956	1525.382	2980.958	788.3956	122372.9	10.0%
产品组合5	39.25191	39.25191	39.25191	1096.633	2980.958	39.25191	1096.633	88791.23	7.2%
产品组合6	14.43997	788.3956	788.3956	403.4288	7.389056	788.3956	403.4288	161562.5	13.1%
产品组合7	148.4132	20.08554	106.6977	290.0345	3.781043	20.08554	290.0345	188340.5	15.3%
产品组合8	1.390968	1525.382	788.3956	27.93834	5825.499	1525.382	27.93834	180484.8	14.7%
产品组合9	5825.499	106.6977	106.6977	7.389056	148.4132	106.6977	7.389056	182861.3	14.9%
								1229872	100.0%

对所有的顾客效用得分进行函数 $Y=\text{EXP}(X)$运行，得到新的效用得分，然后按照方法二计算市场占有率。

使用该方法我们所得到的 9 个产品组合市场占有率如图 6.7 所示。

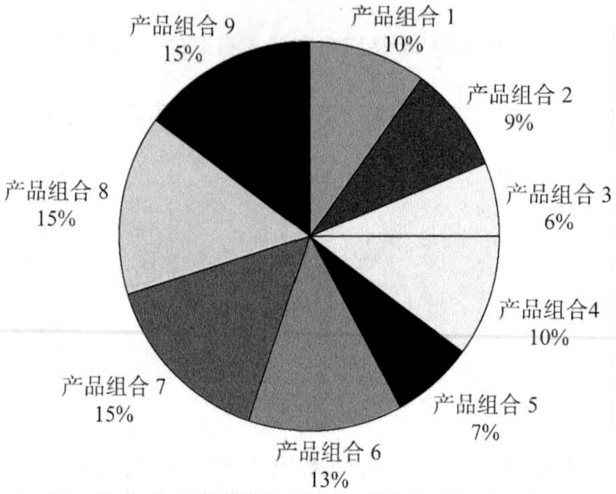

图 6.7　产品组合市场占有率(方法三)

“顾客选择规则”的选定主要基于三种规则前提下所预计市场份额与实际市场份额的吻合程度。

通过以上电脑包案例的分析，我们可以更加明确联合分析的运用步骤。同时关于过程中所涉及的多样化方法的选择可按照实际情况，选择最适合的方法进行应用。

6.2.5　联合分析的适用情境

联合分析在营销研究中已运用了 20 多年，是应用最广泛的建模技术之一。联合分析在确定新产品、竞争分析、定价、市场细分和产品定位中应用的最多。此外，还可应用于需求预测和定价、产品定位和新投资决策。

但同时，联合分析是一种复杂的方法，所以在选择使用时应谨慎。以下几点可以帮助营销人员在某项具体研究时判定是否运用联合分析。

(1) 设计产品时，必须在提供给顾客的各种产品属性和利益之间进行取舍；

(2) 能将产品分解成为若干可控的并对顾客有意义的基本属性；

(3) 现有产品可视为各种属性水平的组合，新产品可由这些基本的属性水平综合而成；

(4) 可由文字或图片真实地描述该产品属性组合，否则就要用实际产品进行评价。

6.2.6　联合分析法的局限

在联合分析中，顾客对某种产品的总效用等于该产品各个属性的效用之和。因此，如果一种产品在某一属性上的效用值很高，就会弥补其他属性的不足。但在许多情况下，各属性的效用价值是无法互相取长补短的。其次，这种方法的有效性还取决于这组产品属性是否完整。但如果涉及的属性太多则会增加顾客评价各种产品属性组合的工作量(负担)，从而有可能导致不准确的答复。一般情况下，使用联合分析时可包括大约 16 种产品属性组合，涉及 5 个属性，每种属性有 3～4 个属性水平。

最后,市场份额模拟分析要假设顾客在做出选择时会考虑所有备选产品。而实际上顾客往往会剔除某些产品不作考虑。当然,有些联合分析技术对这种情况进行了考虑,并在一定程度上解决了这个难题。

6.3 产品生命周期的营销工程运用

6.3.1 巴斯模型

1. 产品生命周期基本理论

“产品生命周期”概念是乔尔·迪安于20世纪50年代在其关于有效定价政策的讨论中提出来的。其后经过几位学者的发展,产品生命周期被赋予了丰富的内涵,成为一个多义的理论概念:研究产品进入市场后的销售变化规律、以产品国内外循环所表征的国际经济技术交往关系的演变、满足可持续发展要求的产品研制开发新模式的内涵。

但总体上来说,产品生命周期概念是基于需求技术生命周期的产品市场寿命周期,即产品从投入市场到被淘汰所经历的全部运动过程。根据其销售量和利润随时间变化的特点分为介绍期、发展期、成熟期、衰退期。

产品生命周期反映了一个产品市场发展的演变趋势。产品生命周期提供了一套适用的营销规划观点。将产品在市场上的发展分为不同的策略时期,营销人员可针对各个阶段不同的特点而采取不同的营销组合策略。产品生命周期理论(概念)有助于根据不同的生命周期(产品市场特点)制定不同的战略。

但从理论上来看,产品生命周期在运用上有一定的困难:很难判断产品究竟处于生命周期的哪个阶段;难以预测销售水平、每一阶段的长度以及生命周期的形状。以上问题在一定程度上降低了产品生命周期在实践中运用的价值。

营销工程中通过综合运用数学、统计学中的工具(规划求解),一定程度上解决了此问题。

2. 产品生命周期的运用——巴斯模型

巴斯模型是巴斯扩散模型的简称,由美国管理心理学家弗兰克·巴斯(Frank M. Bass)提出。模型主要根据创新产品、技术在市场上的采用和扩散(发展)情况,对其需求做出预测。

在市场营销中,巴斯模型的主要功能是对新开发的消费者耐用品的市场购买数量进行描述和预测。

(1) 巴斯模型的理论基础:新产品采用和扩散理论(新产品创新扩散理论)

“创新扩散理论”又称为多步创新流动理论、创新采用曲线,是美国学者埃弗雷特·罗杰斯(E. M. Rogers)经过3000多个创新案例而提出的。罗杰斯认为创新是“一种被个人或其他采纳单位视为新颖的观念、事件或事物。创新扩散理论是对创新采用的各类人群进行研究归类的一种模型,它的理论指导思想是在创新面前,部分人会比另一部分人思想更开放,更愿意采纳创新。新产品市场扩散是指新产品从创造研制到进入市场推广、最终使用的过程,表现为广大消费者从知晓、兴趣、评估、试用到最终采用新产品的行为(图6.8)。

罗杰斯认为,在新产品的市场扩散过程中,由于社会地位、消费心理、消费观念、个人性格等多因素的影响,导致不同顾客对新产品接受的快慢程度不同。

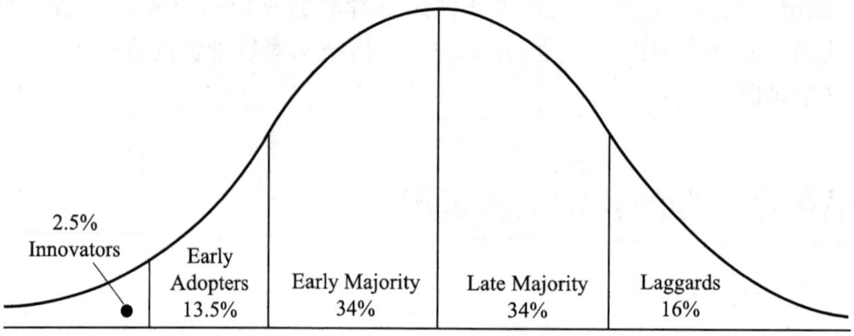

图 6.8 技术采用生命周期

按照顾客接受产品的快慢程度，将新产品采用过程中的人群划分为以下五类。

• 创新采用者。该类采用者约占全部潜在采用者的 2.5%；任何新产品都是由少数创新采用者率先使用。这部分采用者具备以下特征：极富冒险精神，收入水平、社会地位和受教育程度较高，交际广泛且信息灵通。

• 早期采用者。早期采用者是第二类采用创新的群体，占全部潜在采用者的 13.5%。他们大多是某个群体中具有较高威信的人，受到周围朋友的拥护和爱戴。因此，他们常常去收集有关新产品的各种信息资料，成为某些领域的舆论领袖。这类采用者多在产品的介绍期和成长期采用新产品，并对后面的采用者影响较大。

• 早期大众。这类群体对新产品的采用时间较平均时间要早，占全部潜在采用者的 34%。这个群体虽然也希望在一般人之前接受新产品，但却是在经过早期采用者认可后才购买，从而成为赶时髦者。

• 晚期大众。晚期大众的采用时间较平均采用时间稍晚，约占全部潜在采用者的 34%。其基本特征是多疑。他们的信息大多通过周围的同事或朋友了解消费信息，而很少借助于宣传媒体。因此，这类群体从不主动采用或接受新产品，直到多数人都采用且反映良好时才行动。

• 落后采用者。这类群体是采用创新的落伍者，占全部潜在采用者的 16%。落后采用者思想保守，拘泥于传统的消费行为模式。他们之间(与落后采用者之间)关系密切，极少借助宣传媒体，其社会地位和收入水平最低。

(2) 巴斯模型的假设

Bass 模型以产品创新扩散理论为基础，最初用于对耐用品的市场扩散研究。模型中最基本的假设可以概括为以下几点。

• 将消费者分为两类：创新消费者和模仿消费者。新产品的潜在采用者会受到大众媒体的影响，又称为外部影响，此类的采用者称为创新者；潜在采用者会受到口头传播的影响，又称为内部影响，此类的采用者称为模仿者。其中，创新消费者的购买行为不受之前消费者数量的影响，而模仿消费者的购买行为受之前消费者的影响。

• 模型中有三个参数：创新消费者的购买行为对应的创新因子 p，模仿消费者的购买行为对应的模仿因子 q，以及整个生命周期产品的潜在销量 $\overline{N}$。

• 在之前没有采用过该创新产品的情况下，发生初次购买行为的可能性与之前的购买者的数量呈线性关系。

(3) 巴斯模型的技术描述(或推导过程)

目标市场中的某个顾客在时点 t 之前会采用某一创新产品的概率由一个非递减连续函数 $F(t)$ 给出,其值会随着时间 t 的推移越来越大,趋近 1(目标市场上任一顾客最终会采用这种创新产品)。函数 $F(t)$ 的导数是概率密度函数 $f(t)$,表示采用新产品的概率随时间 t 变化的速度。为估计出未知的函数 $F(t)$,规定条件概率 $L(t)$ 表示某个顾客在创新产品引入市场后的时点 t 采用它的概率,条件是在该时点之前该顾客一直未采用此产品。

根据贝叶斯定律及上面对 $F(t)$ 和 $f(t)$ 的定义,可得

$$L(t)=\frac{f(t)}{1-F(t)} \tag{6-8}$$

1969 年,巴斯建议将 $L(t)$ 定义为

$$L(t)=p+\frac{q}{\overline{N}}N(t) \tag{6-9}$$

式中,$N(t)$ 为时点 t 之前已经采用了该创新产品的顾客数;$\overline{N}$ 为最终采用这种创新产品的目标市场上顾客的总数;p 为创新系数(或外部影响系数),即尚未使用该产品的人,受到大众媒体或其他外部因素的影响,开始使用该产品的可能性;q 为模仿系数(或内部影响系数),即尚未使用该产品的人,受到使用者的口碑影响,开始使用该产品的可能性。该方程说明了目标市场上某个顾客刚好在时点 t 采用该创新产品的概率是两个概率之和。第一部分(p)表示采用该创新产品的固定倾向,这种倾向与时点 t 前已经有多少其他顾客采用该产品无关。第二部分$[(q/\overline{N})N(t)]$与在时点 t 之前已经采用该创新产品的顾客人数成正比,它还表示创新采用者与模仿者之间相互影响的程度。

令两个方程相等,就可得到用来表示巴斯模型原理的初始数学公式(bass model original formulation)为

$$\frac{f(t)}{1-F(t)}=p+\frac{q}{\overline{N}}N(t) \tag{6-10}$$

我们注意到,$N(t)=\overline{N}F(t)$,表示在$(0,t)$时间段内该创新产品采纳者的数目,也即在时点 t 前已经采用了该创新产品的顾客数;定义 $n(t)$ 为恰在时点 t 采用该创新产品的顾客数,$n(t)=\overline{N}f(t)$。经代数运算

$$\frac{f(t)}{1-F(t)}=p+\frac{q}{\overline{N}}N(t)\Rightarrow f(t)=\left[p+\frac{q}{\overline{N}}N(t)\right][1-F(t)];$$

$$\begin{aligned}n(t)=\overline{N}f(t)=\overline{N}\left[p+\frac{q}{\overline{N}}N(t)\right][1-F(t)]&=p\overline{N}-p\overline{N}F(t)+qN(t)-qN(t)F(t)\\&=p\overline{N}-pN(t)+qN(t)-qN(t)\frac{N(t)}{\overline{N}}\end{aligned}$$

最终得到方程

$$n(t)=p\overline{N}+(q-p)N(t)-\frac{q}{\overline{N}}[N(t)]^2 \tag{6-11}$$

该方程即为巴斯模型的数学公式,可用来预测创新产品在时点 t 的销售量。是由巴斯、克里斯南和杰恩(Bass,Krishnan & Jain)在以上理论、技术及假设的基础上,于 1994 年提出的预测销售量的一个基本模型。

根据上述方程,只要计算出 $\overline{N}$、p 及 q 的值我们便可以画出新产品的销售预计曲线,如图

6.9 所示，横坐标为时间 t，纵坐标为采用该创新产品的顾客数 $n(t)$。

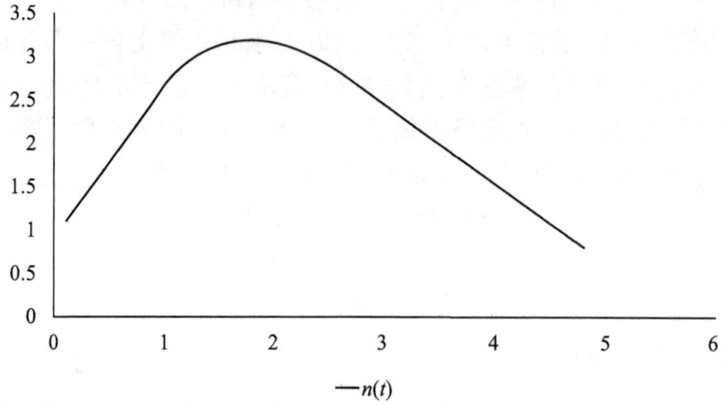

图 6.9　创新产品的销售预计曲线

可根据 p、q 值的大小去推测该产品的营销策略。如果 $q>p$，则模仿效应大于创新效应，即表示内部影响系数高(如口碑是该产品市场渗透的重要因素)，且 $n(t)$对于时间 t 的图像呈倒置的 U 形。反之，如果 $q<p$，则创新效应大于模仿效应，即表示外部影响系数高(如广告是该产品市场渗透的重要因素)，最高销售额将出现在引入期，此后的每一阶段里销售额都将持续下降。不仅如此，p 值越小，创新产品实现销售额增长所需时间就越长。如果 p 与 q 都较大，则销售额会迅速上升，到最大值后又将迅速下降。通过改变 p 和 q 的值，我们可以很好地捕捉到各种销售模式。

(4) 巴斯模型中估计参数的方法

在巴斯模型中，估计参数的方法有两种：以历史销售数据为依据校准模型；以主观判断为依据校准模型。

第一，以历史销售数据为依据校准模型。

在已知新产品有几期销售数据的情况下，可利用线性或非线性回归法，得到参数。

线性回归：用离散时间段替换连续时间 t 可使式(6-11)离散化，其中 t 表示当前时期；$t+1$ 表示下一时期，依次类推，利用已知销售数据建立线性回归方法。据此可运用最小二乘回归来估计线性方程中的参数(a、b、c)。

$$n(t)=a+bN(t-1)+cN^2(t-1) \qquad (6-12)$$

式中，$n(t)$为在第 t 个时期内的销售额；$N(t)$为到第 t 个时期为止的累积销售额。

于是就可计算巴斯模型的参数

$$a=p\overline{N}\Rightarrow p=\frac{a}{\overline{N}};$$

$$b=q-p;$$

$$c=\frac{-q}{\overline{N}}\Rightarrow q=-c\overline{N};$$

$$b=q-p=-c\overline{N}-\frac{a}{\overline{N}}\Rightarrow b\overline{N}=-c\overline{N}^2-a\Rightarrow c\overline{N}^2+b\overline{N}+a=0\Rightarrow \overline{N}=\frac{-b-\sqrt{b^2-4ac}}{2c}$$

要估计 a、b 和 c 三个未知参数，必须要有至少三期的销售数据。为了与模型的意义相一致，令 $\overline{N}>0$，$b\geqslant 0$，$c<0$。

非线性回归:同样将方程 $f(t)=\left[p+\frac{q}{N}N(t)\right][1-F(t)]$离散化,得到

$$f(t)=\left[p+\frac{q}{N}N(t-1)\right][1-F(t-1)],$$

再在方程两边同时乘以 $\overline{N}$,可得到

$$\overline{N}f(t)=n(t)=\left[p+\frac{q}{N}N(t-1)\right][\overline{N}-N(t-1)] \tag{6-13}$$

若有至少四个 $N(t)$的观察值,就可以用非线性回归法来选择参数值($\overline{N}$、p 和 q),从而使方差和最小。该方法的一个重要优势在于,用户无需知道新产品何时投入市场,只需知道该产品在估计期内的累计销售额。

第二,以主观判断为依据校准模型:利用相似产品进行类比。

如果没有新产品的历史销售数据,新产品第一次进入市场之前,没有任何历史销售数据。在这种情况下运用巴斯模型对未来销售进行预测时,可以利用与所研究产品的市场上相似产品的相关数据来估计参数。实践证明这种方法非常有用,其优点在于,营销研究者不是直接猜测新产品的销售额,而是猜测要向一个相当成熟的模型输入什么数据,该模型会提供一种结构,在生成预测时将这些输入结合进去。

具体步骤为:首先从市场上现在或过去的产品中找出与目前所研究产品相似的产品;其次用这些类似产品的历史销售数据建立回归方程以确定出 p 和 q 的值,再将 p 和 q 的值与估计出的(或管理者判断提出的)所研究新产品的市场潜量 $\overline{N}$ 相结合,即可建立巴斯模型,预测新产品未来的销售曲线。

其中,在选择相似产品时必须小心谨慎,因为相似产品的选择是否合适在很大程度上影响了新产品预测的精准性。选择的产品与所研究新产品(研究对象)的相似点最好在于具有类似的预期市场行为。这种相似点比产品本身技术所具有的相似点要好,即最好选择在市场行为上具有类似点,而非技术或制造工艺上具有类似点。托马斯(Thomas,1985)提出,在选择相似产品时应遵循五个依据:环境氛围(如社会经济环境和法律环境),市场结构(如进入壁垒、竞争者数量与类型)、购买者行为(购买情形、产品属性),本企业营销组合战略及新产品的特点(如新产品相对于现有产品的优势和产品复杂程度)。如果有必要,可以考虑若干个相似产品,再取这些相似产品 p 值与 q 值的(加权)平均值。

(5) 巴斯模型的运用

巴斯模型为预测新技术或新耐用品在某一市场的长期销售模式提供了良好的起点,但在运用中,研究情境必须满足以下两个条件之一。

• 企业已引入了该产品或该技术,并已观察到其几个时期的销售情况;

• 企业尚未引入该产品或技术,但该产品或技术在某些方面同市场上既有的产品或技术很相似。

巴斯模型的目的是预测出最终有多少顾客会采用这种新产品及何时采用。

其中,"何时"对于企业在战略规划中做出正确选择至关重要,将引导企业在该新产品的营销中合理地配置资源。

(6) 基本巴斯模型的扩展

巴斯模型有几个关键的假设条件。马哈简、马勒和巴斯(Mahajan, Muller & Bass, 1993)

提出一些更复杂的模型可放宽这些假设条件，但应用最广泛的仍是基本模型。巴斯模型最重要的假设条件及其可能的扩展如下。

市场潜量($\bar{N}$)保持恒定。在现实中，市场潜量有可能会因为营销内、外部环境的某些因素而发生变化，如价格下降幅度、技术性能的不确定性等，以及如经济、政策等因素引起的目标市场增长。因此如果将模型中市场潜量定义为相关因素的函数，则对于市场潜量的假设条件可以放宽。

新产品的采用过程不受其营销策略的影响。实际上对于现实市场来说，营销变量(尤其是价格、广告和促销)对采用过程是有影响的。可以通过马斯模型加参数放宽这项假设(见以下广义巴斯模型)。

消费者决策是二元的。目前模型中，对消费者在任一时刻的假设是买或不买的二元行为。实际上消费者的决策过程往往是多阶段的，即消费者依次经过"知晓—兴趣—采用—口碑"等几个阶段。因此在今后的实践中，可以加入多阶段决策过程的模型，适当放宽这一假设。

q(模仿系数)值在新产品的整个生命周期里固定不变。事实上，顾客之间的相互影响依赖于采用时间，在生命周期的早期和晚期相对强一些。如果模型含有随时间变化的模仿参数，这个条件就可以放宽。

模仿常具有积极作用。即模型只考虑了创新采用者与非创新采用者之间的有利于创新的相互影响。事实上，模仿也会产生消极作用。有几种模型既考虑了口碑的积极作用也考虑到了消极作用。如果口碑可能产生积极效果，明智之举是逐渐增加营销支出。如果口碑会造成消极效果，则最好在这种消极效果之前迅速展开广告攻势以获得大量销售额。

创新产品的销售不受其他创新是否被采用的影响。事实上，许多创新都要依赖于其相关产品被采用才能取得成功。如，多媒体软件的购买取决于功能更加强劲的个人电脑；互联网与电子商务这样的创新则相互补充，在预测销售时需将两者结合。有几种模型可用来预测受其他产品采用情况影响的创新产品的销售。

该创新产品不存在重复购买或替代购买。有几种巴斯模型的扩展模型既能预测首次购买者的购买，也可以预测重复购买者的购买。

(7) 巴斯模型的局限

尽管基本巴斯模型及扩展模型已得到广泛应用，但仍然存在着某些共同的局限性。

第一个也是最重要的一个局限在于，这些模型主要用来描述新产品是怎样成功地在市场上得到扩散的，而不是严格意义上的预测。因为我们只把那些取得了成功的创新产品当做类比要用的相似产品，由此运用巴斯模型预测到的新产品的销售都是非常乐观的。这种预测结果将使营销者已有的偏见更加根深蒂固，因为他们都愿意为创新产品做出乐观的预测。要克服这种偏见，就必须预测产品失败的可能性。但遗憾的是，几乎没有什么可用的关于失败的新产品的销售信息。

第二个局限在于，我们只有在观察了一些实际销售情况后才能很好地利用这些数据估计巴斯模型。然而到这时，企业已经做出了关键的投资决策。虽然用相似产品预测可在将新产品引入市场之前帮助公司做出预测，但要挑选一种合适的相似产品至关重要，而且还必须小心谨慎地判断。

(8) 广义巴斯模型

上述巴斯的基本模型未考虑市场的动态变化因素，假设新产品的采用过程不受其营销策略的影响。但在实际情况中,企业可以通过采取营销活动推动消费者采用新产品的速度,包括价格、广告等。

广义巴斯模型就是在基本巴斯模型的基础上加入了营销组合变量(主要是广告与价格变化因素)。此外,广义巴斯模型还允许市场潜量以一定的速度增长或将其定义为价格因素的函数。

巴斯、克里斯南和杰恩(Bass,Krishnan & Jain,1994)提出了方程

$$f(t)=\left[p+\frac{q}{N}N(t)\right][1-F(t)]$$

的一种通用形式,这种形式结合了营销组合各变量对新产品采用可能性的影响。

$$f(t)=\left[p+\frac{q}{N}N(t)\right][1-F(t)]x(t) \tag{6-14}$$

此即为广义巴斯模型的基本公式。这里,$x(t)$是营销组合变量(如广告和价格)关于时点t的函数,其形式如下

$$x(t)=1+\alpha\frac{[P(t)-P(t-1)]}{P(t-1)}+\beta\text{Max}\left\{0,\frac{[A(t)-A(t-1)]}{A(t-1)}\right\} \tag{6-15}$$

式中 α——价格下降1%时,市场接受速度增加的百分比(价格系数);

$P(t)$——在时点t的价格;

β——广告增加1%时,市场接受速度增加的百分比(广告系数);

$A(t)$——在时点t的广告投入。

式(6-14)意味着,企业可以通过加强市场营销努力来提高新产品被采用的可能性。也即,营销努力能加快新产品在人群中的扩散。在模型的实施过程中,我们用与基数为1的营销努力基本水平相对比来衡量营销努力:如果时点t的广告是基本水平的两倍,$x(t)$就等于2.0。

广义巴斯模型的参数估计(p、q和$\overline{N}$值的估计)可运用基本巴斯模型中所讲的任何一种方法,但广告系数和定价系数的最佳推测值需由营销者自己确定。

6.3.2 ASSESSOR模型

前一章节讲述的巴斯模型主要应用已有销售数据模拟产品扩散并预测产品未来的销售状况。与巴斯模型不同,本节即将介绍的ASSESSOR模型主要通过实验法获取模型所需数据,用以预测新产品的长期市场份额及销售量,此模型的开发缘于高额的新产品导入成本。

据《食品研究所调查报告》(Food Institute Report)报道,1995年仅食品与饮料两类产品就有22 000多种新产品进入美国的超市,其中90%以上属于产品线的扩展和对现有产品的细微改动。这些产品大多数都不会达到预期目标,而且在投入市场两年后就会退出市场。这些新产品的成本大部分都发生在引入市场之后。要降低这些成本,必须有能在产品投入市场前就能预测其销售的好方法。此外,我们还需要有能为企业提供诊断性信息的方法,使企业能找出产品的潜在问题,从而在投入市场前提高其成功的概率。

目前已有好几种产品预测试模型被广泛应用于商品包装业,ASSESSOR模型就是其中的一种。

当产品和包装(数量至少足够试用)、广告文案等已经备好待用,且企业已经制定出关于新产品导入的营销计划时,ASSESSOR预测试市场预测和分析就可以开始进行了。ASSESSOR可以做到:预测该新产品的长期市场份额及其销售量;估计新产品市场份额的来源,即份额是

从竞争者手中夺到的还是来自企业其他产品份额的减少（“自相残杀”）；为企业提供诊断性信息以改进产品、广告文案和推出新产品必需的其他资料；使企业能粗略地评估各种营销计划，包括不同的价格、包装设计等。

1. ASSESSOR 模型概述

ASSESSOR 是 1973 年由马萨诸塞州沃尔瑟姆（Waltham）市的 MDS 公司开发出来的一个商业性的模拟市场测试法，主要用于新产品的预先市场测试。ASSESSOR 模型是偏好模型和试用—重购模型的结合。该模型通过调整偏好模型和试用—重购模型的市场占有率预测值，来估计新产品的市场占有率，同时也为企业制定关于新产品引入的营销计划提供有用的诊断性信息。

（1）ASSESSOR 模型的基本思想

ASSESSOR 模型的基本思想是通过实验法来获取模型所需输入的数据。ASSESSOR 模型由偏好模型和试用—重购模型组成，运用这两个各自独立的模型计算得到新产品在未来一段时期内的市场份额预测。通过比较这两个模型的预测结果检验模型预测的有效性。

偏好模型建立在对产品用后的偏好（电话回访时测定）、在特定市场上偏好与购买行为之间的关系（在实验室测定）的基础上，通过模拟购物环境考察产品试用前后被测者关于某类产品的一些属性的偏好程度（通过量表进行偏好打分）的变化来预测新产品未来的市场份额。

试用—重购模型建立在试用（在实验商店里测定）和重购（在电话回访中测定）的基础上，通过模拟购物体验考察消费者在观看了被测试产品的广告等宣传手段后，在实验商店里选择新产品的情况，并且通过实验后的电话回访进行事后购买意向的调查，来预测新产品未来一段时间内的市场份额。

（2）ASSESSOR 模型的总体结构

图 6.10 总结了 ASSESSOR 模型的总体结构。

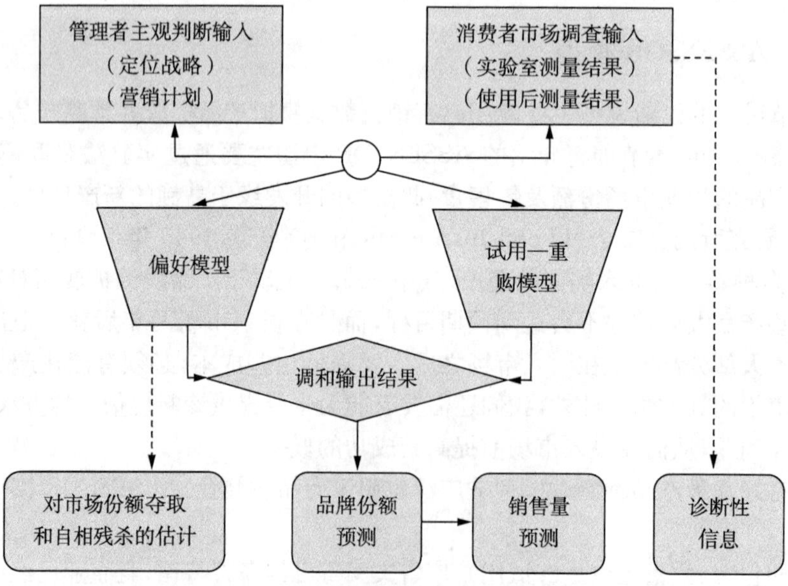

图 6.10 建立 ASSESSOR 模型的步骤概述

资料来源：Silk & Urban, 1978; Urban & Katz, 1983.

这一模型用管理者的主观判断和消费者调查数据得出销售预测(品牌份额和销售量)并提供诊断性信息(如估计市场份额是夺自竞争者,还是来自企业内部产品线的自相残杀,并估计顾客购买新产品的理由)。

如图 6.10 所示,ASSESSOR 包括两个模型:偏好模型和试用—重购模型。这两个模型互相独立但又相互补充。如果这两个模型所做出的预测相似,就会增强预测的可信度;反之,如果所做的预测相差很大,通过分析产生差异的原因也能得到有用的诊断性信息。

(3) ASSESSOR 数据收集过程

ASSESSOR 模型需要的输入数据主要来自消费者市场调查。表 6.7 简要说明了 ASSESSOR 数据的收集过程。

表 6.7 ASSESSOR 数据收集过程概述

设计方案	程　序	测量结果
O_1	筛选和招募调查者(个人访谈)	确认目标顾客的标准(如产品大类的使用情况)
O_2	对现有品牌进行预测量(自管理问卷)	形成现有品牌的"相关集"、属性权重和评分、偏好
X_1	观看现有品牌和新品牌的广告	
[O_3]	测量对广告的反应(自管理问卷)	可选,如广告是否受欢迎和是否可信
X_2	模拟购物过程,观看新品牌和现有品牌陈列	
O_4	购买机会(调查人员记录调查者的选择结果)	所购买的品牌
X_3	新品牌在家里的使用或消耗	
O_5	使用后的衡量(电话访谈)	新品牌的使用率、满意度评分和重复购买倾向;属性评分和对包含现有品牌和新品牌的"相关集"的偏好

资料来源:Silk & Urban, 1978, p174, Table 1.

该市场调查采用实验法,具体而言,其调研的流程如下:

第一,进行实验前的准备,如二手资料的收集、实验地点的确定。

第二,进行预调研(如小组访谈方式)了解消费者在购买某一类产品时可能会考虑的品牌和购买时会考虑的因素,得出调研问卷。

第三,按照一定标准筛选、招募被试者,尽量挑选类似目标消费者被试。

第四,到测试地点后,先请被试者独立完成一份关于该类产品的品牌调研问卷,考察消费者在购买该类产品时考虑的主要品牌,上次购买该类产品时选择的品牌以及对各品牌产品属性的打分情况。此阶段不涉及新产品。

第五,播放被试者考虑集内产品品牌的广告,每个广告宣传一个产品,新产品的广告也包括在内。所有广告播放若干次,但播放顺序做适当改变。

第六,将被试者送往一家模拟商店,店里陈列有要测试的产品大类里的各种产品(包括新产品),并标有每种商品的价格。让被试者在不受干扰的情况下进行该类产品的品牌选择。

第七,模拟购物结束后,未选择新产品的被试者可以免费获得一定数量的新产品。

第八,一段时间后,通过电话访问的方式询问被试者在实验后对该类产品的购买情况(是否又购买了新产品)。同时请被试者重新对考虑集内包括新产品在内的各品牌的产品属性进行打分,考察实验后被试者对于各品牌产品态度的变化情况。最后在电话访问中询问被试者对新产品的相对使用率。

2. 偏好模型

偏好模型是一种计算购买概率的模型，它先依据新产品使用前后受访者对各品牌的偏好度量，估计出购买者购买新品牌的概率，然后汇集起来估计新产品在一组竞争品牌中的市场占有率。偏好模型还有一个特别的功能，即估计新产品市场份额的来源。

偏好模型需要的输入数据分为用前数据和用后数据：用前数据是指每个受访者在广告和模拟购物体验前试验里的对每个品牌和上次所购品牌的偏好评分；用后数据是指受访者在使用产品后提供的偏好评分。

(1) 用偏好模型预测市场份额的推导过程

第一，在实验室阶段，让每个参与者对考虑集内(此时不考虑新产品)的各品牌做出偏好评分，再将这些偏好评分转化成选择概率。其计算公式为

$$L_{ij}=\frac{V_{ij}^{b}}{\sum\limits_{k\in C_i}V_{ik}^{b}} \tag{6-16}$$

式中 V_{ij}—— 按适当尺度衡量出来的参与者 i 对产品 j 的偏好程度；

L_{ij}—— 参与者 i 购买产品 j 的概率估计值；

C_i—— 参与者 i 的产品考虑集；

b—— 从数据中估计出来的参数。

需要指出的是：

- 对于不在参与者 i 的考虑集内的产品 j，$L_{ij}=0$。
- 分母的求和运算是要对参与者 i 的考虑集内的所有产品求和。
- 参数 b 是一个表示产品偏好转换成该产品购买概率的比率的指数。如果 $b>1$，高偏好品牌就比低偏好品牌有与偏好差不成比例的高购买率。一般情况下，b 的取值在 1.5 ～ 3.0。要使 b 值能够最大程度地反映出参与者在上次购买(实验前行为)中(表6.7中 O_2)实际做出的选择，可用极大似然估计法来估算 b 值。

第二，要预测新产品的购买概率，需要在参与者试用新产品一段时间后衡量他们对新产品和现有产品的偏好程度。因此，在电话回访阶段(使用后的衡量)，重新让每个参与者对考虑集内的各品牌做出偏好评分。因为参与者了解并已经试用了新产品，就可以假设该产品被列入所有参与者的考虑集内，可用类似的方程来估算包括新产品在内的所有产品的购买概率。方程的具体形式为

$$L'_{ij}=\frac{V'^{b}_{ij}}{V'^{b}_{in}+\sum\limits_{k\in C_i}V'^{b}_{ik}} \tag{6-17}$$

式中 V'_{ij}—— 参与者 i 在试用新产品后对产品 j 的偏好评分；

n—— 新产品的指数；

L'_{in}—— 参与者 i 用过新产品后购买该新产品的概率；

b—— 式(6-16) 中获取的估计值。

第三，估计出新产品的市场份额。由于在式(6-17) 中，我们假设在实验室环境下，所有参与者在了解并试用了新产品后都会将该新产品列入其考虑集内，但现实中情况并非如此。因此

根据该方程得到的新产品的市场份额必定是一种乐观的预测。要对这一点进行修正，一种方法是估算出目标市场上会把该新产品列入考虑集的消费者占所有消费者的比例，然后对 L'_{in} 作如下修正：

$$M'_n = E_n \sum_i \frac{L'_{in}}{N} \tag{6-18}$$

式中 E_n—— 将新产品列入考虑集的参与者所占的比例；

M'_n—— 新产品市场份额预测值；

N—— 参与者的总人数。

该方程即为运用偏好模型得出的新产品的市场份额预测值。

(2) 估计新产品市场份额的来源

这是偏好模型相较于试用 — 重购模型而言具有的一项特别的功能。新产品市场份额来源的估计对企业制订营销计划是非常重要的。

为了估计该新产品的市场份额是来自外部竞争者还是本公司的其他产品，先将参与者分成如下两组。

第一组：会将新产品列入考虑集内，其比例为 E_n，表示目标细分市场中最终会试用该新产品的顾客所占的比例，该数值的估计是试用 — 重购模型的任务之一。这样，就有 NE_n 个参与者会把新产品列入考虑集之中。

第二组：不会把新产品列入考虑集，其比例为 $(1-E_n)$，即有 $N(1-E_n)$ 个参与者不会把新产品列入考虑集。

然后要分别计算出新产品引入市场之前和之后现有产品 j 的市场份额。

新产品引入市场前：

$$M_j = \sum_i \frac{L_{ij}}{N} \tag{6-19}$$

新产品引入市场后：

$$M'_j = E_n \sum_i \frac{L'_{ij}}{N} + (1-E_n) \sum_i \frac{L_{ij}}{N} \tag{6-20}$$

式中，M_j 为新产品引入市场之前，产品 j 的市场份额，$j = 1, 2, \cdots, J$，此处 J 为竞争集内现有产品(即属于至少一个顾客的考虑集内的产品)的总数；M'_j 为新产品引入市场后，产品 j 的市场份额。在此模型中，对所有现有产品，M'_j 最大不超过 M_j。需要注意的是，对第一组人来说，其产品选择概率的最佳估计值由式(6-17)给出。同理，对第二组人来说，其产品选择概率的最佳估计值由式(6-16)给出。

计算出这些估计值后，新产品从现有产品 j 那里获得的市场份额为

$$D_j = M_j - M'_j \tag{6-21}$$

所有现有产品的市场份额夺取量之和(即 $\sum_{j \in J} D_j$) 等于新产品的市场份额(M'_n)。其中，新产品从本公司的其他产品那里获得的销售额所占比例称为“自相残杀”；余下的那部分市场份额是从竞争者的手中得到的，称为增量销售。如果某种新产品的销售额主要来自“自相残杀”，即使 ASSESSOR 模型预测它会有很高的市场份额，也必须进一步分析它对公司的财务贡献。

3. 试用—重购模型

试用—重购模型是一种根据潜在购买者的购买行为反应，测量新产品概念的试用率和重复购买率，以此来预测新产品市场占有率的方法。

(1) 试用—重购模型预测新产品市场份额的基本公式

试用—重购模型用的是在实验购物时所收集的顾客购买信息及随后通过回访得到的重购率信息，通过一个标准公式来测算新产品的长期市场份额。

$$M_n = trw \tag{6-22}$$

式中 M_n——新产品的长期市场份额；

t——新产品试用率，即目标市场上最终会试用该新产品的消费者的累计比例；

r——试用新产品并将成为长期重复购买者的消费者人数比例；

w——相对使用率(市场的平均使用率 $w=1$)。

(2) 试用模型

ASSESSOR 对试用率 t 的估计如下

$$t = FKD + CU - (FKD)(CU) \tag{6-23}$$

式中 FKD——最终会知晓新产品、在购物处能买到新产品并最终会试用该新产品的顾客所占比重；

CU——得到试用样品的顾客所占比重；

$(FKD)(CU)$——避免重复计数而进行的调整；

F——假设分销能力无限且目标市场上所有顾客都知道该新产品时的长期试用率，也是在模拟商店中购买该产品的参与者所占比例(表 6.7 中的 O_4)；

K——长期知晓率，在管理者主观判断和预定广告计划基础上估计而来；

D——该产品在目标顾客购物处有现货的长期概率，在管理者主观判断和期望的基础上得出的对最终会出售该产品的销售网点所占比例的估计；

C——目标市场某一顾客收到新产品样品的概率，在新产品引入计划基础上估计得到的；

U——收到样品的顾客试用的概率，在历史经验与管理者主观判断的基础上估计的。

(3) 重购模型

重购模型解决的是式(6-22)中重复购买率(r)的值。

我们可以从使用后的电话回访调查得到的信息(表 6.7 中的 O_5)中估算重购率(r)。先建立一个品牌转换矩阵，表示在每一时期转而使用和转而不使用新产品的顾客比例。

$$\begin{array}{cc} & t+1 \\ t & \begin{pmatrix} p_{nn} & p_{no} \\ p_{on} & p_{oo} \end{pmatrix} \end{array} \tag{6-24}$$

式中 p_{nn}——在时点 t 购买新产品的顾客在时点 $t+1$ 还会再次购买新产品的概率，也即估计出的在测试地点购买了新产品并在使用后的调查中表示下次仍会购买的顾客所占的比例；

p_{no}——$1-p_{nn}$；

p_{on}——在时点 t 购买其他产品的顾客在时点 $t+1$ 会购买新产品的概率，也即在测试地点没有购买新产品但在使用后的调查中表示下次会购买的顾客所占比例；

p_{oo}——$1-p_{on}$。

如果转换矩阵中的模式在各个时期不断重复出现，就可以确定在时点 t 购买新产品的顾客有多大比例在下一时期 $t+1$ 仍会购买，即均衡重复购买率是多少。其计算公式为

$$r=\frac{p_{on}}{1-p_{nn}+p_{on}} \tag{6-25}$$

试用—重购模型提供了对新产品市场份额的独立估计结果，将该结果与从偏好模型得出的估计结果进行比较。如果两种模型的估算结果比较接近，就能增强管理者对新产品市场份额预测结果的信心。

4. ASSESSOR 模型的有效性及价值

目前已经存在并广泛被应用的预测试产品预测模型主要用于商品包装业。NEWS、TRACKER、SPRINTER、BASES、ASSESSOR 和 LTM 等都是商业性的模型软件。这些模型都宣称成功率很高，而 ASSESSOR 模型是学术期刊中报告过有效性研究的少数几个模型之一(Urban & Katz，1983)。有数据表明，经过 ASSESSOR 评价的新产品的成功率为 66%，而没有经过任何一种正规预测试模型分析的产品成功率仅为 35%。经 ASSESSOR 模型预测不合格但仍引入市场的产品只有 3.8%取得成功。

在一项对 44 种用 ASSESSOR 模型分析过的新产品进行的研究中，平均预测市场份额为 7.77，而实际市场份额平均为 7.16，标准差为 1.99。预测市场份额与实际市场份额的相关系数达到 0.95。

厄本和卡茨(Urban & Katz，1983)比较了在决定是否引入新产品时采用 ASSESSOR 模型的企业与没有采用市场预测试的企业的平均收入。采用 ASSESSOR 获得的平均增量收入为 1 170 万美元，而在 ASSESSOR 模型上的投资仅为 5 万美元，可见 ASSESSOR 模型带来的回报是极其可观的。

总之，预测试市场模型已成为营销工程最成功的应用领域之一。

5. ASSESSOR 模型的适用情况

预测试市场模型适用于预测和评价某种即将进入已有很多产品的市场中的新产品。ASSESSOR 模型中的偏好模型提供的诊断性信息有助于企业制定引入新产品的营销计划。偏好模型只有在用于满足下列特征的产品大类时才比较准确：(1)顾客了解新产品的速度足够快，使顾客偏好能迅速稳定下来；(2)顾客对该产品大类的使用率不会因新产品的出现而改变。

6.4 案例

××公司免水小便斗产品的市场预测

匆匆来，不用冲冲去！！！

——免水小便斗产品在中国市场能走多远

6.4.1 案例背景

能源紧缺，地球开始生病：过度开发、使用各种资源已成为各国可持续发展的短板。为了

兼顾发展(生活质量)和环保之间的关系,政策、社会理念引导、科技等都纷纷担当了平衡发展和环保关系的角色。其间,带动了一批科技创新型企业的发展,很多创新技术产品也随之应运而生。××公司和其所发明的免水小便斗便是在环保问题中发展的创新技术企业和创新型产品。

××公司推出的“免水小便斗”是这样一个绿色环保的创新技术产品。其核心部件是装在小便斗内的滤芯,原理为:当尿液流入滤芯后,滤芯内有一层隔绝液使尿液氧化后的臭味完全与滤芯以上隔绝,而尿液则排入下水道流走。所以使用××公司免冲水小便斗的厕所可以达到干燥、无菌、无臭味的卫生要求,同时可以节约大量的清洁水资源。图 6.11 所示为××公司的小便斗产品。

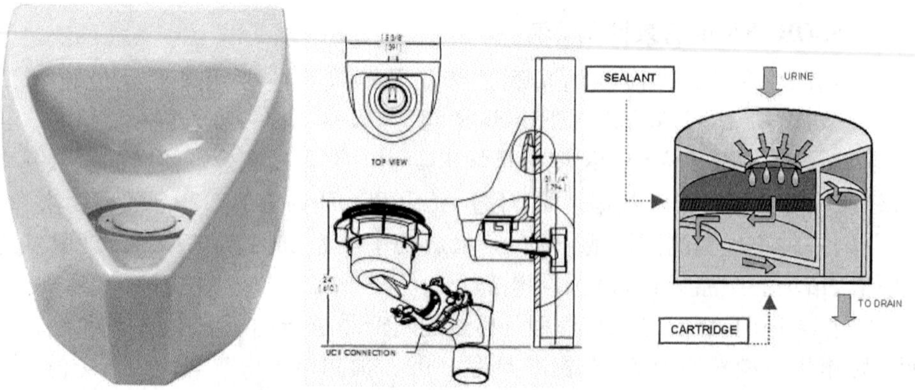

图 6.11　××公司可商业化的小便斗产品

该产品包括如下三部分。

(1) 整个系统:即一个完整的小便斗,包含小便斗外围(Urinal),内部连接系统(Housing),滤芯(Cartridge)。

(2) Housing+Cartridge:××公司的这一部分通用性很好,可以作为其他小便斗的部件来销售。

(3) Cartridge:滤芯的使用寿命取决于其内部过滤液的消耗程度,××公司设计一个滤芯的正常使用寿命为 3~5 个月。即,当消费者一旦安装了××公司的小便斗,在小便斗的使用寿命周期内,消费者需要每 4 个月左右更换一次滤芯。

××公司的长期发展目标就是通过提供这样一个环保节能产品,在当今地球水资源危机越来越严重的情况下,逐步在全球扩大市场,进而成为行业的领导者。

自 2004 年进军中国市场之后,××公司的产品也得到了一些客户的认可和接受,在很多公共场所都拥有一些客户。比如超市/商场,如欧尚、家乐福、燕莎友谊商城;餐饮/娱乐行业里的麦当劳餐厅,汤姆熊娱乐世界;公司/企业里的台达电子,西门子等;还包括浦东机场,首都机场等。

××公司的“免水小便斗”产品虽已得到了创新者和早期采用者的认可,但总体来说,依然处在小规模发展的初期阶段。在不断的发展过程中,××公司若能在产品生产规模以及市场营销策略上提前做好准备,将有助于其更好地实现目标。但正确的市场营销策略的制定依赖于对产品未来市场销售额的准确预测。

那么,××公司"免水小便斗"的生命周期有多长?其在中国的未来市场规模究竟有多大?在整个的产品生命周期内,在什么阶段会有多少客户购买该产品?

对于以上问题,我们将运用营销工程中的巴斯模型对××公司"免水小便斗"在华东地区市场的未来销售额进行预测分析,并根据预测结果制定相应的营销策略。

6.4.2 巴斯模型的研究设计

1. 模型的建立

××公司的"免水小便斗"属于一种创新技术产品,且企业已观察到其几个时期的销售情况,故其已具备了运用巴斯模型进行未来市场销售预测的条件。为该产品建立如下巴斯模型方程:

$$n(t)=p\overline{N}+(q-p)N(t)-\frac{q}{\overline{N}}[N(t)]^2 \tag{6-26}$$

式中 $n(t)$——××公司在未来第 t 年的销售量,也就是我们要预测的数值;

$N(t)$——××公司在第 t 年之前的销售量的总和;

$\overline{N}$——××公司"免水小便斗"在华东地区的未来市场总量;

p——创新系数;

q——模仿系数。

2. 模型参数的估计

***p*、*q* 值的估计**:该案例利用××公司已有的历史销售数据来推算 p 和 q 的值。表 6.8 为××公司"免水小便斗"在 2004—2009 年度华东区的销售数据。

表 6.8 FACLON 免水小便斗 2004—2009 年度华东区的销售统计

年度	商场超市展馆	学校政府部门	餐饮娱乐场所	运动场馆	机场	旅游景点	公司企业	公共厕所	总量
2004	34	25	48	67	45	59	67	40	385
2005	42	30	55	75	49	66	75	45	437
2006	53	33	64	91	60	71	93	56	521
2007	64	42	80	109	78	89	106	69	637
2008	81	57	96	125	96	129	132	87	803
2009	102	78	139	161	126	157	162	115	1 040

$\overline{N}$ 值的估计:像小便斗这样的产品,其目标客户为组织消费者而非个体消费者,其需求总量只与某区域的人口总量有关系。因此我们可以根据华东地区的总人口数来科学合理地估计出××公司"免水小便斗"在华东地区的未来市场销售总量。据科学统计:男性平均 3.5 小时小便一次,一天 24 小时,正常的工作时间 8 个小时是在外的。考虑休息日,综合而言,我们假定一个男人每天平均有 6 小时可能需要用到公共小便斗,每次平均 2 分钟,那么一个男性每天要占用公共小便斗的时间为:(6/3.5)×2=3.42(分钟)。也就是说,一个男人,每天大约需要 3.42 分钟在公共小便斗上小便。华东地区人口总数约为 3.5 亿,按男女各半来算,男性约

1.75 亿，去掉各两成的老人和小孩等不需要用到公厕的人，剩下为 1.05 亿有效人数。一个公共男用小便斗每天的有效利用时间约为 18 小时，即 1 080 分钟。那么华东地区共需要小便斗数量为：105 000 000×3.42/1 080=374 062。因××公司产品为一替代型产品，非升级型或开创型产品，整个市场不可能被××公司全部占有。最终形成的市场格局应该是：传统冲水小便斗，其他环保小便斗，免水小便斗各占一部分市场份额。××公司的市场总量应该是免水小便斗这块。这块的市场总量估计只是大市场总量的 10%，为 374 062×0.1=37 406.2，圆整为 38 000。即××公司免水小便斗在华东地区的未来销售总量估计值为 38 000。

3. 巴斯模型的运行

用 EXCEL 运算巴斯模型

(1) 根据历史数据估算出 p、q 的值

① 在 Excel 中输入如下数据(图 6.12)：

	A	B	C	D	E	F
1	Bass Model					
2						
3	P					
4	Q					
5	N	38000				
6	Sales Period	Adoptions/Period	Adoptions/Period	Cumulated Adoptions	Cumulated Adoptions	(C-B)^2
7		(Past Data)	(Model)	(Past Data)	(Model)	
8	0	0				
9	1	385				
10	2	437				
11	3	521				
12	4	637				
13	5	803				
14	6	1040				
15	7					
16	8					
17	9					
18	10					

图 6.12

② 在 B3、B4 中任意输入 P、Q 的值(例如：B3=0.03，B4=0.3)。

③ 在 C8，D8 和 E8 中分别输入 0。

④ 在 C9中输入公式：=$B$3*$B$5+($B$4-$B$3)*D8-$B$4*(D8^2)/$B$5

在 C10中输入公式：=$B$3*$B$5+($B$4-$B$3)*D9-$B$4*(D9^2)/$B$5

在 D9中输入公式：=D8+B9

在 E9中输入公式：=E8+C9

⑤ 选中 C9、C10 下拉，再分别选中 D9、E9 下拉，即可得出下面的预测数据和累计数据(即由②中任意 P、Q 值得出的预测数据)。计算结果如图 6.13 所示。

⑥ 在 F9 中输入公式：=(C9-B9)^2，并下拉到 F14。

	A	B	C	D	E	F
1	Bass Model					
2						
3	P	0.03				
4	Q	0.3				
5	N	38000				
6	Sales Period	Adoptions/Period	Adoptions/Period	Cumulated Adoptions	Cumulated Adoptions	(C-B)^2
7		(Past Data)	(Model)	(Past Data)	(Model)	
8	0	0	0	0	0	
9	1	385	1140	385	1140	
10	2	437	1242.779803	822	2382.779803	
11	3	521	1356.605653	1343	3739.385455	
12	4	637	1488.370666	1980	5227.756121	
13	5	803	1643.649474	2783	6871.405595	
14	6	1040	1830.264561	3823	8701.670155	
15	7					
16	8					
17	9					
18	10					

图 6.13

⑦ 在 F15 中求和(F9:F14)。

⑧ 对 F15 进行离差平方和最小的规划求解,即可得出 P、Q 值,操作步骤如图 6.14 所示。

选择“工具”→“规划求解”,出现如图 6.14 所示提示框,选定目标单元格,可变单元格,约束条件变。

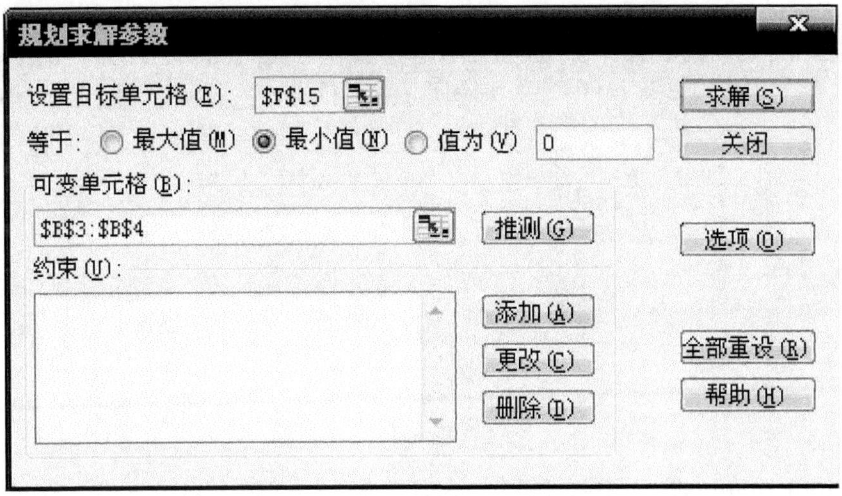

图 6.14

点击“求解”→“确定”,结果如图 6.15 所示。

至此,得出 p、q 的估计值分别为 0.008995398 和 0.264921516。

(2) 已知 p、q 的值,计算预测数据。

	A	B	C	D	E	F
1	Bass Model					
2						
3	P	0.008995398				
4	Q	0.264921516				
5	N	38000				
6	Sales Period	Adoptions/Period	Adoptions/Period	Cumulated Adoptions	Cumulated Adoptions	(C-B)^2
7		(Past Data)	(Model)	(Past Data)	(Model)	
8	0	0	0	0	0	
9	1	385	341.8251419	385	341.8251419	1864.06837
10	2	437	439.3233289	822	781.1484709	5.397857364
11	3	521	547.4857992	1343	1328.63427	701.4975575
12	4	637	672.9595643	1980	2001.593834	1293.090266
13	5	803	821.22732	2783	2822.821154	332.2351938
14	6	1040	1000.071718	3823	3822.892873	1594.267671
15	7					5790.556915
16	8					
17	9					

图 6.15

① 在 Excel 中输入如下数据(图 6.16)：

	A	B	C	D	E	F
1	Bass Model					
2						
3	P	0.008995398				
4	Q	0.264921515				
5	N	38000				
6	Sales Period	Adoptions/Period	Adoptions/Period	Cumulated Adoptions	Increasing	Increasing
7		(Past Data)	(Model)	(Model)		Percent
8	0	0	0	0		
9	1	385				
10	2	437				
11	3	521				
12	4	637				
13	5	803				
14	6	1040				
15	7					
16	8					

图 6.16

② 在 C9中输入公式：=\$B\$3*\$B\$5+(\$B\$4−\$B\$3)*E8−\$B\$4*(E8^2)/\$B\$5
在 C10中输入公式：=\$B\$3*\$B\$5+(\$B\$4−\$B\$3)*E9−\$B\$4*(E9^2)/\$B\$5
在 D9中输入公式：=D8+B9
在 E9中输入公式：=C9−C8
在 F10中输入公式：=(C10−C9)/C9

③ 选中 C9、C10 下拉，再分别选中 D9，E9 和 F10 下拉，即可得出下面的预测数据和累计数据。计算结果如图 6.17 所示。

	A	B	C	D	E	F
1	Bass Model					
2						
3	P	0.008995398				
4	Q	0.264921515				
5	N	38000				
6	Sales Period	Adoptions/Period	Adoptions/Period	Cumulated Adoptions	Increasing	Increasing
7		(Past Data)	(Model)	(Model)		Percent
8	0	0	0	0		
9	1	385	341.825124	341.825124		
10	2	437	428.492506	770.31763	86.66738195	0.253543043
11	3	521	534.8326402	1305.15027	106.3401343	0.248172682
12	4	637	663.9715892	1969.121859	129.1389489	0.241456746
13	5	803	818.7427954	2787.864655	154.7712063	0.23309914
14	6	1040	1001.127758	3788.992413	182.384963	0.22276222
15	7		1211.439449	5000.431862	210.3116901	0.210074777
16	8		1447.245654	6447.677516	235.8062057	0.194649601
17	9		1702.126255	8149.803771	254.8806007	0.176114262
18	10		1964.522705	10114.32648	262.3964504	0.154158042
19	11		2217.151608	12331.47808	252.6289031	0.128595563
20	12		2437.63076	14769.10884	220.4791511	0.099442524
21	13		2600.93046	17370.0393	163.2997007	0.066991155
22	14		2683.807099	20053.8464	82.87663871	0.031864227
23	15		2670.444561	22724.29096	-13.36253803	-0.00497895
24	16		2557.466729	25281.75769	-112.9778314	-0.04230675
25	17		2356.056621	27637.81431	-201.4101085	-0.07875376
26	18		2089.801096	29727.61541	-266.2555248	-0.11300897
27	19		1788.861813	31516.47722	-300.9392829	-0.14400379
28	20		1482.887104	32999.36433	-305.9747089	-0.17104435
29	21		1195.423896	34194.78822	-287.463208	-0.19385374
30	22		941.3653554	35136.15358	-254.058541	-0.2125259
31	23		727.2774279	35863.43101	-214.0879274	-0.22742278
32	24		553.4174513	36416.84846	-173.8599767	-0.23905592
33	25		416.1785349	36833.02699	-137.2389164	-0.24798444
34	26		310.1595115	37143.18651	-106.0190234	-0.25474409
35	27		229.5776372	37372.76414	-80.58187428	-0.25980784
36	28		169.0677017	37541.83184	-60.50993548	-0.26357069
37	29		124.036538	37665.86838	-45.03116376	-0.26634989
38	30		90.74596211	37756.61435	-33.29057588	-0.2683933
39	31		66.25447244	37822.86882	-24.49148967	-0.26989068
40	32		48.300489	37871.16931	-17.95398345	-0.27098523
41	33		35.17319549	37906.3425	-13.12729351	-0.27178386
42	34		25.59321961	37931.93572	-9.579975885	-0.27236581
43	35		18.6116593	37950.54738	-6.981560311	-0.27278945
44	36		13.52885925	37964.07624	-5.082800044	-0.27309763

图 6.17

6.4.3 研究结论

××公司"免水小便斗"的生命周期大约30年。销售额从第一年开始到第14年保持持续增长，并在第14年达到年销售2684台的最高点。但其增长比例是逐年降低的，从数量上看，从第2年到第10年，其每年的绝对增长数量是不断增加的，到第10年为262台，以第10年为分界点，到第14年，其每年的绝对增量开始下降，直到在第15年开始出现负增长。以第14年为分界点，在其生命周期的后半段，其每年的销售量开始逐年递减，并且减速逐年增加，越到后期，其递减的速度越快。从每年的绝对减少数量上看，从第15年开始，逐年增加，直到第20年达到最高为306台。以第20年为分界点，到其整个生命周期结束，其每年递减的数量逐年下降。

6.4.4 营销建议

导入期的营销战略：商品的导入期，一般是指新产品试制成功到进入市场试销的阶段。从巴斯模型的分析结果看，这个阶段应该在其产品生命周期的前7年，其第一年的销量大约在300台左右，并保持20%以上的逐年增长趋势。在商品导入期，由于消费者对商品十分陌生，企业必须通过各种促销手段把商品引入市场，力争提高商品的市场知名度。另一方面，导入期的生产成本和销售成本相对较高，企业在给新产品定价时可考虑这个因素，所以，在导入期，企业营销的重点主要集中在促销和价格方面。

该案例中，××公司在导入期可选择撇脂战略：将产品的售价定得很高，不需采用任何促销手段。高价格的原因在于早期采用者对价格不敏感，目的在于能够及时收回前期研发成本，获取利润；不采用价格上的打折促销目的是一方面要保持××公司产品为高科技产品的形象，另一方面也要树立其品牌形象。

成长期的营销策略：商品的成长期是指新产品投入市场取得成功以后，转入批量生产和扩大市场销售额的阶段。从巴斯模型的输出结果看，这个阶段从第8年到第10年，从每年1 400台左右增长到每年近2 000台。在商品进入成长期以后，越来越多的消费者开始接受并使用该产品，企业的销售额直线上升，利润增加。在这样的情况下，市场必然会吸引越来越多的竞争对手，威胁企业的市场地位。××的竞争者即包含"免水小便斗"这个小市场里的竞争者也包含整个小便斗这个大市场里的竞争者。对于这两种竞争者，××公司要相应采取不同的竞争策略。

这一阶段××公司适用的具体策略有以下几种。

(1) 技术改造，使得产品更易于制造和批量化生产，加强和OEM的合作，以利于迅速增加或者扩大其产能。

(2) 改进小便斗的质量，增加小便斗的新特色，在款式、包装、规格、颜色、商标和定价方面做出改进。

(3) 积极开拓全球新的市场，创造新的用户，以利于扩大销售。

(4) 努力疏通并增加新的流通渠道，扩大产品的销售面。

(5) 改变企业的促销重点。例如，在广告宣传上，从介绍产品转为树立形象，以利于进一步提高企业产品在社会上的声誉。

成熟期的营销战略：商品的成熟期是指商品进入大批量生产，而在市场上处于竞争最激烈的阶段。从巴斯模型的输出数据来看，这个阶段从第 11 年开始到第 20 年，有近 10 年的时间。在这个阶段，××公司的销售额先是逐年增长，在第 14 年到达最高点 2 684 台后开始逐年衰减。通常这一阶段比前两个阶段持续的时间更长，大多数商品均处在该阶段，因此管理层也大多数是在处理成熟产品的问题。

在成熟期中，不够畅销的弱势产品应该放弃，以节省费用开发新产品；但是同时也要注意到原来的产品可能还有其发展潜力，在原来的基础上做适当的改进，有的产品就是由于开发了新用途或新功能而重新进入新的生命周期的。

针对××公司的产品，在这个阶段应该采用产品改良策略，进行产品的更新换代。品质改良，即改进产品的功能性效果，如耐用性、可靠性、可回收性等。特性改良，即增加产品新的特性，如规格大小、重量、材料质量、添加物以及附属品等。式样改良，即增加产品款式、色彩等美感上的需求。

衰退期的营销战略：衰退期是指商品逐渐老化，转入商品更新换代的时期。从巴斯模型的输出数据来看，这个阶段从第 21 年开始，直到第 30 年左右结束。当商品进入衰退期时，企业既不能简单的一弃了之，也不应该恋恋不舍，继续维持原有的生产和销售规模。企业必须研究商品在市场上的真实地位，然后决定是继续经营下去，还是放弃经营。

针对××公司产品，应采取缩减策略，即××公司仍然留在原来的行业上继续经营，但是需要在规模上做出适当的收缩。比如可以把所有的营销力量集中到一个或者少数几个细分市场上，以加强这几个细分市场的营销力量，可以大幅度地降低市场营销的成本，以增加企业的利润。

第7章 价格策略

引言

价格是营销策略4P中唯一能产生收入的因素。同时,相对于产品、渠道和整合营销沟通策略来说,价格也是营销组合中最灵活的要素,它可以在短期内迅速地变化。同时,价格能向市场传递企业所期望的市场定位,也是企业参与市场竞争的重要手段之一。

营销管理中,我们已经学习了价格策略的一般基础理论,包括定价目标、定价的影响因素、定价方法。本章主要侧重于在一般理论的基础上,运用营销工程的方法将定价方法量化。

通过本章学习,达到以下目标:

1. 知道营销工程中各种定价方法的运用;
2. 掌握营销工程中需求定价法在工业企业中的运用;
3. 学会如何运用营销工程中的差别定价方法解决现实问题。

7.1 价格策略的基础知识

7.1.1 认识价格

在社会生活中,人们习惯认为价格是商品价值货币的表现。而经济学和营销学对价格的解释有一定的差异性。

古典经济学认为,价格是在市场上分配商品与服务的推动力。对消费者而言,价格是购物的货币成本。对商家来说,价格有助于决定供给水平和生产资源的分配。

在营销活动中,营销并不只是标签上的一个数字,它有着多种形式,发挥着不同的作用。租金、学费、医疗费、过路费、定金和工资等有可能是你购买商品或服务时支付的价格。价格可以由多种部分组成。如购买一辆车,最后的成交价是在标价的基础上经过折扣和经销商奖励调整得到的。

7.1.2 影响定价的因素

经济学认为,市场的供给结构(供求状况)决定了商品的价格。从营销管理的角度来看,影响定价的因素是多方面的,包括定价目标、成本、市场需求、竞争者的产品和价格等。

(1) 企业的定价目标主要是维持生存、当期利润最大化、市场占有率最大化和产品质量最优化。企业在制定价格时必须在既定目标市场战略前提下,结合市场现状,考虑现阶段的定价目标。

(2) 产品成本。成本是公司制定价格的底线。公司定价不但要弥补生产和分销产品等所有成本,同时也要为公司的经营努力和所冒的风险赚取合理的投资回报。公司的成本有固定成本和可变成本。为了合理定价,企业管理层必须了解在不同产出时成本的变化趋势。

(3) 市场和需求。市场和需求是制定价格的天花板(上限)。在定价前,企业必须了解产品的价格和需求的关系,包括不同市场结构即完全竞争市场、垄断竞争市场、寡头市场、完全垄断市场下的定价。因竞争结构不同,定价战略存在差异。

不同市场结构下的定价

市场结构指的是某一市场中各种要素之间的内在联系及其特征,包括市场供给者之间、需求者之间、供给者和需求者之间以及市场上现有的供给者、需求者与正在进入该市场的供给者、需求者之间的关系。划分一个行业属于什么类型的市场结构,主要依据以下三个要素:本行业内部的生产数目或企业数目;本行业内各企业生产者的产品差别程度;进入障碍的大小。根据以上三方面因素的不同特点,将市场划分为完全竞争市场、垄断竞争市场、寡头垄断市场和完全垄断市场。

从营销的角度来看,每种市场结构都面临着不同的定价挑战。

在完全竞争市场结构下,大量的购买者和销售者交易相同的产品,如大米。每个买方或卖方都无法影响现有市场价格。任何销售者的定价都不会高于市场价格,因为所有购买者都能在现有的市场价格下买到足够的产品,满足其需求。任何卖方的定价也不会低于市场价格,因为所有卖方都在现有市场价格下卖掉所有的产品。如果价格和利润上升,那么新的卖方很容易进入市场。在完全竞争的市场中,营销调研、产品开发、定价策略、广告和促销对产品销售的影响很小。因此,企业一般不需要花费大量的时间制定营销策略。

垄断竞争市场结构下,市场中有许多买方,卖方根据买方的不同需求、提供不同的产品。因此,卖方能制定不同的价格。卖方可以在产品的各个层次上凸显自己的特点以区别于其他卖方,如产品质量、提供的服务等。如果买方意识到了产品的差异,就会为产品的差异支付不同的价格。而卖方则会尽力为不同的细分市场开发不同的产品,发展品牌,开展更多的沟通活动,甚至定制销售,以形成产品的差异化。由于市场内有很多竞争者,企业受到竞争者定价策略的影响要比在寡头市场下受竞争者定价策略的影响小。

寡头市场结构上,市场内的卖方很少,买方对卖方相互之间的定价及其营销策略都十分敏感。产品可能相同,如钢铁,也可能存在差异性,如汽车。如果一家钢铁公司降价10%,买方会很快地转向购买这家公司的钢铁。因此,市场上的其他钢铁公司应立即做出反应——是选择降低价格还是提高服务质量。寡头公司难以预测降价所带来的后果。但是如果它提高价格,竞争者一般不会跟着提价。在这种情况下,这家寡头公司则必须放弃提价,或者是冒着顾客流失的风险提价。

完全垄断市场结构下,市场只有一个卖方,这个卖方可能是政府垄断者,如电力、自来水供应等，也可能是一个受管制的私有垄断者，或者是一个不受管制的垄断者。不同的情况下，垄断者的定价策略是不同的。一家政府垄断者可以追求多种定价目标，它可以制定比成本低的价格，因为该产品对于那些支付不起总成本的购买者十分重要；或者可以制定兼顾弥补成本和获取可观利润的价格；还可以选择制定很高的价格，以缓和过量需求。政府允许受管制的垄断者制定适当的价格，获得"合理"的回报，以维持和扩张公司的经营。不受管制的垄断者可在市场能承受的价格下随意定价。但它并不总是完全定价，原因是想避免吸引竞争者进入，或者想用低价渗透市场，或者害怕受到政府的管制。

(4) 消费者价格和价值感。消费者在购买决策时对产品定价的感知合理度对最后的决定有显著影响。因此，定价决策也应是以顾客为导向的，深入研究顾客对产品价值的认知，在此基础上制定相应的价格。

(5) 需求价格弹性。市场需求受价格和收入变动的影响。因价格或收入等因素引起的需求相应的变动率称为需求价格弹性，反映了需求量对价格的敏感程度，以需求变动的百分比与价格变动的百分比之比值计算，即价格变动百分之一会使需求变动百分之几。

(6) 竞争者的成本、价格和产品。竞争者的成本和价格以及竞争者对公司价格变动的反应，是公司在进行定价时必须考虑的外部因素。

7.1.3 定价的基本方法

由企业定价的影响因素可知，产品成本设定了最低价格，消费者对产品的感知设定了最高价格。同时，企业还要考虑竞争者的价格和其他内、外部因素，在最高价格和最低价格之间选择制定一个合理的价格。

相应地，企业基本定价方法主要有以下三种。

(1) 成本导向定价法。主要以成本为依据的定价方法，包括成本加成定价法和目标定价法。

(2) 需求导向定价法。以市场需求强度及消费者感受为主要依据的定价方法，具体包括认知价值定价法、反向定价法和需求差异定价法。以需求为导向定价的方法将消费者对产品价值的观念，而不是企业的成本，作为定价的关键。与传统的定价方法相比，运用需求导向定价法，要求在制定营销组合时，必须同时考虑价格因素和其他营销组合要素，而不是设计完一个产品和营销组合，再来制定价格。

(3) 竞争导向定价法。企业的定价很大程度上取决于竞争者的价格。具体有随行就市定价法和投标定价法。通行定价法适用于完全竞争市场和寡头垄断市场。在销售同质产品的寡头市场结构下的行业，如钢铁、化肥等，企业一般制定相似(同)的价格。一般来说，小企业跟随市场领导者，当市场领导者制定了价格之后，作为市场追随者的小企业才以此为基准制定价格。

在营销管理中，一般只是从理论上对以上方法进行介绍。从实践的角度来看，除了成本导向定价法可借鉴财务会计较容易操纵外，其他几类方法的实践性都较低。因此，营销工程学科中，在营销管理理论的基础上，运用数学和统计学的方法，增强了定价方法和策略的现实操纵性。

7.1.4 定价的经济学决策——需求决策与价格弹性

经济学中认为，价格与需求是呈反比关系的，即定价时应遵循需求法则。

1. 价格弹性的基本原理

经济学假设,有理性的顾客完全了解商品及其替代品,预算有限,唯一的驱动力就是实现效用最大化。如果市场上商品的相对价格是既定的,消费者会将其收入在商品之间进行分配以达到效用的最大化。如果这些商品的相对价格发生变化,消费者就会购买比较便宜的商品代替价格高昂的商品,以增加总的效用。

这一法则的核心概念是价格弹性。如前所述,价格弹性是指需求量变化的百分比与价格变化百分比的比值。

$$e_{qp}=\frac{\text{需求量变化的百分比}}{\text{价格变化的百分比}}=\frac{(Q_1-Q_0)/Q_0}{(P_1-P_0)/P_0}=\frac{\Delta Q/Q}{\Delta P/P}=\frac{\Delta QP}{\Delta PQ} \tag{7-1}$$

式中,e_{qp}为需求价格弹性;Q_1 为价格变化后的需求量;Q_0 为价格变化前的需求量;P_1 为新价格;P_0 为原价格;$\Delta Q=Q_1-Q_0$;$\Delta P=P_1-P_0$。

在这种假定情况下,即假定消费者是理性或是市场理性的,如果企业知道了需求价格弹性,就可以判断所定商品的价格是太高还是太低。如果想让某项商品的销售收入达到最大化,则需求弹性在某一价格水平小于1时,价格就显得太高,需调整。但仅仅依据需求价格弹性规则并不能使利润达到最大化,企业必须还要考虑成本因素。

2. 需求的交叉价格弹性

需求的交叉价格弹性(cross-price elasticity of demand),表示一种商品的价格变动对另一种商品需求量变动的影响(一种商品的需求量变动对另一种商品价格变动的反应程度),即指某种其他物品的价格每变化1%,会使该物品的需求量变化百分之几。

需求交叉弹性反映了相应于其他商品价格的变动,消费者对某种商品需求量变动的敏感程度,其弹性系数定义为需求量变动的百分比除以另外商品价格变动的百分比。交叉弹性系数可以大于0、等于0或小于0,它表明两种商品之间分别呈替代、不相关或互补关系。

3. 需求弹性与边际收入的关系

需求弹性与边际收入的关系可用下式来表达:

$$\text{总收入}=TR=PQ(\text{价格}\times\text{数量}) \tag{7-2}$$

因此,

$$\text{边际收入}=\frac{\Delta TR}{\Delta Q}=P+Q\frac{\Delta P}{\Delta Q}=P\left(1+\frac{Q\Delta P}{P\Delta Q}\right)=P\left(1+\frac{1}{\varepsilon_{qp}}\right) \tag{7-3}$$

从上述公式可看出,边际收入随价格和价格弹性两者的变化而变化。

7.2 营销工程在价格策略中的运用

7.2.1 成本导向定价法

成本导向定价法的特点之一是简单、直接、好计算,因此很多企业都愿意采用。

成本导向定价主要是根据成本来定价,在成本上增加一定利润比例来确定价格。加价写价法在成本的基础上增加一个固定值，成本加成定价法增加一个固定的百分比。

根据需求法则，如果企业的价格只是在成本上增加一个固定值并不合乎逻辑。因为大部分商品的需求弹性都不是为零或恒定的。而忽视需求弹性的定价方法不可能实现利润的最大化。随着需求弹性的变化，如季节性化、周期性变化、产品生命周期变化，加成的比例（额度）也应相应变化。如果始终以一个固定比值加成，则一般情况下，也是无法实现利润最大化的。当然，在下列情况下，适当的恒定加价额也能使利润最大化：需求曲线上各点的平均（单位）成本恒定；成本长期恒定。

在这两种特殊情况下，最优价格为

$$P=[\varepsilon/(1+\varepsilon)]\mathrm{MC} \tag{7-4}$$

式中，ε 为需求的价格弹性，设为负值；MC 为边际成本

根据式(7-4)，最优价格（成本加价额）随价格弹性（绝对值）提高而减小。如果价格为$(1+\alpha)MC$，则 α 为加价额。在式(7-4)中，设$[\varepsilon/(1+\varepsilon)]=(1+\alpha)$，则 $\alpha=[\varepsilon/(1+\varepsilon)]-1$。如果价格弹性足够小，比如某些食品为$-2.0$，则 $\alpha=1$ 且最优加价额也很大。若价格弹性长期相对恒定，则固定的加价额就可以取得最优价格。

学习曲线在成本导向定价法中的运用

经验曲线，也叫学习曲线，是指企业在生产某项商品的过程中，随着生产经验不断积累，成本也随之下降。实证研究表明，累积产量翻番后，成本会下降 5%～30%。

如果企业能够预测出成本随经验增加的变化趋势，成本导向定价应该是一种动态的行为——降价会引发两种效果：第一，降价会使短期需求增加；第二，短期需求的增加有助于使成本在积累经验的基础上得以下降，从而达到提高利润的目的。

7.2.2 需求定价法

与成本定价法相比，需求定价法关注不同价格水平下的产品需求情况，重点是顾客价值。需求定价法的核心思想是：根据需求的变化，调整市场价格；而生产成本可能不变。

目前，需求定价法在实践中的运用主要基于产品的使用价值，即产品价格应当与该产品带给特定顾客的价值相关。企业在定价时，要从客户的角度考虑：如果采用企业推荐的新产品替换客户目前正在使用的老产品是否合算。

新产品的使用价值指使潜在购买者无论继续使用当前产品还是转而使用新产品都无区别的价格。具体计算方法可以通过以下例子说明。

新产品的使用价值计算

假设某化工厂用 200 个 O 形环来密封输送腐蚀性材料的管道阀门。每个 O 形环的价格为 5 美元，而且每两个月要更换一次。

一种新产品的抗腐蚀能力是这种 O 形环的两倍。这种新材料的使用价值(VIU)如下。

解 1: 目前所用产品的年成本

=200(个 O 形环)×6(每年换 6 次)×5 美元

=6 000 美元

=200(个)×3(每年换 3 次)×VIU

VIU=10 美元

解 2: 这种新材料从使用到更换的间隔为 4 个月,比目前所用产品的 2 个月要长,更换的成本是 5 000 美元,可得

200×6×5+5 000×6=200×3×VIU+5 000×3

VIU=35 美元

解 1 和解 2 的区别在于,解 2 将使用该材料的所用成本都考虑进去,再以此计算在使用成本相等的情况下新产品的使用价值。

从以上例子可以得到如下启示:在以价值为基础进行定价时,必须把所有成本,包括有形成本和无形成本都考虑进去。除了例子中所提到的初始成本和作业成本外,还必须考虑购买者规划期的长短、资金成本、转换成本(包括重新培训、产品重新设计和初始使用时的低效率)、维护成本的差额、业绩差异、灵活性差异以及购买者采用新产品时要承担的风险等。

在用此方法计算工业企业候选材料的价格(售价)时的具体步骤可概括如下。

(1) 计算使用目前所用材料的成本,即使用成本。使用成本不仅包括每单位(可以是每加平方码、每加仑、每公斤等),还包括加工费、精加工作业的成本、残料成本、存放该材料的库存费用及其他成本。

(2) 比较两种材料或两种配件——配选材料或配件和目前所使用材料或配件的使用年限,如果这两者之间的使用年限相差较大,则分别计算它们的年使用成本。

$$\text{目前所用材料的年使用成本}=\frac{QC+C_p+C_1+\cdots}{L} \tag{7-5}$$

式中 Q——每单位产成品中的目前所用材料数量;

C——每单位目前所用材料的购入价;

C_p——使用目前所用材料时,每单位产成品的加工成本;

C_1——使用目前所用材料时,每单位产成品的精加工成本;

L——使用目前所用材料时,产成品的使用寿命。

再用类似方程来计算候选材料或配件的年使用成本。但要注意,在候选材料的计算中,代入的不是候选产品的价格,而是未知数 V——候选产品的使用价值。

(3) 假设两者的年使用成本相等,即可得 V 的解——即在相同的使用价值下,新产品在理论上的价格。

举例说明:

某企业用目前使用印模铸造的合金生产工业用扣件,目前有种新的候选材料——金属板料,可用冲压成形工艺生产这种扣件。两类材料使用的相关数量和成本见表 7.1。

表 7.1　用于生产工业用扣件的金属板料与铸模合金成本要素的使用价值计算

成本要素	铸模合金	金属材料
每一产成品中的用量/磅	0.05	0.03
材料价格/(美元/磅)	0.25	0.20
铸造成本/(美元/件)	0.05	0.10
精加工成本/(美元/件)	0.02	0
存货成本/%**	5	5
残料成本/%**	10	20
产成品零件的使用寿命(年)	3	7

* * 百分比是根据产成品中材料的价值计算的。

(1) 计算目前所用材料的年使用成本

$$\text{目前所用材料的年使用成本}=\frac{QC+C_{\text{铸造}}+C_{\text{精加工}}+XQC+YQC}{L}$$

式中，X 为库存成本，用小数表示；Y 为残料成本，用小数表示。

代入表 7.1，得

$$\text{目前所用材料的年使用成本}=0.028\ 1$$

(2) 建立一个类似方程，计算候选材料的年使用成本

$$\text{候选材料的年使用成本}=\frac{Q_1V+C_{1\,\text{铸造}}+X_1Q_1V+Y_1Q_1C}{L_1}$$

代入表 7.1 中数据，上式等于 $0.005\ 36V+0.014\ 3$。

(3) 令两式相等，解 V

$$V=2.57$$

由上面计算可知，如果金属材料的成本是每磅 2.57 美元，则年使用成本等于铸模合金的成本。即，对于使用材料的企业来说，每磅金属材料“值”2.57 美元——使用价值为每磅 2.57 美元，比它的假设价格 0.20 美元要高得多。因此，从节约成本和提高生产效率的角度来看，生产者应当改用这种材料进行生产，而销售者也应当在每磅 0.20 美元的基础上适当提价。

运用需求定价法，企业必须深入调查研究重要客户群，计算客户对这种产品使用价值的认知范围；再从战略的角度确定是赚取利润还是以一种对大多顾客都有吸引力的价格来渗透市场，而最终决定定价水平。

7.2.3　营销工程中的竞争定价方法运用——竞争投标法

企业主要按照竞争者的价格而不是以成本或需求为依据来定价的方法，称为竞争导向定价法。主要包括随行就市定价法和竞争投标法。

随行就市定价法是指企业按照行业的平均现行价格水平定价。在以下三种情况下,企业往往会采用此定价方法:(1)难以估算成本;(2)企业打算与同行和平共处;(3)如果另行定价,很难了解购买者和竞争者对本企业价格的反应。

在完全竞争市场和寡头垄头市场条件下,随行就市定价法都是同质产品市场常用的定价方法。

在营销工程中,我们主要讨论如何运用工程方法提高竞争投标法的效率。

竞争投标是市场常见的定价方法:采购在公共媒体上刊登相关消息或发函说明拟购品种、规格、数量等的具体要求,邀请供应商在规定的期限内投标。采购机构(买方)在规定日期开标,一般会选择投标时所提条件性价比较高的供应商成交,签订采购合同。

在这种市场条件下,企业与数量未知的供给者展开竞争,同时对其交易信息无法确定。因此,卖方对每个投标机会都必须考虑以下问题:(1)企业到底是否应该投标;(2)如果要投标,报标应为多少?其中最主要的问题是价格。

如果供应商为一特定工程(标的物)进行投标,就必须找到高于成本但低于(未知)竞争者报价的价格。价格比成本高出越多,如果中标,利润就越大,但中标的概率就会越小。中标的期望利润是中标概率乘以合同预计利润的乘积。

$$E(Zp)=f(P)(P-C) \tag{7-6}$$

式中:$E(Zp)$为价格 P 中标的期望利润;$f(P)$为以报价 P 中标的概率;P 为投标价格;C 为履行合同的预计成本。

每个可能价格的中标概率都不一样,企业应该在中标和期望利润之间平衡,选择合适的价格。

此方法在实际运用中,核心问题是如何估计不同投标水平赢得合同的概率。如果购买者只关心价格这一因素,则概率就是报价比其他所有竞争者都低的概率,而报价是最低价的概率又是该企业报价比每一竞争者价格都低的联合概率。

7.2.4 营销工程方法在定价策略中的运用——差别定价

企业以成本、需求和竞争等因素决定产品的基础价格,并非一成不变。企业往往会在综合考虑和利用灵活多变的定价策略后,修正或调整产品价格。主要的价格调整策略主要包括地理定价、折扣定价、心理定价、差别定价和产品组合定价等。

1. 差别定价策略

所谓差别定价策略是指企业按两种或两种以上不反映成本费用的比例差异的价格销售产品或服务。

差别定价策略对企业营销的作用(企业采用差别定价策略的原因)是对于企业而言,采用单一价格在管理上较简单,且成本较低。当顾客之间相似程度较高,且企业只能采用一种价格时,无疑单一价格是企业的最佳选择。当顾客对产品的价值认知存在差异,且产品存在差异时,企业就可以通过差别定价策略来获得利润最大化。

下面我们通过一个例子来说明差别定价策略是如何帮助企业提高利润的。

假设某一场音乐会在市场上有四个规模相等的细分市场,每个细分市场愿意支付的价格都不相同。市场 A、市场 B、市场 C 和市场 D 愿意支付的最高价格分别为 400 元、300 元、200

元和100元。所有消费者都只可能买一张票，而且只有当消费者剩余(即保留价格减去售价的差额)为正时才会购买。每张票的平均成本为50元，企业希望制定最优的单一价格。

根据上述信息，企业定价低于100元显然是没有任何意义的，因为每个消费者愿意支付的价格都高于100元。这样，随着价格由50元提高到100元，利润也会增加。那企业将价格定在各个不同的保留价格时情况会怎样呢？

情况1：企业定价在100元。在这样的价格水平下，所有细分市场的消费者都会购买，利润为$4N(100-50)=200N$元。

情况2：企业定价在200元，那细分市场A、B、C的消费者会购买，利润为$3N(200-50)=450N$元。

情况3：企业定价在300元，则细分市场A、B的消费者会购买，利润为$2N(300-50)=500N$元。

情况4：企业定价在400元。这时，只有细分市场A的消费者会购买，利润为$N(400-50)=350N$元。因此，最优的单一价格为300元，利润为$500N$美元。

情况5：假设该音乐会组织者可以针对四个细分市场分别制定四个价格，那么A、B、C、D的价格分别为400、300、200、100元。音乐会组织方的利润为$N(400-50)+N(300-50)+N(200-50)+N(100-50)=800N$元。

从以上分析可看出，在采取差别定价时，音乐会组织方显然获得了最大的利润。

2. 差别定价法的特点

差别定价法的特点如下。

- 企业要获取每个消费者的全部剩余。
- 企业为每位愿意支付高于企业成本的价格的消费者提供产品。
- 企业不会为愿意支付的价格低于企业成本的消费者提供产品。
- 直接差别定价在提高消费者利益的同时又增加了企业利润，这是其他定价方法做不到的。

3. 差别定价法在实践中的困难

差别定价法在实践中的困难如下。

- 难以判断消费者的保留价格(心里底价)；企业很难通过调查或观察了解消费者愿意支付的价格。
- 针对某一特定细分市场收取某一特定价格较困难。在实践中，很多消费品都是按标价销售的，每个人都可以按同样的价格购买。
- 容易造成套利交易。保留价格较低(支付价格较低)的消费者可能会大量购买产品，然后再以相对低价销售给支付价格较高的消费者。
- 对不同细分市场实行不同价格在很多情况下法律是不允许的。
- 消费者可能会认为差别定价不公平，因此，企业要有很好的理由支持它的差别定价行为。

4. 差别定价法在实践中的运用

实行有效差别定价的关键在于判断不同细分市场的心理价位(参考价格)同这些细分市场对产品某些属性偏好之间的关系。如果企业能够发现这些关系，就可以将不同的价格与不同的属性水平联系起来，使消费者能够自由选择想要购买的属性水平。这些属性包括地域、时间等。

在此，我们以某航空公司基于收益管理进行差别定价的案例来讨论差别定价方法。

自从1979年航空业解除了管制，收益管理就一直是运输管理中最重要的技术发展……收益管理创造了一种新的定价结构，使我们能根据各航班的不同对乘客需求做出反应。这样一来，我们就可以更有效地匹配需求与供给……我们估计，仅在过去3年里，收益管理就带来了14亿美元的收入，而且我们期望在可预见的未来，收益管理每年至少还将继续带来5亿美元的收入。——美洲航空公司总裁克兰德尔(Smith et al. ，1992，pp. 30 - 31)

正如克兰德尔所说，在实践中美洲航空公司采用以收益管理为基础的差别定价法，这种定价结构为其带来了很好的收益。美洲航空公司将收益管理功能定义为："以适当价格向适当顾客销售适当的机票"。基于此思想的指导，航空公司根据不同消费者的实际情况和需要，提供带有多种限制条件的多种机票价格。如，高价机票要求提前预订、没有对取消机票的罚款等；低价机票则有很多限制。而不同限制的机票就形成了吸引不同的细分市场、具有不同产品"限制条件属性"的产品线。商务出行者认为这些限制条件难以接受，愿意购买高价的、没有限制条件的机票，而旅游者更倾向于低票价而不会在意限制条件。

美洲航空公司系统分为如下三类主要功能。

- 超额预订：有意预订比航空实际座位多的机票，以抵消乘客退票或不登机的影响。
- 折扣分配：确定航空机票的折扣金额，并限制受欢迎航班的标价折扣，为订票较晚却能带来高收入的乘客保留座位。
- 客流管理：按乘客的出发地和目的地控制预订，提供使收入最大化的市场组合(多个而不是单一的航班市场)。

如果航空公司只想提供两种档次的服务：全额票价和折扣票价，在起飞前的每个时间点上，该系统都能估计出拒售折扣示意的全额机票的销售概率 P。如果 $P\times$全额票价$>$折扣票价，则打折要求会遭拒绝。在实际操作中，航空公司会在起飞前根据剩余座位数量、离起飞时间长短及需求分布情况的不同，多次更新 P 值。

美洲航空公司的票价种类包括全额机票、中等折扣机票和大折扣机票。

假设某次航班有100个座位，三种档次的服务，有60个座位可用中等折扣，其中30个可用大折扣。座数总数与打折座位间的差额就是保留给能带来更高收入的乘客的座位数量。这样，公司就专为全价机票保留了40个座位(100－60)，留作全价票和中等折扣票的有70个座位(100－30)。只有超量预订时才停止预售全价机票。

如何计算每种档次应该预留多少座位呢？在此，我们通过以下例子来加以说明。

一架飞机设有七种档次的机票，公司在估计总需求后再计算各档次票的保有量(预留量)。

假设某航班的乘客和收入(相对应的销售收入)如表7.2所示。如果公司不进行折扣控制，订票系统会按照预订的先后顺序来受理直至满员，期间不会拒绝任何预订。在这种情况下，收入一般是在班机全部坐满中收入最小的(表7.3)。因为订票成功的大部分都是休闲乘客或愿意支付低价格的乘客。休闲乘客一般都会提前很长时间预订价格较低的机票，这样一些愿意支付高价格的旅客，如商务旅客，往往在订票时已经没有座位。

表 7.2 某航班的实际乘客和收入信息

票价类型	登机	乘客溢出	总数	收入/美元	
				平均	总额
Y_0	12	0	12	313	3 756
Y_1	6	0	6	258	1 548
Y_2	10	0	10	224	2 240
Y_3	3	0	3	183	549
Y_4	30	29	59	164	4 920
Y_5	16	5	21	140	2 240
Y_6	32	32	64	68	2 176
总计	109	66	175		17 429

表 7.3 没有折扣控制情况下可能出现的乘客情况和相应销售收入

票价类型	总需求	登机乘客	收入/美元	
			平均	总额
Y_0	12	0	313	0
Y_1	6	0	258	0
Y_2	10	0	224	0
Y_3	3	0	183	0
Y_4	59	53	164	8 692
Y_5	21	21	140	2 940
Y_6	64	64	68	4 352
总计	175	138		15 984

被拒绝的乘客(溢出列)来自统计模型。在此例中,机票类型 Y_0 到 Y_3 已全部订出,没有拒绝任何乘客。而有 66 名乘客被拒绝预订(溢出),138 个座位的航班最后只有 109 名乘客登机。

假设需求首先来自价值最低的机票类型,因此能创造高收入的需求被拒绝了。一般情况下,低票价的乘客通常比高票价乘客提前很长时间预订机票。

表 7.4 实行适当的折扣控制时的乘客情况和收入情况

票价类型	总需求	登机乘客	收入/美元	
			平均	总额
Y_0	12	12	313	3 756
Y_1	6	6	258	1 548
Y_2	10	10	224	2 240
Y_3	3	3	183	549
Y_4	59	59	164	9 676
Y_5	21	21	140	2 940
Y_6	64	27	68	1 836
总计	175	138		22 545

假设在起飞之前能确切了解需求量，则可采用理想折扣分配控制。这里所有订票时被拒绝的乘客都属于 Y_6 这档票价。

总收入机会是指适当的折扣控制与无折扣控制这两种情形之间的差别，是航空公司通过控制折扣分配可获得的收入额。航空公司可通过计算实际收入与无控制时收入之间的差值来测算因采用折扣控制而得到的收入。

在本例中，通过适当的折扣控制可能得到的总收入

=适当控制时的收入－无控制时的收入

=22 545－15 984

=6 561 美元

通过折扣控制实际得到的收入

=实际收入－无控制时的收入

=17 429－15 984

=1 445 美元

因此，航空公司将获得的折扣分配收入机会所占百分比为 1 445 除以 6 561，即 22%。航空公司可以用以上方法计算各次航班的平均业绩水平，由此测得公司总体业绩水平。

7.3 案例

XY 公司的定价策略

XY 集团公司以制造精密仪器起家，发展之初以精湛的工艺引领了精密仪器产业的发展。随着集成时代的到来，XY 公司审时度势，调整发展战略，研发和制造半导体工艺的核心设备——A 型设备，并于 20 世纪 80 年代成立了独立的子公司——XY 公司。在市场和客户要求下，XY 公司秉承了集团公司一贯不断创新的作风，不断取得技术上的领先，在 10 多年的发展历程中，向全世界的各大芯片生产厂家提供了大量 A 型设备，迄今约占全世界同类型设备出厂总量的 20%，成为半导体设备制造产业的领跑者之一。

2004 年末，XY 公司不失时机地在上海成立了中国大陆第一家针对 A 型设备的分公司——XY(中国)公司，主要负责在中国销售的 A 型设备的售后服务工作，包括总公司的委托售后服务、消耗品和零部件的销售工作并为半导体芯片生产厂家提供技术服务。经过几年的发展，XY(中国)公司已发展到拥有几十名售后服务工程师的规模，仅用时 6 年就收回了总公司的投资，并且销售额和销售利润连年攀升。从 A 型设备售后服务的上游客户的需求来看，XY(中国)公司发展空间仍然广阔。

7.3.1 行业背景

20 世纪末，为发展本土的半导体技术，我国拟定了推动信息产业发展的战略规划，制定了发展微电子技术的各项优惠政策。此后，与国际接轨的集成电路制造厂纷纷成立，信息产业在生产和科研方面都大大加快了发展速度，经过了十多年的发展，信息产业正逐渐成为我国国民经济发展的支柱产业。虽然 2008 年金融危机对制造业的打击异常猛烈，但中国作为消费类电子产品的生产基地，芯片市场仍然是最被看好的，目前中国的本地芯片生产量还远远不能满足国内的需求，只能依靠进口，显现出明显的供应不足，而且需求大于供应的绝对量还呈逐年上

升的态势(图 7.1)。政府对于半导体产业的发展推动和市场需求缺口使中国半导体产业拥有持续发展的潜力。

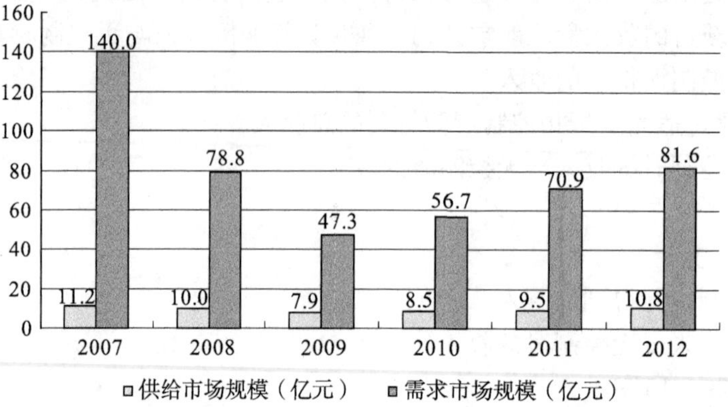

图 7.1　2007—2012 中国半导体产业生产设备的市场规模统计及预测

资料来源:Frost & Sullivan 2009/10

从整个国际市场的布局来看,受技术更新的影响,国外许多芯片生产大厂纷纷调整经营战略及产品结构,把重点放在 12 英寸硅片的研发和制造上,有计划地关闭了一些过时的芯片生产线,全球范围内有相当一部分的二手设备流到了国内市场,为国内市场注入了活力,间接刺激了国内服务市场。二手设备市场装机和售后服务的潜力为服务承担者 XY(中国)带来了商机。因此,XY(中国)决定将二手 A 型设备的装机项目作为公司经营的新支柱。

国内技术服务需求增长前景刺激并引导了 XY(中国)进行市场拓展的决心和行动。但基于原来的经营模式,XY(中国)市场行为并未达到预想的效果。虽曾有几家国内芯片制造厂主动联系过 XY(中国)公司,希望 XY(中国)承接工厂二手 A 型设备的安装调试工作,但是经过几轮的合作谈判,大多因为价格问题未能达成共识。尽管有几个项目最终由 XY 承接,但项目结束后进行核算时,发现公司并没有得到很大的利润。

为改变目前市场良好的情况下 XY(中国)装机项目不盈利的窘境,销售部门对二手设备市场和客户进行调研和走访,经过调查分析,锁定"服务产品的定价不合理"和"竞争对手的不断增加"是导致二手设备装机项目销售额不高的主要原因,其中定价不合理是最直接和根本的原因。

目前 XY(中国)对二手 A 型设备装机项目的收费方法是按工作时间收费制。

以标准 A 型机台的装机项目为例,服务定价计算条件为

二手设备装机工作需要两名工程师 25 个工作日(Monday～Saturday 工作,Sunday 休息),每天工作时间 9:00—20:00(12:00—13:00 休息)。按照 XY(中国)的分段服务收费标准计算,服务定价为

$2\times\$100\times20(\text{Day})\times8\text{H}+2\times\$125\times20(\text{Day})\times2\text{H}+2\times\$125\times5(\text{Day})\times8\text{H}+2\times\$150\times5(\text{Day})\times2\text{H}=\$55\ 000$

目前 XY(中国)对每个客户报价均为 55 000 美元,公司服务价值和特色难以凸显。同质化的作业成本和部分顾客较低的装机预算造成冲突,给其他秉承低成本优势的新进设备服务公司以可乘之机。

目前,XY(中国)公司已经决定把承接二手设备装机的项目作为下一步公司发展的重点,因此为贯彻这一经营战略,增强公司在市场上的竞争力,就必须对自身的服务产品进行重新定价。

XY(中国)公司在对顾客需求进行细分的基础上,运用成本导向定价模型、价值导向定价模型对相应的目标市场提出适当的定价改进方案。通过此定价改进方案帮助 XY(中国)制定出了更加适应市场需求的服务产品定价方案,增加企业的市场竞争力,扩大企业的市场销售额,实现二手设备装机市场上的盈利。

7.3.2 市场分析

为真实地了解顾客的需求,销售部门采取了问卷调查的调研方式,选定半导体生产厂家的采购担当、设备维护工程师和产品工艺工程师等人员,围绕企业的投资情况、制造厂家服务合同情况、二手 A 型设备的购买经历、企业对设备的服务要求和服务中的主要考量因素等问题展开调研,最终将目前国内的半导体制造厂分为低端、中端、高端三个主要的顾客市场,参见图 7.2。主要市场特征如下。

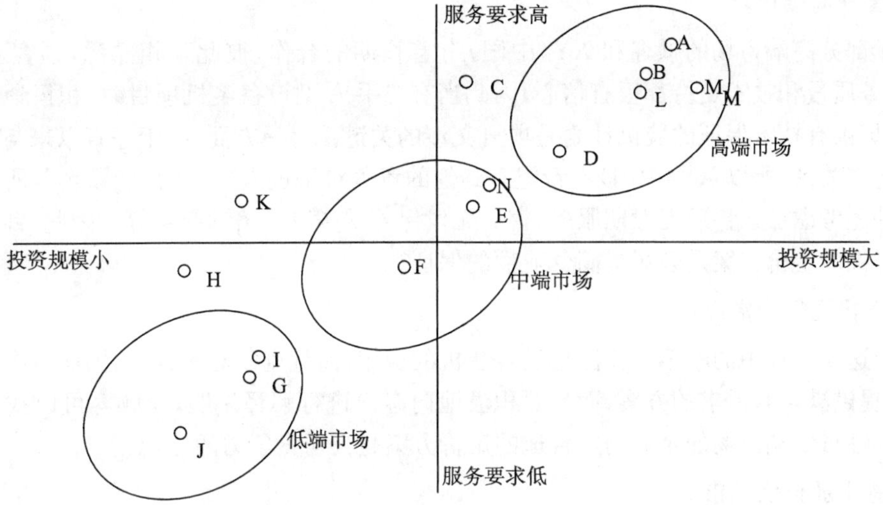

图 7.2 中国主要的芯片生产厂家

高端市场主要由国外大公司的国内独资企业和合资企业构成,投资一般在 5 亿～10 亿美元和 10 亿美元以上,采用的是世界上最新或较新的工艺和设备,生产的也是内存和代工等高端产品。这一市场的顾客愿意花费高额的设备维护和修理费用,但是对服务的要求非常高,大多数是和设备制造厂家签订长期的服务合同,基本上要求 24 小时 365 天的全时段服务。高端市场的顾客在对待二手设备的引入项目上也非常地谨慎,要求设备经过调试必须达到规定的精度范围,因为不达标的设备就有可能生产出不良产品,就有可能使本公司的信誉受损,而且有三分之二的企业没有购买过二手 A 型设备的经历。因此,高端市场的企业在选择二手设备装机时,相对于价格因素而言,更加注重服务质量的保证。

中端市场主要由一些合资公司和大型国企所构成,投资的规模一般在 5 亿美元以下。这一市场的特点是企业比较注重价格因素,在成本投入上比较谨慎;而由于设备比较陈旧且技术水平较低，所以企业不是非常注重故障维修；产品的技术含量低也导致对工艺支持的需求不强烈。而且，为扩大生产和开发新产品，这一市场的企业均有购买二手A型设备的经历，根据其所生产的产品不同，对设备的精度要求和服务的要求也不尽相同。所以这类客户在引进二手设备时视其产品定位来选择安装服务商，但考虑最多的仍是成本因素。

低端市场主要是由一些民营企业构成，构成企业不多，企业投资的规模一般在1亿美元左右。这一市场的企业一般是看到信息产业市场的产品需求大而且利润丰厚，就投资建厂，但多数的投资都很有限，只是引进了一些国外的淘汰设备，生产特定的一些低端产品，但因为各种电子产品快速地更新换代，企业的成长和发展存在着很大的变数，在装机和服务上的投资愿望不强烈。该服务市场上企业最大的特点就是注重价格，力求以最小的成本付出得到最大的利益回报，而且企业的设备基本是国外的废弃设备，本身购买设备上就没有多少费用，因此在选择装机服务时，只考虑成本因素，只要设备能运行起来就行，不会过多考虑故障维修和设备精度等问题。另外，由于企业发展的不稳定性在服务费用支付环节上也存在着诸多问题。

在综合考虑了各细分市场的特征和购买意向、服务要求以及XY(中国)公司的战略意图后，XY(中国)锁定了目标顾客群为高端市场和中端市场，基本放弃低端市场的客户。

1. 坚守高端市场

由于部分高端市场的顾客和XY(中国)有着长期的合作，彼此互相熟悉，顾客对XY(中国)的服务质量和技术支持都很有信心，因此当有二手A型设备装机项目时，积极地听取顾客的要求，提供有技术保证的装机计划是项目交涉的关键。另一方面，由于一直以来与高端顾客保持着合作关系，所以XY(中国)不希望有其他的竞争对手进入自己的“老顾客”，所以在装机服务以外还考虑加入售后无偿期服务、售后无偿保养服务以及培训服务等。因此，针对高端客户制定详细的定价方案是公司提高营业额的保证。

2. 积极竞争中端市场

由于这一市场中的顾客主要注重设备装机的费用，而且竞争对手较多，因此对中端市场的顾客，要提供满足其需求的方案，而且要积极地向客户进行解释说明，使顾客可以找到最适合的方案。针对中端市场的企业制定合适的定价方案是公司竞争力的体现。

3. 基本放弃低端市场

首先低端市场的市场规模很小，而且随着新技术和新产品的不断涌现，会逐渐萎缩甚至消失。而且这一市场上设备比较陈旧，进入的门槛太低，主要是恶性的价格竞争，无法发挥出XY(中国)注重服务质量、拥有强大的技术支持的特点。甚至有些顾客在生产线还没有安装调试之前，就发现所定位的产品已经过时，并且由于生产线过老而无法转型，只好放弃投产，这样设备安装的服务费用都无法回收。

在对中端市场和高端市场顾客的不同需求进行详细的分析和研究后，XY(中国)提出了适合的服务定价方案。

7.3.3 对中端市场的服务定价改进方案

对中端市场的顾客，由于其比较注重价格因素，销售部门人员采取成本导向定价法。对于这样的顾客需求，主要还是价格战，比较适合的价格是对这类顾客的最大的吸引点。

成本导向定价中主要有成本加价定价法和成本加成定价法。由于XY(中国)的运营成本

（员工工资、仓库管理费用等）相对稳定，因此采用成本加价定价法，即价格是在成本上增加一个固定的数额而确定的。这样计算可以在保证利润绝对值的前提下，考虑如何降低成本而调低定价，使定价在市场上更具竞争力。

对于这一细分市场，定价方案的关键在于推进公司本土化的水平，培养本国工程师代替外籍工程师的工作以降低运营成本。在保证公司固定利润的同时，新的服务价格更加有市场竞争力，而且还可以根据客户的机台数再调整价格。当然，如果客户的机台数较少或其他方面的影响，也有不能收回前期培训投入的风险，但根据目前的市场状况，这种定价方法风险较小。

表 7.5 是雇佣（或邀请）外籍工程师和本国工程师一个月花费成本的比较，可以计算出，2 名外籍工程师的每台机台的装机成本为：2×＄18 000＝＄36 000。

因此，公司的利润固定值为：＄55 000－＄36 000＝＄19 000。

其中，设定＄19 000 为成本加价定价法中的固定加价值。

如果公司推进本土化，让本地工程师去公司总部参加装机的培训，一般的费用为人均 30 000 美元，假设按照项目为 5 台来计算，平均每台上花费成本为 6 000 美元。如果台数多于 5 台的话，成本还会进一步降低。而作业初期，为了保证服务质量可以安排外籍工程师和本国工程师一起进行装机工作。因此，有以下定价方案：

定价方案 1：1 名外籍工程师和 1 名本国工程师共同装机

$$P=\$18\,000+\$8\,500+\$19\,000=\$45\,500$$

定价方案 2：2 名本国工程师共同装机

$$P=\$8\,500+\$8\,500+\$19\,000=\$36\,000$$

（P 为新服务价格）

表 7.5 外籍工程师和本国工程师出差成本比较

每月成本	外籍工程师（＄）	本国工程师（＄）
工资	9 000	1 000
出差补贴（国外/国内）	3 000	500
国外工作特别补贴	3 000	0
管理费用（房租、保险费用等）	2 000	0
其他费用（住宿费用等）	1 000	1 000
培训费用	0	30 000
合计	18 000	8 500（设装机 5 台）

（培训费为＄30 000/人，假设有 5 台的装机工作情况下，平均＄6 000/台）

7.3.4 对高端市场的服务定价改进方案

对于高端市场的顾客，由于顾客很看重装机的质量保证、时间保证及装机后的保养和服务价值，价值导向定价法更为适用。

价值定价法的重点是顾客价值，即产品的价格应当与给产品带给特定客户的价值相关。所以，在进行价值定价时必须考虑所有的成本，除了装机项目的作业成本外，还有零部件使用成本、装机时间的机会成本、保养成本以及故障维修成本等。

根据市场调研和对竞争对手项目的跟踪分析，有以下的信息可以帮助 XY（中国）对目前价值定价提供帮助。

• 目前市场上二手标准 A 型机台的装机价格一般为 40 000 美元。

• 设备的装机时间，相对 XY(中国)的 25 个工作日，竞争对手会花费 35 个工作日，而每个工作日设备水电气及净化间的平均必需成本为 500 美元。

• 零部件的使用成本，主要是设备在装机工作中为达到精度所必须更换的消耗品，因为 XY(中国)为制造原厂，所以每台设备所用消耗品的平均价格为 10 000 美元，而竞争对手则至少要 15 000 美元。

• 设备的保养成本和故障维修成本，由于目前在中国市场上，考虑到运营成本及零部件供给等因素，竞争对手多是只负责装机工作，而定期保养和故障维修等售后工作是不承接的，因此客户只有预定 XY(中国)来做这一部分的工作；而对于由本公司完成的装机项目，XY(中国)第一年会按照签约客户的价格来收取服务费，而对于不是由 XY(中国)承接的设备在提供服务时要按照至少 1.5 倍的比率来收取费用；全面保养和精度调整一般半年需要一次，作业时间为 4×12 h=48 h，而一般设备的平均故障率为 3%，因此故障维修时间可以计算为 365×24 h×3%=262.8 h。

• 对于设备操作和一般保养的技术培训，竞争对手是不提供的，也没有相关的课程服务项目；而 XY(中国)对于由本公司承接项目的客户及非本公司承接项目的客户的培训收费也是不同的，一般是按签约客户基准价格的 2 倍来收费，培训和上机实习一般需要 40h。

对以上的分析进行归纳后，请见表 7.6。

表 7.6　XY(中国)和竞争对手的装机成本要素

成本要素	XY(中国)($)	竞争对手($)
装机的作业成本	VIU	40 000
装机时间产生的成本	25×500=12 500	35×500=17 500
零部件的使用成本	10 000	15 000
装机后保养成本	48h×100=4 800	48h×150=7 200
装机后故障维修的成本	262.8×100=26 280	262.8×150=39 420
培训成本	40h×100=4 000	40h×200=8 000

* 设选用 XY(中国)装机的使用价值为 VIU。

因此，采用其他厂家装机时，装机价格和年使用成本合计为

$$40\ 000+17\ 500+15\ 000+7\ 200+39\ 420+8\ 000=127\ 120(\text{美元})$$

而采用 XY(中国)装机时，装机价格和年使用成本合计为

$$\text{VIU}+12\ 500+1\ 000+4\ 800+26\ 280+4\ 000=\text{VIU}+57\ 580(\text{美元})$$

若假设两公司提供服务价值相等，可令这两个表达式相等，解得 XY(中国)装机服务的使用价值：

$$\text{VIU}+57\ 580=127\ 120;\ \text{VIU}=69\ 540(\text{美元})$$

通过以上的运算可知，如果 XY(中国)的装机定价为 69 540 美元，那么，设备的年使用成

本就恰恰等于其他竞争对手的成本。换言之，在本案例中，XY(中国)的装机作业费用“值”69 540 美元，即使用价值为 69 540 美元，比目前的报价 55 000 美元还要高。

另外，根据目前国内绝大多数的芯片生产厂家均是代工厂的性质，对设备的产能均有很高的要求，因为如果不能严格保证产品的交货期，将会失去大量的订单，且将支付高额的罚金。而 XY(中国)作为专业的售后服务公司，在故障维修的技术支持和维修的响应时间上，拥有着绝对的优势，而这些也为客户节约了许多故障维修的机会成本，大大降低了不能按时交货的风险。

综上所述，对注重服务质量的高端市场顾客来说，有装机的质量保证和装机后的折扣服务是最有吸引力的地方。因此，为了满足这类顾客的需求，XY(中国)采用价值导向定价法，应该在目前报价 55 000 美元的基础上适当提价。而这一服务定价方案的关键是要站在顾客需求的立场上，向顾客做充足的解释说明和计算，让顾客认同此定价方案。对于高端市场的价值定价法，因许多高端顾客曾经接受过 XY(中国)的服务，所以对公司的服务质量等都有体会，在解释说明上会更加容易沟通，而顾客也更容易认同这种定价的方式。

7.3.5 总结和建议

鉴于中端市场的低成本需求和 XY(中国)公司的维修服务相对于其他服务公司某些方面的优势(雄厚的技术保障、系统化的服务和维修给芯片生产厂带来的机会利润等)，XY 在定价决策中考虑有效地使用成本导向定价和价值导向定价两种方法。确立了“针对注重价格的中端顾客采用成本导向定价法，以低廉的价格参与市场竞争，针对注重服务质量的高端顾客采用价值导向定价法，以装机的质量保证和高性价比的售后服务作为竞争的砝码，为企业赢得更高的利润”的服务定价策略，为 XY(中国)带来更多的顾客和更高的利润。

目前在许多的服务行业中，都存在着服务产品定价和顾客需求相差巨大的情况。通过对案例企业——XY(中国)的服务产品定价现状分析，XY 销售总监发现企业原来的定价方式比较死板，没有灵活的定价机制，造成了企业的利润下降，顾客的满意度也降低了。在发现这一问题后，部门根据顾客需求细分结果和 XY(中国)自身的优势，确定了目标市场和营销方针。最终，运用具体的定价模型对相应的目标市场提出具体的服务定价改进方案，验证了企业在制定价格时一定要以满足顾客需求为目标。事实上，上述服务产品定价改进框架不仅可应用于 XY(中国)及其他类似的半导体服务企业，也对所有的服务行业企业确定定价方案提供了一个可行思路。

第8章

分销策略

引言

针对目标市场顾客设计了适当的产品、为产品制定了价格;企业还必须决定如何才能让顾客在适合的时间、适合的地点购买到他们所需要的商品。这就是企业通过分销策略所要达到的目的。

在营销原理中,我们已经学习了分销策略的一般基础理论,包括分销渠道的职能与类型、影响分销渠道设计的因素、分销渠道的设计、渠道成员的管理与渠道改进、分销商的主要类型以及分销中的物流策略。本章,我们主要运用营销工程的相关方法对分销策略中的部分内容展开讨论。

通过本章学习,达到以下目标:

1. 知道分销策略的相关概念、基础理论及发展;
2. 了解营销渠道决策的过程;
3. 掌握重力模型的原理及相关方法,并能运用该模型解决营销中的实际问题。

8.1 分销策略的基础知识

分销策略的内容包括以下三个部分。

(1) 分销战略。企业决定向目标市场销售产品的方式和合同机制(契约方式)。企业可以选择直销(如邮购、网上销售或自建渠道),也可以选择通过中间商,如批发商、零售商、代理商等将商品销售给目标顾客。契约方式既可以是完全拥有整个营销渠道的所有权,也可以依靠收取佣金的经纪人。

(2) 选择终端销售地址。企业要决定销售商品的店铺数量和地理位置。终端店铺(销售地址)的决策有时意味着企业要进行直接投资(企业自建销售渠道的情况下);在企业通过中间商分销的情况下,虽然是由中间商投资建立终端,但企业要对店址决策施加很大影响以保持对整个分销系统位置的控制。

(3) 分销物流。企业规划并管理物流活动,以保证渠道运作效率的最大化,力求以最少的运输和存货成本来为客户提供最优的服务。

8.1.1 分销战略

1. 影响分销渠道设计的因素

影响分销渠道设计的主要因素有以下几方面。

(1) 顾客特性。渠道顾客人数、地理分布、购买频率、平均购买数量以及对不同促销方式的敏感性等影响因素。

(2) 产品特性。产品的体积和重量、单位价值、新颖性、工艺与非工艺特点以及产品耐用性、经久性都是影响渠道设计的变量。

(3) 中间商特性。企业设计营销渠道时必须考虑执行不同任务的中间机构的优、缺点,在成本、可获得性以及提供的服务三方面对中间商进行评估。

(4) 竞争特性。企业的渠道设计受竞争者所使用渠道的影响。某些行业的生产者希望在与竞争者相同或相近的经销处与竞争者的产品抗衡。但在一些情况下,企业要避免与竞争者使用同样的分销渠道。

(5) 企业特性。企业特性在渠道设计和选择中的重要性主要体现在:总体规模、资金实力、产品组合、渠道经验和营销政策。

(6) 环境特性。企业所处市场的环境也会影响渠道的设计和选择,如经济发展状况、社会文化变革、竞争结构、技术以及政府管理等。

2. 分销渠道系统设计决策

在分销战略决策中,企业必须决定营销渠道系统的总体设计。具体步骤见图 8.1。

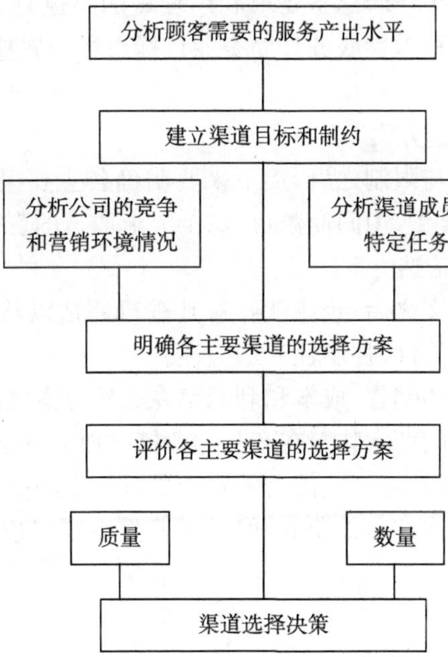

图 8.1 渠道系统设计过程

(1) 分析顾客需要的服务产出水平

营销渠道是企业向目标顾客传递价值网络中的一部分。每个渠道成员都将通过提供服务而为顾客增加价值。所以,设计营销渠道之初首先应该确定消费者需要从营销渠道得到什么(消费者对营销渠道所提供服务的期望)。渠道可提供五种服务产出:

- 批量大小。营销渠道允许顾客一次购买的单位数量。
- 等候时间。顾客等待收到货物的平均时间。顾客越来越喜欢交货更快的渠道。
- 空间便利。营销渠道为顾客提供产品的方便程度。
- 产品多样性。营销渠道提供的商品品种的宽度(多样化程度)。一般情况下,顾客期望渠道的产品品种多样化,这样会有更多的选择机会。
- 服务支持。营销渠道提供的附加服务,如信贷、安装、维修等。服务支持越强,渠道提供的服务工作就越多。

企业在设计营销渠道系统时,必须了解提高服务产出的水平意味着渠道成本的增加和对顾客收取较高的价格。不同的消费者对营销渠道有着不同的服务需求。因此,要在目标市场战略的指导下,正确分析目标顾客需要的服务产出水平。

(2) 确定渠道目标和制约

渠道目标,是企业预期达到的顾客服务水平,如何、何时、何地对目标顾客提供产品和实现服务。一般来说,企业会确定几个需要不同服务水平的细分市场。企业要决定需要服务于哪些市场以及用什么渠道服务于这些市场是最优的。在每一个细分市场中,都力求做到在提供顾客需要的服务水平的同时使整个渠道成本最小化。

在确定渠道目标时,还要考虑企业的性质、产品、公司的竞争对手以及环境的影响。如:企业的规模和经济实力决定了自己执行哪些营销职能而哪些必须让渡给中间商;销售易腐产品需要更加直接的营销方式来保证产品的品质,加快交易进程;经济大环境对渠道目标的设置也有很大的影响,经济不景气时,生产者总是要求利用较短的渠道将其产品推入市场,并且取消一些会提高产品最终价格的非根本性服务。而企业目标市场所属地区的法律法规也将影响渠道设计。

(3) 明确各主要渠道的备选方案

企业在确定了渠道的目标与限制之后,接下来要明确各主要渠道的备选方案。渠道的备选方案涉及三个问题:中间商类型、中间商数目、每个渠道成员的责任。

(4) 评估各种可能的渠道备选方案

在明确了几个渠道备选方案之后,企业就要对其进行评估以从中选择最能够满足其长期目标的方案。评估标准包括经济性、控制性和适应性。

经济性标准。企业将可能的销售、成本和利润率在选择方案之间进行比较。

控制性标准。企业引入中间商意味着在产品的营销上放弃一定的控制。而某些中间商则要求更大的力度。同等条件下,企业一般都会偏好于尽可能多的控制。

适应性标准。渠道的决策往往是长期的,但是企业更希望可以保持渠道的灵活性以适应环境的变化。

(5) 渠道选择决策

在评价的基础上,对渠道方案做出选择。

3. 分销渠道组织的发展

分销渠道不只是由企业和各类中间商的简单集合,而是由个人和公司组成的复杂的行为系统,渠道各成员在其中互相影响以实现个人的、企业的和渠道的目标。

要使渠道作为一个整体运作良好，就必须仔细界定每个渠道成员的角色并管理渠道冲突。传统的分销渠道中，各渠道成员之间是相对独立的个体，都分别地寻求自身利益的最大化，而置整个渠道系统的利益而不顾。

随着市场的不断发展，企业意识到渠道成员之间必须联合起来，共同开发市场，为顾客提供更多的价值，才有利于提高营销效率。

(1) 垂直营销系统

垂直营销系统是近年来最重要的分销渠道发展趋势之一。与传统分销渠道相比，垂直营销系统是由生产商、批发商和零售商所组成的一个联合体。某个渠道成员，作为渠道领导者拥有其他成员，或与其他成员有特许经营关系，或者拥有相当实力使其他成员愿意合作。在实践中，垂直营销系统主要有三种类型。

• 公司式垂直营销系统。公司式垂直营销系统(corporate VMS)是由同一个所有者名下的相关的生产部门和分销部门组合成而的。垂直一体化被公司所喜爱是因为它能对渠道实现高水平的控制。

• 管理式垂直营销系统。管理式垂直营销系统(administered VMS)的生产和分销是由一家规模大、实力强的企业出面组织的。

• 合同式垂直营销系统。合同式垂直营销系统(contractual VMS)是由各自独立的公司在不同的生产和分配水平上组成的，它们以合同为基础来统一它们的行动，以求获得比其独立行动时所能得到的更大的经济和销售效果。

(2) 水平营销系统

水平营销系统(horizontal marketing system，HMS)，指同一层由两个或者两个以上的公司联合起来共同开发一个新的市场机会。渠道系统的成员一同工作以将财务资源、生产资源和营销资源结合起来，去实现单独无法完成的目标。

(3) 混合渠道系统

随着消费者细分市场的增多、技术的发展，越来越多的企业开始采用两个或者两个以上的分销渠道将产品销售到一个或者更多的细分市场中，这就称为混合渠道分销。混合渠道系统为制造企业提供了三方面利益：扩大产品的市场覆盖面、降低渠道成本和更好地适应顾客要求。

8.1.2 选择终端销售地址

当企业考虑通过自建销售渠道进行商品的分销时，店铺的选址是一个很重要的问题。在选址研究中，一般会涉及区域内整体经济环境分析、地理环境与交通状况、客流量与营业额预估、竞争环境分析等方面的研究数据。

8.1.3 物流和供应链管理

企业建立营销渠道的目标就是要适时、适地、适量地将产品卖给合适的消费者。分销渠道设计好，选择了合适的分销系统、中间商，选择了合适的店址之后，企业就要考虑提高物流和供应链管理效率，以促进营销渠道的整体竞争力，让消费者在恰当的时间和恰当的地方选择到正确品种的产品。

物流，也称作实体分销，包括对从原点到消费点的商品实体、服务和信息的流动进行计划、实施和控制的过程，从而满足客户的需求。

8.2 重力模型

连锁经营机构经常要面临的一个问题是城市进入的问题。中国目前有近700个城市，首先应该进入哪些城市呢？在确定了要进入的城市后，就需要仔细研究每个城市可能的竞争对手的状况，包括竞争对手的经营状况、竞争状况等，帮助投资人初步了解城市中可能存在的各种竞争因素。接着，就要做选址研究，确定新店的地址。几乎所有进入中国市场的外国连锁超市，如沃尔玛、麦德龙、家乐福等，在进入中国市场之前，都对中国市场进行了长达数年的市场调查，投入了成百上千万的资金，重金委托专业公司进行市场调查，以做出正确的选址决策。

对于大多数的中国零售商来说，商店选址在很大程度上是一种艺术。他们往往依靠直觉和经验来进行判断。但随着连锁经营的发展、竞争的加剧，零售商需要对选址进行更科学的分析。实际上，零售选址技术在国外已经发展50多年了。而且，随着近年来计算机技术的发展普及和零售相关数据采集的逐渐增多，零售选址技术已经日臻完善。中国零售商如果能借鉴一些国外的商店选址方法，结合定量分析和定性分析，将定量分析法作为传统经验法的补充和修订，并采取科学的选址程序，以便能在选址方面做出更理性的选择，取得更好的效果。

本节主要介绍重力模型在商店选址中的应用，它是一种描述性/预测性决策模型，能帮助管理者仔细评价某些新店址，从而决定零售店址（如一家商店或一个购物中心）的位置，为中国零售商的选址提供参考。

8.2.1 营销渠道决策

营销渠道可"看做是在提供某种产品或服务的过程中相互依赖的各个企业"（Stern，El-Ansary & Coughlan，1996）。营销渠道决策会影响企业触及市场的效率和效果。另外，由于渠道要求企业资源的长期投入，因此渠道决策还会影响到企业的竞争地位。一般而言，渠道决策包括以下几点。

(1) **战略**：企业决定向目标市场销售产品的方式和合同机制。企业可直接向顾客销售（如邮购或网上销售），也可通过中介组织（如生产企业代理商、经纪人、批发商、零售商等）销售。合同制度既可以是完全拥有整个营销渠道的所有权，也可以依靠收取佣金的经纪人。

(2) **店址**：企业要决定销售产品或服务的店铺的数量和地理位置。店址决策有时意味着企业要进行直接投资（如沃尔玛）；有时虽然是由中介组织进行投资（如麦当劳特许经营），但企业要对店址决策施加很大的影响以保持对整个分销系统位置的控制。

(3) **后勤**：企业规划并管理物流和存货之类的活动，以保证渠道运作效率的最大化。企业力求以最少的运输和存货成本来为客户提供最优的服务。

在这一节中，我们主要介绍店址决策的模型。关于战略和后勤的模型可参看利连、科特勒和穆尔泰（1992）的介绍。

一个企业在选择销售网点的位置时需要做两项决策：一是选择一个市场区域，像某个城市、地区或县等，此时的决策称为"宏观"决策；二是在选定的区域内选择一个具体地点，此时的决策称为"微观"决策。

在大多数情况下，销售网点位置决策意味着企业的直接投资，地理位置的好坏很大程度上影响到投资的成败。许多企业在选择零售网点时，要考虑哪些不动产是可用的、某地的租金是否可以承受，然后再根据利润潜力及其他标准判断这个店址及其周围地区是否合适。现在由于有了使用方便的地理人口统计数据库，就可以用正规模型来制定宏观和微观的店址决策了。这些数据库包含人口统计数据及其他数据(如心理图案)，并与按含定量化的计算机模型(如重力模型)结合使用，管理者就可以仔细评价各个零售店址了。

8.2.2 重力模型概述

重力模型源于牛顿的万有引力定律，万有引力在非物理学科中的应用主要是表达两个个体之间的相对吸引力。将重力模型和人口状况的数据库结合起来评估店铺选址的方法是由Huff在1964年首先提出的。

重力模型的本质是分析顾客选择商店的关键因素，得出顾客选择商店的概率，从而为企业店址选择的地点和数量提供参考。

模型可以计算出居住在所选地理区域(如一个人口统计区域、一个邮政编码区域或任一指定区域)的居民光顾该店的概率。公司就可以利用这些概率数据推算出该零售店能够获得的销售额和市场份额。

该模型主要根据两个因素估算各个竞争商店的市场份额，这两个因素是：

(1) 商店在满足顾客需求方面的整体声誉(也称为形象或吸引力)。

(2) 从顾客的常住地到零售地点的交通便利性。要使用这个模型，需要每个地理单元中人口构成的数据，还需要从每个地理单元到零售地点的距离数据(以确定到达商店的便利性)。

8.2.3 重力模型的推导过程

支持店址决策的正规模型倾向于评价顾客概况、商店形象、驾车时间以及竞争者的店址等因素的综合影响。重力模型为管理者提供了一种评价这些因素和其他影响因素的建模框架——离散选择模型。

重力模型的基本假设是：顾客或个人 i 选择商店 j 的概率为

$$P_{ij} = \frac{V_{ij}}{\sum\limits_{n \in \mathbf{N}} V_{in}} \tag{8-1}$$

式中 P_{ij}——地理区域 i 内的顾客选择第 j 个地点的商店的概率(在选择次数中所占的比例)；

V_{ij}——商店 j 对地理区域 i 内顾客的吸引力(也叫做价值或效用)指数；

N——与新商店竞争的商店集合(在此模型的改进形式中，可用 i 作 N 的下标，以表明在不同区域里 N 值不同)。

经过发展，重力模型有一些修正，更具体地说在重力模型中，认为价值(V_{ij})取决于几个关键因素。其中一个重要因素是店址 j 的商店(或购物中心)的面积。这里假设商店越大，吸引力就越大。一般而言，较大的商店通常提供的产品更多，价格也更优惠，因而就更有可能满足顾客的需求。另一个重要因素是从消费者家里到每个零售店(包括新店)的距离。这个距离越远，对位于第 i 个区域的消费者而言，其吸引力就越小。

最后，该模型允许采用多种参数来修正商店面积和距离对顾客选择某家商店的决策造成的影响。

这样，某地理区域内的消费者就会被“拉”(就像重力的作用一样)向离家更近、面积更大、形象更好的商店。

在实际中，式(8-1)中V_{ij}的具体形式为

$$V_{ij}=\frac{S_j^{\alpha}}{D_{ij}^{\beta}} \tag{8-2}$$

结合式(8-1)和式(8-2)，得到重力模型的基本公式为

$$P_{ij}=\frac{S_j^{\alpha}/D_{ij}^{\beta}}{\sum\limits_{n\in \mathbf{N}} S_j^{\alpha}/D_{in}^{\beta}} \tag{8-3}$$

式中 P_{ij}——地理区域i内的消费者选择第j个店址的商店的概率；

S_j——店址j的商店的面积(更一般地说，可以是商店形象的某个指数)；

D_{ij}——店址j的商店与地理区域中心i的距离(更一般地说，可看作是到达该店的难易程度，而不仅仅是距离)；

α——商店吸引力(形象)影响系数。用来调整商店面积(或形象)对顾客光顾某家商店的决策造成影响的参数；

β——距离影响系数。用来调整距离(或到达难易程度)对顾客选择决策造成影响的参数。

重力模型在国外已出现了许多年，但直到商用地理人口统计数据库普及后才使这类模型得到广泛应用。如果没有这些数据库，就很难确定分析使用的特定地理区域，也很难得到众多地区和商店的距离数据和人口统计数据。数据与模型的发展还使地理人口统计数据库能更容易地应用于店址决策中。管理者不必再用传统的地理单元(如人口普查区和邮政编码)来评价商店的吸引力了。更新的数据库还能提供更详细的数据，如每个地理实体对应的经纬度，从而使决策更精确。用户可以随意通过组合方格来识别一个现有市场或潜在市场，掌握各种地理特征，诸如街道、高速公路、街区的边界等。此外，还可以通过用存储一国各地电话所在位置的经纬度数据库把公司的数据(如顾客记录)和商业数据库联合起来。这些改进使企业能够利用自己的邮寄数据库寻找同现有客户距离较近的、有潜力的零售店。

8.2.4 重力模型实施的步骤

建立重力模型时要经过以下步骤。

步骤1：界定市场区域。找出新的店址及要为之服务的地理区域，并将该区域划分为小区域。这些小区域应当在人口统计特征、竞争商店与活动障碍(如河流、铁路线)等方面相对一致。

步骤2：获取可能与新商店竞争的现有商店的数据。尤其是关于该市场区域内每个竞争对手的店址、规模、销售额以及其他特征的数据。

步骤3：计算现有每家商店与每一小区域间的距离。只要输入小区域和商店店址的具体信息，软件就可以自动计算出两者的距离。有时仅靠第二步和第三步得到的数据就能够反映出某个店址的潜在价值。例如，如果这些数据表明，现有商店每平方米的销售额远远高于平均水平，或者消费者要走很远才能到达现有商店，那么就可能存在能带来很大利润的店址。

步骤4：通过市场区域中现有竞争者来校准重力模型。具体而言，先选择出与现有数据拟合度很高的一组α和β值。一般来讲，α和β的初始值设置为1，除非有理由认为其他值更好。

对于所选定的参数值，利用第2步和第3步计算得出面积信息和距离信息，通过式(8-3)计算出 P_{ij}，然后按下列公式计算每个现有竞争者商店的市场份额。

$$m_j = \frac{\sum_{i \in I} P_{ij} T_j}{\sum_{j \in J} \sum_{i \in I} P_{ij} T_j} \tag{8-4}$$

式中 P_{ij}——已算出的区域 i 内商店 j 被顾客选择的概率；

T_j——衡量小区域 j 销售潜力的指标；

I——该市场中小区域的个数；

J——该市场现有商店的数量。

该方程中的分子表示的是商店 j 的销售潜力，分母表示的是该市场上所有现有商店的销售潜力。此处需要说明的是：每个小区域的潜量（T_j）可用任何合适的可以获得的指标来衡量。具体的实际指标选择取决于商店的性质和产品大类。在某些情况下，潜量可以是某个综合指数，如某小区域内某户或所有家庭的年平均支出；有时潜量也可以是某种具体产品的指数；潜量甚至还可用一些平均值为100的人口统计变量的相对指标来表示，如年龄或收入（如果用指数类衡量指标，就要确保指数值越高表示的市场潜力越大。如年龄越小则潜量越大，类似摇滚乐光盘的购买）。

重力模型中最常用的人口统计信息是收入、性别、年龄、职业、教育程度、家庭人口数、宗教信仰、种族和国籍等特征。只有当这些特征与人们对商店偏好有关时，才能使根据这些特征得出的重力模型有意义。

检验该模型得出的市场份额 m_j（或销售潜力 $\sum_{i \in I} P_{ij} T_j$）是否同现有竞争者的实际市场份额一致。如果不一致，就要改变参数 α 和 β 的值，重复第4步，直到找到符合实际的 α 和 β 的值为止（α 和 β 的取值选择可以运用一些统计方法，参见 Cooper，Nakanishi，1988）。

步骤5：评价一家新店设在不同位置时的销售潜力。将在所选店址上设立的一家新店 k 引入模型，用估计出来的 α 和 β 重新计算 P_{ij}。计算这家新店在该区域内的销售潜力（$\sum_{i \in I} P_{ik} T_k$）。重复这一过程，计算这家新店在其他位置的销售潜力。

步骤6：为新店选择地址，也即选在销售潜力（$\sum_{i \in I} P_{ik} T_k$）最大的位置。

8.2.5 重力模型的局限

局限一：关于重力模型的假设条件。在使用重力模型之前应仔细检查模型的假设条件。顾客并不总是喜欢离家近的商店，也并不总是倾向于规模大的商店。例如，有些高级时装店就以在精挑细选的位置开设小店取胜，还有些商店则以大店取胜（如宜家家居店）。尽管存在局限性，重力模型依然不失为一种选择店址的有效方法。

局限二：重力模型忽视了到达店址的方式。距离对乘公交、开车或步行有不同的意义。当多种交通方式都适用时，重力模型的效果就差一些。

同制定店址决策的多元回归模型相比，重力模型更难解释。回归法将非独立变量数据（如许多商店的销售额）和多种独立变量（如商店的面积、人口统计特征等）与竞争商店的特征关联起来，然后根据各个可能的店址的独立变量值预测出这些店址的销售额。但回归模型在解释现有竞争者的影响方面不如重力模型。

局限三:零售行业在不停地变化。目前的趋势是:顾客购物频率减少,超级购物中心、直销和网络营销迅速发展。这些趋势减弱了地理条件对购买行为的影响。随着这些趋势的继续,传统上用来衡量某一地理区域市场潜量的方法会变得落伍。

第9章 整合营销沟通策略(促销策略)

引言

企业在营销中,不仅要开发合适的产品,制定有吸引力的价格,让产品易于到达目标市场,同时还必须与营销活动中的各类利益相关群体进行沟通,以使其认同企业的营销理念,从而最终影响目标消费群的行为。

营销管理中,我们已经学习了营销沟通的基础理论,包括营销沟通与沟通组合、人员推销策略、广告策略、公共关系策略和销售促进策略等,从概念和理论框架上认识了营销沟通及各种沟通手段。本章我们将在营销沟通的理论基础上,侧重于讨论如何运用营销工程的方法(模型和手段)对营销沟通(广告和促销决策)进行量化分析,以提高管理决策的效率。

通过本章学习,达到以下目标:

1. 理解营销沟通的基础理论;
2. 知道营销工程中广告决策的主要模型;
3. 学会运用广告预算模型及广告效果分析解决企业营销中的实际问题。

9.1 整合营销沟通的基础理论

9.1.1 营销沟通概述

营销沟通是企业直接或间接地尝试让消费者了解自己销售的产品和品牌,劝说和提醒消费者购买这些产品和品牌的手段。

1. 营销沟通的作用

营销沟通向消费者解释或展示为何要使用某产品,什么样的人使用该产品,何时何地使用该产品;解释品牌的涵义是什么;以及鼓励消费者试用或使用该产品。

对于企业来说,营销沟通是将品牌与其他人、场所、事件、品牌、体验、感受和事件联系起来的一种方式。通过营销沟通,让消费者产生品牌记忆以创建品牌形象,从而有助于建立品牌资产。同时,营销沟通能促进销售的增长甚至企业的股价上升(图 9.1)。

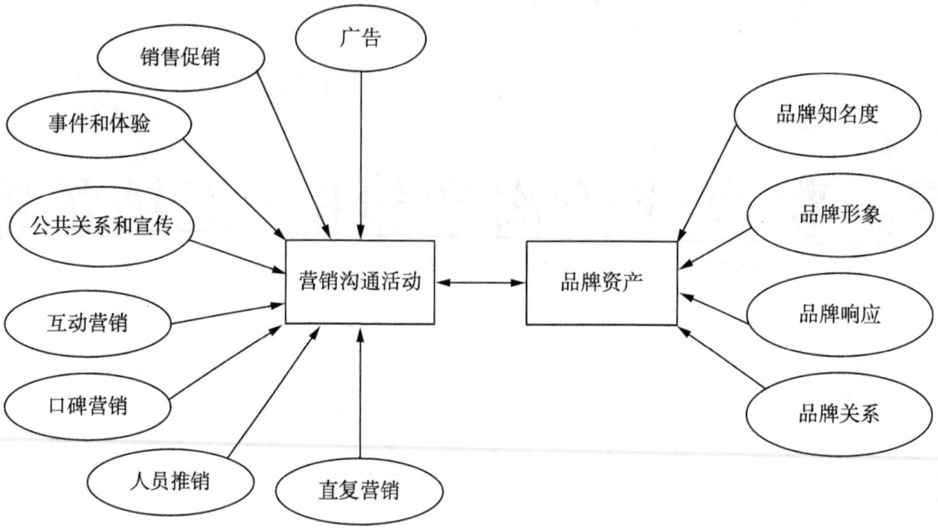

图 9.1　塑造品牌资产的整合营销沟通

9.1.2　营销沟通的主要手段

营销沟通包括八种主要手段。

(1) 广告。所有由某位可识别的赞助者进行的创意、物品或服务的非人员演示和推广的收费形式(由明确的主办方以付款方式进行的创意、商品和服务的非人员展示和促销活动)。

(2) 销售促销。为鼓励消费者试用和购买某个商品而进行的短期刺激活动(各种鼓励购买产品和服务的短期刺激)。

(3) 事件和体验。公司赞助的活动和项目,目的在于建立日常或特殊的与品牌相关的互动。

(4) 公共关系。企业在从事市场营销活动中正确处理企业与社会公众的关系,以便树立品牌及企业的良好形象,从而促进产品销售的一种活动(通过保持良好的公众形象与企业各方公众维持良好关系,慎重处理不利流言、谣传事件)。

(5) 直复营销。利用信件、电话、传真、电子邮件或互联网直接与特定的顾客或潜在顾客沟通,或者引发其反馈或对话(为获得立即的反馈并培养长期顾客关系,而与仔细选择的目标顾客进行的直接联系——使用电话、邮件、传真、电子邮件、互联网以及其他工具与具体顾客进行沟通)。

(6) 互动营销。企业在营销过程中充分利用消费者的意见和建议,用于产品的规划和设计,为企业的市场运作服务(让顾客或潜在顾客参与网络活动和项目,直接或间接地增强认知度,提高形象或销售产品和服务。目前互动营销主要是借助于互联网技术实现营销人员和目标客户之间的互动,主要方式包括付费搜索广告、手机短信营销、广告网络营销、博客营销和电子邮件市场营销等)。

(7) 口碑营销。企业努力使消费者通过亲朋好友之间的交流将自己的产品信息、品牌传播开来。口碑营销是企业运用各种有效的手段,引发消费者对其产品、服务以及企业整体形象的谈论和交流,并激励顾客向其周边人群进行介绍和推荐的市场营销方式和过程。

(8) 人员推销。通过推销人员深入中间商或消费者采取购买行为的促销方式。人员推销包括三种基本形式:上门推销、柜台推销和会议推销(公司销售力量为销售产品或建立顾客关系而进行的人员展示)。

9.2 营销沟通的策略

9.2.1 营销沟通过程

营销沟通过程包括确定目标群体以及制定一个协调一致的促销活动来引发目标客户群的反应。营销沟通过程包含9个要素,其工作过程可用图9.2来表示。

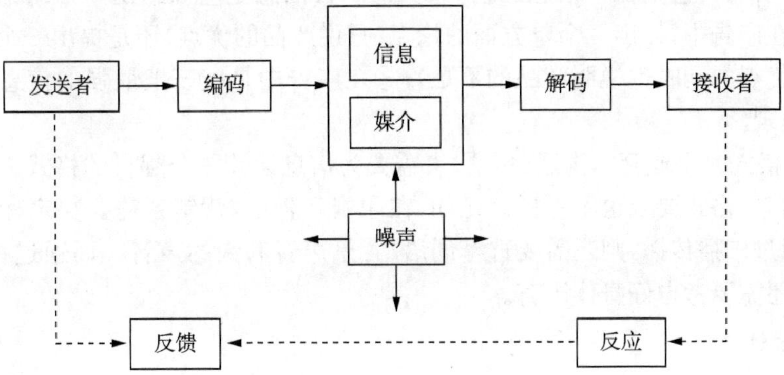

图9.2 营销沟通过程

- 发送者:发送信息的一方;
- 编码:将思想转化成符号形式的过程;
- 信息:发送者所传送的信息;
- 媒介:信息从发送者传到接收者的传播渠道;
- 解码:接收者对发送者所编码的符号赋予涵义的过程;
- 接收者:接收信息的一方;
- 反应:接收者在接收到信息后的行为;
- 反馈:接收者的反应中传回给发送者的那部分;
- 噪声:传播过程中曾预料到的杂音或者曲解,这会导致接收者获得一个与发送者不同的信息。

在以上因素中,发送者和接收者是传播的主要参与者;信息和媒体是关键的传播工具;编码、解码、反应和反馈是传播的重要功能。

9.2.2 营销沟通的步骤

一项有效的营销传播计划和项目包括以下步骤。

1. 识别目标受众

开发有效营销沟通计划的第一步,是清晰地识别目标顾客受众群体。目标群体可能是潜在购买者、目标的使用者、购买决定者或影响购买决定的人。目标受众将在很大程度上影响企业营销者(营销沟通者)关于"说些什么、怎样说、什么时候说、在哪里说以及由谁去说"的决定。

2. 决定沟通目标

在界定好目标受众后,企业营销沟通必须决定:通过沟通活动,希望受众产生何种反应。营销沟通的目标包括产生品牌认知、在消费者心中形成积极的品牌形象、影响购买行为等。

3. 设计信息

在设定了沟通目标后,企业营销者应据此开发有效的信息。在这一步,营销沟通者必须决定说什么(信息内容)以及怎样说(信息结构与格式)。

(1) 信息内容　主要是找出一个能够导致预期反应的诉求或主题。一般存在四种类型的诉求:理性的、情感的、道德的和社会的。

(2) 信息结构　包括三个信息结构问题:①广告信息是应该给出一个结论还是由观众自己去思考;②在广告中,提出一个单方面的论点(只说产品的优点)还是提出一个双方面的论点(在宣传产品优点的同时也说明产品的不足);③在广告中是应该把最强的信息首先提出还是留到最后才出现。

(3) 信息格式　企业营销沟通(传播)者需要为信息设计一个醒目的格式。通过不同类型媒体传播的信息,格式要求也不一样。比如,在印刷广告中,营销者需要决定标题、附文、图片以及颜色。通过广播传播,则还需要选择词语、背景声音和人的声音。而通过视频时,除了以上因素以外,还需要考虑好身体语言。

4. 选择媒体

企业营销传播者还需要选择传播渠道。传播渠道包括两大类——人员和非人员的。

(1) 人员传播渠道　在人员传播渠道中,两个或者更多的人相互之间直接沟通。他们可能是面对面地,通过电话、邮件甚至是通过网上聊天进行沟通。

(2) 非人员传播渠道　指那些不需要通过人与人之间的接触和反馈就可以传递信息的媒介,包括主要媒体、氛围和事件。

5. 选择信息来源

无论是何种传播渠道,受众对传播者的看法都将影响着传播者传递的信息对目标受众的影响力。来自一个高度可信来源的信息会更加具有说服力。因此,在寻找品牌代言人时必须谨慎,需从以下几方面来考虑:可信性、专业性、外表吸引力、受尊敬的程度、与目标受众的相似性。

6. 收集反馈

在信息传播之后,企业必须研究目标受众的反应。可以通过以下手段得到反馈信息:询问目标受众成员是否记得信息;见过几次该信息;能够回忆起哪些点;对信息感觉如何以及他们对产品和公司过去和现在的态度如何;有多少确实购买了产品、同其他人讨论过此产品或者为之访问过店铺。

9.2.3　确定传播组合

1. 传播工具

目前主要的传播工具包括:

- 广告

- 人员推销
- 营业推广
- 公共关系
- 直销

2. 传播组合战略

促销组合战略主要包括推式战略和拉式战略(图 9.3)。

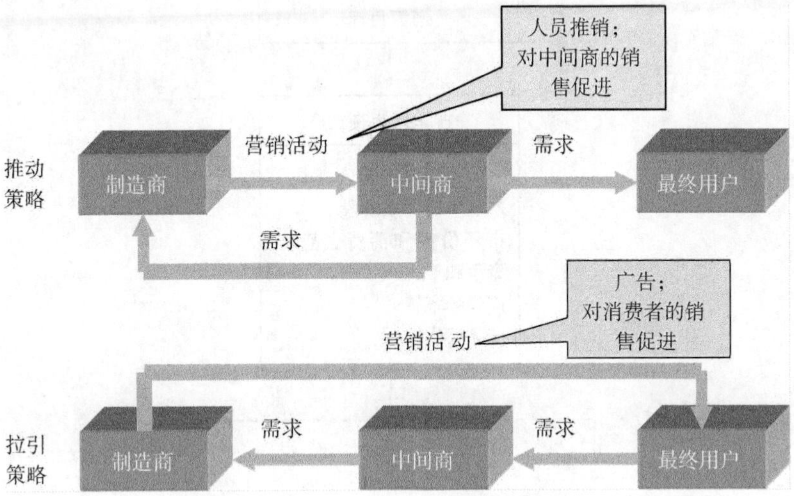

图 9.3　营销传播的推动与拉引策略

- 推式战略。指产品顺着分销渠道推向最终顾客。企业将其营销活动(主要是人员销售和交易促进)指向中间渠道成员,来促使他们接受产品并向最终顾客促销。此战略主要适用于工业产品。
- 拉式战略。企业将营销活动(主要是广告和消费者促销)直接指向最终消费者并促使他们购买产品。如果拉式战略有效的话,消费者会向渠道成员要求购买该产品,而渠道成员则会转向生产商处购买。因此,采用拉式战略时,消费者的需求拉动着产品沿着渠道流动。

9.3　营销工程中的广告决策模型

9.3.1　广告决策概述

广告,广而告之,是由明确的主办人发起,通过付费的任何非人员介绍和促销其创意、商品或服务的行为。广告作为促销组合的一个组成部分,具备以下主要性质。

公开展示:广告是一种高度公开的信息传播方式。它的公开性赋予产品一种合法性,同时也使人想到一种标准化的提供。因为许多人接受相同的信息,所以购买者知道他们购买这一产品的动机是众所周知的。

普及性:广告是一种普及性的媒体,它允许销售者多次重复这一信息。它也允许购买者接受和比较各种竞争者的信息。一个销售者所做的大规模的广告,以肯定的语气介绍销售者的经营规模、能力和成功。

夸张的表现力:广告可通过巧妙地应用印刷艺术、声音和颜色,提供一个公司戏剧化展示公司及其产品的机会。

非人格化:受众不会感到有义务去注意或做出反应。广告对受众只能进行独白而不是对话。

主要的广告决策过程见图 9.4。

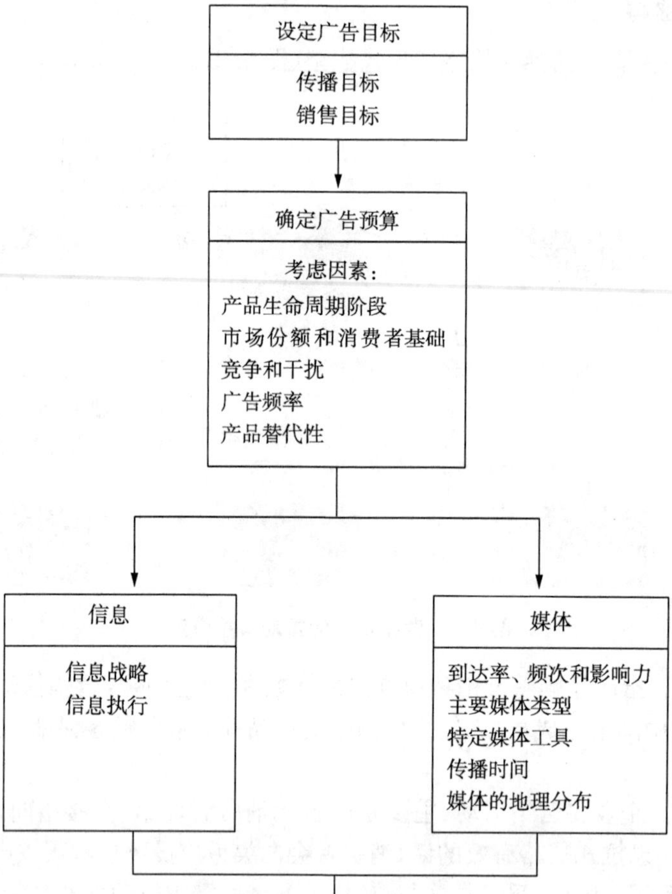

图 9.4　主要的广告决策过程

9.3.2　广告效果

1. 广告的市场反应现象

营销者在建立广告销售反应模型之前,必须考虑以下三个问题。

• 形状。即每一广告支出水平上的长期销售水平会呈现何种走势(曲线趋势)。两者之间是线性还是 S 形关系?当广告支出为零时,销售额是多少?随着广告支出的增加,销售额是否会存在饱和点,即大量的广告支出却导致销售额停滞不前或下降?

• 动态。当广告增加或减少时,销售额增长或降低的速度。在此,问题是销售额增长的时间相对于广告投放的时间而言,是否存在滞后性,即广告是否能推动销售到一个不继续提高广告支出就会停滞不前的新水平。

• 相互作用。广告与营销组合其他因素(如人员推销、销售促进等)之间的相互作用和协同作用。

2. 广告反应模型的特征

一个好的广告反应模型应当能表现以下五种现象。

• 广告增加时销售增长,广告减少时销售下降。这种升降频繁发生,只是变动速率不同;

• 广告反应曲线呈凹形或 S 形,而且广告支出为零时,销售率常为正;

• 竞争性广告会影响到销售额,通常产生的是负作用;

• 由于广告媒体、方案及其他因素的变化,每单位广告支出的有效性会随时间推移变化;

• 产品销售在某些时候会随广告支出增加而出现增长回落,即使广告支出保持恒定也会回落。

3. 广告反应模型

维达尔和沃尔夫在 1975 年开发出了一个经典的广告反应模型,解释当广告既存在即时效果又存在滞后效果时的销售变化率。

$$\frac{\Delta Q}{\Delta t}=\frac{rX(V-Q)}{V}-\alpha Q \qquad (9-1)$$

式中 Q——产品的销售量;

$\Delta Q/\Delta t$——在时点 t 时销售量的变化;

X——广告支出;

V——市场容量;

r——销售反应常数(当销售量 $Q=0$ 时,每一美元广告支出 X 带来的销售量);

α——销售衰减常数(当广告支出 $X=0$ 时,每单位时间内损失的销售量所占比例)。

式(9-1)右端的含义是,销售量的变化 $\Delta Q/\Delta t$ 依赖以下因素:r、X 与 $(V-Q)/V$ 的值越大,则它也越大;α 与 Q 的值越大,则它越小。这样,$\Delta Q/\Delta t$ 就等于,每一美元广告支出的销售反应率 r 乘以广告支出 X,再乘以市场未饱和的销售百分比 $(V-Q)/V$,再减去衰减后的销售损失 αQ 所得的差值。

关于广告效果的一些研究结论

1995 年,罗迪斯等根据有线电视广告的情况提出了一些关于广告效果的有趣结论。结果发现:增加广告支出总的来说并不能增加销售。只有当广告与产品的变化(如开发新产品或改良现有产品)、广告方案的变化或媒体策略的变化相伴时,以及当广告对象是店内很少促销的产品大类时,广告才最有可能促使销售增长。另外,67%的测试表明,对知名品牌的产品来说,广告的增长并不能带来销售的增长;61%的测试表明,沿用原来的广告文案的话,广告增加并不能使销售增加。知名品牌产品的广告弹性平均为 0.05,即广告增加 100%只能增加 5%的销售。

4. 广告媒体决策与广告效果

广告媒体决策合适与否，直接关系到广告的效果。要提高媒体决策的正确性，关键要了解广告展露的长期效果，即广告频率效果理论。广告频率效果理论是以心理学实验室的相关研究为基础而发展的。

19 世纪末，埃宾豪斯通过研究指出，重复学习同一课程能降低遗忘率。1959 年，齐尔斯基将这一结论用于杂货商店的广告。

阿佩尔(1971)、格拉斯(1968)指出，对某一简单刺激的反应通常是先上升，到达最高点后下降。格拉斯对杜邦公司的几种产品广告进行了研究后，得出以下结论：广告展露两次时，注意力增强并达到最大；当展露两次或三次时，已知信息的数量不断增加并达到最大。克鲁格曼(1972)根据对脑电波和眼睛活动的研究指出，第三次展露及接下来的展露会加强第二次展露的效果。

麦克唐纳(1971)在 255 位家庭主妇在 13 周内对报纸、杂志、收音机和电视广告上 50 大类产品所做的广告展露记录报告的基础上，研究了广告频率，并发现：对其中 9 类产品，如果在对该产品的两次购买之间家庭主妇看见该品牌两次或两次以上广告，她们转而购买这种品牌的可能性就比一次都没看见或只看见一次高的 5%；如果在第二次购买前四天内看了广告，广告效果就更强。

奥美公司的相关研究表明：八周展露一次的广告几乎没有什么效果；每天不同时间展露的效果大不相同；品牌之间存在巨大差异。

纳普勒斯在 1979 年，通过研究得出以下结论：

- 在一个购买周期中，最适宜的展露频率是三次或更多；
- 展露次数超过三次后，广告效果继续增强，但增强的速度递减；
- 尽管广告频率能加速广告效果的减弱，但频率本身并非导致广告逐渐失效的原因；
- 对市场份额最高的产品，产品的反应较小。

5. 广告文案的效果

广告文案或广告语在沟通方面的作用越来越为企业营销者所重视。阿克尔和卡曼对 48 个 AdTel 广告试验进行了研究和总结，结果表明其中 30%的试验表现出广告密度对提高销售有很强的效果，而 47%的试验表明广告文案对销售有很大的促进作用；1987 年，富戈尼报告指出，在 400 多个行为监控测试中，40%～55%的测试表明广告强度会对销售产生反应，而 75%的测试对广告文案会产生很强的反应。1985 年，卡罗尔等在其报告中指出，在一项对海军征兵广告的实验中，广告密度并没有产生强烈的效果，而根据当地特点定制的广告文案却产生了很显著的效果。

因此，为了提高广告的效果，营销者必须知道什么是好的广告，好何才能制作出好的广告，以提高广告的吸引力。为此，广告文案的研究者调查了大量广告现象，包括如何将广告的物理特点和机械特点同认知、回想和其他指标相连，以及电视广告的幽默性和严肃性等内容。最终针对提高广告文案效果提出以下原则。

- 印刷品广告面积越大，以后就会被越多的人认出来，其人数大体是广告尺寸增长量平方根的函数；
- 相对于黑白广告而言，能认出彩色广告的人更多；

• 广告标题越短,广告越容易被认出(识别);

• 人们既能回想起较短的电视广告,也能回想起较长的广告,而且产品类别对电视广告和印刷品广告的认知和回想都有重大影响;

• 随着电视商业广告播出情况的变化,人们的认知和态度也会变化,通过这些变化预测品牌选择的变化;

• 即使不信任广告的内容,人们也能记住广告。

以上结果虽然简单,但是能帮助营销者知道在哪些情况下应该传达哪些信息,以提高广告文案的效果。

以下我们将分别讨论如何运用工程模型对广告预算和广告文案决策以提高广告效果。

9.3.3 广告预算决策的方法

广告预算决策一般有四种方法:量力而行法、销售百分比法、竞争对等法和目标任务法。

• 量力而行法。营销经理根据企业的能力(支付得起的数额)而制定广告预算。使用这种预算方法时,广告支出与未来销售收入之间几乎没有什么关系。企业只是把能用得上的资金用在广告上。这种方法的弱点是限于每年资金能力的不平衡,企业很难为广告的长期发展做出规划。

• 销售百分比法。企业简单地以过去(如去年)或预期(如明年)销售额的固定百分比设定产品的广告预算。运用销售百分比法对广告进行预算有以下优点:①广告支出基本上随支付资金的多少而变化;②鼓励经理考虑广告成本、售价与单位利润之间的关系;③如果竞争对手也花费大致相同比例的广告费,则有利于保持竞争的稳定。

但同时,销售百分比法也有一定的缺陷:第一,这一方法颠倒了销售额与广告之间的推理方向。广告与销售额之间的逻辑次序应该是广告带来销售额,即销售额是广告的函数:销售$=f$(广告);而在销售百分比法中,广告成了销售额的函数:广告$=f$(销售额)。按照这一推理,当预期销售额增加时,广告预算也同时增加;当预期销售额降低时,预算也相应减少。

销售百分比法的非逻辑性经常在现实中得到证实,如当一个品牌的销售额预期下降时错误地作出减少广告预算的决定。例如,许多企业在经济衰落期间削减广告开支。实际上明智的做法是应该在经济衰退时增加广告开支以阻止销售额下滑。

第二,运用销售百分比法时,营销经理往往根据可用资金的数额而不是根据可用的广告机会来制定广告预算;

第三,销售百分比法并不能为选择某个百分比提供合理的依据,唯一的依据是过去的经验、竞争者现在的情况或者可能引起的成本;

第四,销售百分比法不能鼓励企业建设性地为不同产品、不同销售区域分配广告费用,而是按照销售额的同一个百分比分配所有的资金。

• 竞争对等法。按照竞争者的做法设定广告预算。主张采用这种方法主要基于以下论点:一是竞争对手的支出代表了该行业的集体智慧;二是保持竞争地位的对等有助于防止广告大战。但实际上,这两种观点都存在一定的误区。首先,企业没有任何先验的理由认为竞争者是以符合逻辑的方法来确定广告支出,每家公司的广告声誉、资源、机会和目的都大不相同,因此从一定程度上来说,任何一家公司的预算对其他公司都没有任何指导意义。而且也没有证据表明为了追求竞争上的对等而确定广告预算确实能使本行业的广告支出达到稳定。

• 目标任务法。企业根据所要达到的目标来制定预算。通常，目标任务法被认为是最合理、保守的广告预算方法。

目标任务法的运用步骤：①明确具体的广告目标；②明确为实现这些目标而必须完成的任务；③估算完成这些任务所需要的成本。这些成本的总和就是广告费用预算。

在具体运用时，应注意尽量使广告目标具体化，从而根据目标来设计广告文案、选择媒体以及评估广告效果。

目标任务法的缺陷在于未能指出怎样选择目标、怎样评价目标以及怎样确定这些目标是否值得付出这么多成本。

9.3.4 营销工程方法在广告预算决策中的运用——ADBUDG

ADBUDG 模型主要集中研究市场份额对广告支出的反应，没有明确地考虑竞争效应。同时，该模型的运用建立在以下假设的基础上(图 9.5)。

(1) 若广告费用削减到零，则品牌的市场份额将减少；但存在一个下限或最低点，到某一时间段之末，市场份额会从最初水平降低到这个最低点。

(2) 若广告费用大大增加，比如达到了饱和点，则品牌的市场份额也会增加；但存在一个上限或最高点，在一段时间之末，市场份额会达到这个最高点。

(3) 存在某个使份额始终保持在最初水平的广告率。

(4) 根据广告对市场份额的影响数据的分析和经理的主观判断，可以估计出到一个时期末广告水平会比维持水平提高 50%。

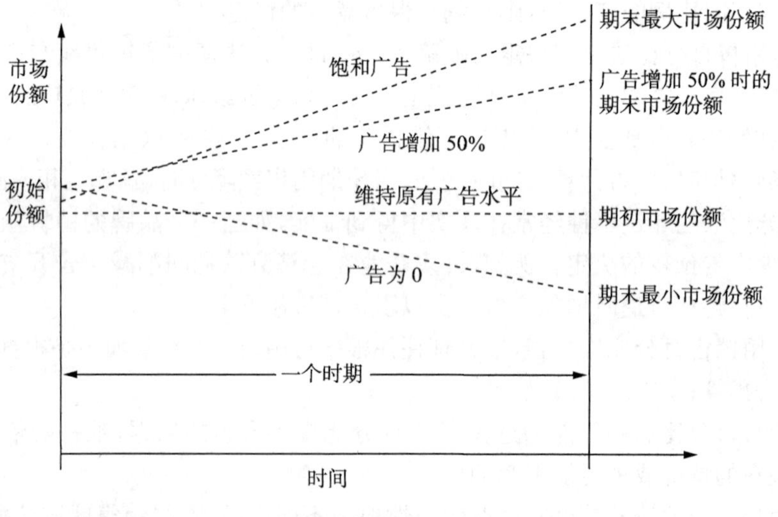

图 9.5 ADBUDG 模型

在以上假设基础上我们可以得出一个平滑的广告反应函数

$$\text{市场份额}=b+(a-b)\frac{adv^c}{d+adv^c} \quad (adv\text{ 表示广告}) \tag{9-2}$$

式中，常数 a、b、c、d 可由输入数据决定。该方程表示的反应关系既多样化又有限。广告费增加 50%所带来的市场份额增长量将在很大程度上决定广告率的大小，而 a(最大值)和 b(最小值)则将市场份额的变动限制在一个有意义的区间里。adv 可由加权广告(wtd adv)计算得出:加权广告=媒体效率×媒体有效性×广告支出金额。(媒体效率指数和广告文案有效性指数是两个随时间而变化的指标,我们假设其参照值均为 1.0)

考虑到时间的延迟,模型假设:(1)如果不做广告,则市场份额最终将衰减到某一长期最低值(可能为 0);(2)一个时间段内的市场份额衰退值是当前份额与长期最小份额之差的一个固定百分比,即衰退是指数函数。

令"长期最小"表示长期最小份额,"保留比例"表示在市场份额衰减一段时间后,市场份额与长期最小份额之差的一个百分比。在以上假设条件下,可得:

$$保留比例=\frac{最小份额-长期最小份额}{初始份额-长期最小份额}$$

$$份额_t=长期最小+保留比例\times[份额_{t-1}-长期最小]+(a-b)\frac{adv_t^c}{d+adv_t^c} \qquad (9-3)$$

最后模型可以总结如下。

(1) 市场份额

$$调整后的市场份额_t=长期最小+保留比例\times[市场份额_{t-1}-长期最小]+(a-b)\frac{加权广告_t^c}{d+加权广告_t^c} \qquad (9-4)$$

(2) 品牌销售额

$$调整后的销售额_t=产品类别销售额指数_t\times调整后的市场份额_t \qquad (9-5)$$

(3) 利润

$$广告对利润的贡献_t=每单位销售额的贡献_t\times品牌销售额_t\times广告支出_t \qquad (9-6)$$

9.3.5 广告媒体决策

选择传播信息的媒体,是企业运用广告展开营销沟通时所必须做出的重要决策之一。这一决策过程包括:

- 决定期望得到的到达率、频次和影响力;
- 选择媒体类型;
- 选择具体的媒体工具;
- 确定传播的时间;
- 确定媒体的地理分布。

通过广告媒体决策,企业要找到一种最好的方式,使广告信息能以预定次数展露给目标受众,同时要在规划的期限内安排这些信息展露给受众的时间。

1. 广告媒体决策模型中的相关术语

最优展露次数:广告主大都希望从目标受众那里得到对其广告的反应。假设想得到的反应是一定的产品试用水平,它取决于品牌在受众中的知名度等因素。假设产品试用水平随受众知晓度递增,但递增的速度递减[图 9.6(a)]。若广告主希望产品试用率达到 T^*,那么产品知晓度就必须达到 A^*,这时的任务就是找出企业需要多少次展露(E^*)才能达到这种知名度,即最优的展露次数。

送达率(R):在一段规定时间内,至少看到一次某一广告的人数或家庭数。媒体模型假设,如果某人看到了播放某广告的媒体,也就看到了这则广告。

平均频率(F):在该时间段内目标市场中的一个人或一个家庭接收到广告消息的平均次数。

影响(I):通过某种媒体实现的一次展露的定性效果。比如,在《瑞丽》上刊登化妆品广告,就比在《销售与市场》上刊登的影响更大。

图 9.6(b)表示了受众知晓度与广告送达率之间的关系。受众知晓度越大,广告展露的送达率、频率和影响都越大。此外,送达率、频率与影响之间存在着此消彼涨的关系。

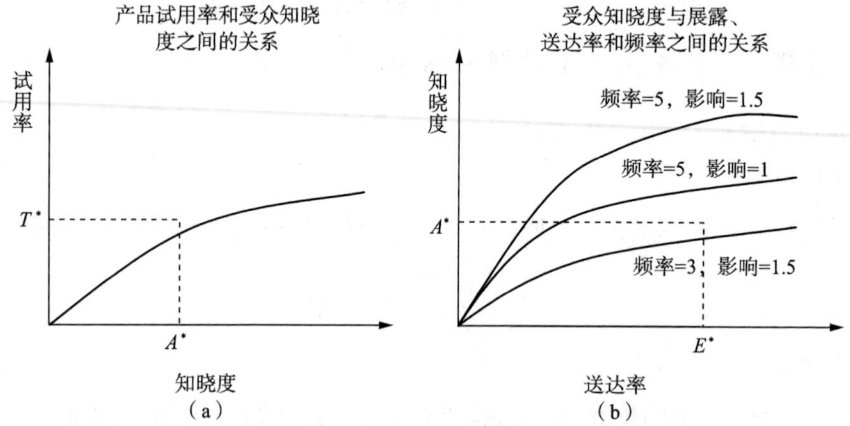

图 9.6 产品试用率、受众知晓度和展露函数之间的关系

广告的送达率越高,知晓度就越高(b),新产品的试用水平就越高(a)。

展露总次数(E):也称为总评分点(GRP)。是送达率与平均频率的乘积,即 $E=R\times F$。

加权展露总次数(WE):送达率、平均频率与平均影响三者的乘积,即 $WE=R\times F\times I$

2. 媒体类型组合决策的影响因素

- 目标受众的媒体习惯
- 产品特点
- 广告要传递的信息
- 相对成本

3. 决策模型中解决的问题

给定某一媒体预算、广告语和文案、一组可供选择的媒体、受众数据和每种媒体成本数据,以确定:

- 采用哪种媒体
- 每种媒体插入广告为多少及其时间安排
- 在每种媒体上采用哪种广告单位/形式(如印刷品广告的大小和颜色)能使媒体预算产生最大效果。

在媒体决策模型中,以对目标受众的展露次数为指标来决定媒体计划效果,即加权展露次数。为了确定媒体计划的加权展露总次数,必须知道:每种媒体的净累计受众数,即展露次数的函数;受众在每对媒体间重复计算的数目。

假设只有两种可选择媒体,则可用下列等式来计算媒体覆盖范围:

$$R=r_1(X_1)+r_2(X_2)-r_{1,2}(X_{1,2}) \tag{9-7}$$

式中,R 为媒体计划的送达率,即去掉重复计数的人数后的总加权展露数;$r_i(X_i)$ 为媒体 i 的受众人数;$r_{1,2}(X_{1,2})$ 为既是媒体 1 又是媒体 2 的受众人数。

若有三种媒体,则它们的送达率是

$$R=r_1(X_1)+r_2(X_2)+r_3(X_3)-r_{1,2}(X_{1,2})-r_{1,3}(X_{1,3})-r_{2,3}(X_{2,3})+r_{1,2,3}(X_{1,2,3}) \tag{9-8}$$

在多种媒体选择的情况下,将每种媒体各自的送达率相加,再加上这三种媒体同时都达到的范围,再减去三种媒体中每两个媒体同时送达的范围,其值即为三种媒体的净覆盖范围。n 种媒体的情况下,可以此等式为基础类推。

要得到不同媒体的受众间重叠情况的数据,必须要有很大的受众样本,这需要很大的花费。阿格斯蒂尼(Agostini,1961)根据对法国媒体受众重叠性的研究数据构造了一个有用的估算公式,说明了估算杂志插页广告总送达率的方法:

$$C=\frac{1}{K(D/A)+1}A \tag{9-9}$$

式中,C 为总送达率;K 为常数,估计为 1.125;$A=\sum_{j=1}^{n} r_j(X_j)$ 为媒体 $1,2,\cdots,n$ 受众的总人数;$D=\sum_{j=1}^{n}\sum_{k=j+1}^{n} r_{jk}(X_{jk})$ 为所有两两重复受众的总人数。

媒体决策的各种模型一般包含以下三部分。

- 目标函数,它将某个值,如利润或有效展露次数,分配给一份广告规划;
- 解决策略,如启发式方法或优化方法;
- 约束条件。

目标函数通常有以下五个主要组成部分。

- 媒体展露次数衡量指标:测定净送达率、媒体计划的展露次数或总评分点;
- 重复效应:将广告重复展露给同一个人能对该受众产生的影响;
- 遗忘效应:不同展露之间产生的遗忘和广告效果的下降;
- 媒体来源效应:不同来源的广告展露的相对影响;
- 市场细分效应:广告受众是谁以及受众中能代表目标市场的比重。

9.3.6 广告方案的设计与决策

广告创意质量在很大程度上决定了广告播出(展露)后的效果。因此有效地进行广告的设计与决策对于企业(企业营销者)来说是比较重要的,也是广告管理中重要的决策问题之一。

广告创意质量评价——两难选择

什么是好的广告?是有较高的美学价值呢?还是会为企业带来持续增长的销售额呢?

有些广告从艺术的角度来看,有很高的美学价值,甚至得了各种大奖,但对销售却没有什么积极作用。如:日产公司为太子车引入市场所做的广告,广告里连这种车型的照片都没有。

而有些广告看起来粗俗、毫无美感或惹人讨厌，但对销售却有很大的推动力。如脑白金的广告，每到过年过节，该广告就会频频出现在各大电视台上，消费者对其极其厌恶，但该广告却为其带来了巨大的销售额增长。

1. 广告文案的有效性

不同的广告目标对广告文案的创意(内容)的要求是不一样的。新产品的广告文案主要在于为产品建立广泛的知名度和吸引试用，而现有品牌的广告文案的重点在于提醒人们用该品牌、提高使用率并突出该品牌与其他品牌的差异。因此，在创作广告时，必须要找到目标产品在广告活动中力求表达的事实和创意。

2. 广告文案的测试

为了确保广告投入市场后，能发挥应有的作用，广告文案必须经过测试。

文案测试包括两个部分：测定非独立变量(如反应)及衡量指标的设定。衡量反应的指标包括：

- 注意和印象：广告吸引注意力和易于记忆的能力；
- 沟通和理解：广告向目标市场清晰准确地传递信息的能力；
- 说服力：广告对购买行为产生正面影响的能力。

3. 广告文案测试的方法

广告文案测试可根据测试使用的环境不同分为三类：实验室法、模拟现实环境法和市场测试法。其中实验室法和模拟现实环境法都要对重点顾客群访谈，还要用各种生理学记录设备，包括眼部照相机(测量眼球的运动)、多种波动记录器和相关设备(测量情绪反应或生理反应)以及测瞳仪(测量人们看到感兴趣的事时的瞳孔放大现象)。

运用模拟现实环境法时，研究者通常把被调查者带入某个经过布置的环境中，测量他们的兴趣、爱好以及在将广告文案展露给他们之前和之后的购买可能性。有些方法还可以在广告展露的同时进行联机测量。

市场测试是很多企业在广告正式上市之前用来测试广告文案有效性的方法。一般来说，企业选择将广告活动局限在某个小的区域内，要求被调查者(既有看过广告的，也有没看过的)回答回想和偏好的问题。这种测试方法提供了一些与产品销售有关或无关的衡量指标。但是由于衡量方法的问题，进行市场测试的企业往往只强调预测的有效性、解释能力和可靠性，并不以销售额为评判标准。

9.4 案例

媒体决策对广告效果影响的研究

——以××快餐Y产品的广告为例

9.4.1 案例背景

随着经济的发展，现代化的加剧，广告也有着多样化的发展。从古代的口头传播，到近代的报纸、杂志广告，到现代的广播、电视、网络广告。广告媒体的进步也标志着时代以及技术的进步,这也使广告面向更多的受众,推动了其在市场上的影响力。据有关机构调查统计,广告费中大约80%用于广告媒体的购买,其余大约20%的费用用于广告创意和制作(孙凌燕,2005)。有力的媒体决策可以让企业“一步登天”,也可以使企业“一落千丈”,走向失败。而广告媒体投资中存在太多不确定性的因素,广告是一项高风险的决策,有时投资和回报是不成正比的,因此研究广告效果与媒体决策的关系有着其紧迫性和必要性。

××快餐,是世界上最大的炸鸡连锁店。××快餐在中国发展比较迅速,目前已经有几千家分店。近年来××快餐的广告在全国范围内大力传播。相信经常看电视的观众都会常常看到××快餐的新产品上市广告,几乎每个季节都有新品推出——从不辣的劲脆鸡腿堡到黄金烤鸡腿堡,从颇具中国风味的老北京鸡肉卷再到广东风味的咕咾鸡肉卷,从草莓圣代到冰纷彩豆圣代,从果珍橙汁到九珍果汁……××快餐从未停止过创新,总能变换花样针对中国人的口味推出新产品。而Y产品,作为××快餐的第一款牛肉类产品,颠覆了传统西式牛肉汉堡形象,吸引了国内众多消费者们的眼球。Y产品的广告,为这个新产品的上市上足了颜色,但是这个广告的效果又究竟如何呢?

9.4.2 研究过程

本案例通过问卷的设计、发放和回收,得到最初的原始数据,经过对这些数据的处理分析,得出所需的结果。

1. 问卷设计

结合本案例的目的,此次问卷设计主体包括三个部分:第一部分为被访者个人基本信息,包括年龄、学历、职业以及每月的收入;第二部分为被访者接触广告的信息,包括接触广告媒体的种类、接触次数、是否有过购买经历;第三部分为广告效果的测量,采用量表的形式,根据被访者的实际情况与问卷中描述内容同意程度打分,1为非常同意,2为同意,3为有些同意,4为一般,5为有些不同意,6为不同意,7为非常不同意。

本研究为了确保测量工具的效度与信度,在广告效果和媒体决策等概念的定义及衡量方法上,尽量采用国内外现有文献已使用过的李克特量表,再根据本研究的目的加以修改作为实证研究搜集数据的工具。本文的量表在方向—强度描述语中采用“7点”量表,从非常同意到非常不同意的有利项目分别为1、2、3、4、5、6、7分,并不是采用通常的“五点”量表,使被访者在回答问题的认同度上有更大的区分性,说明他们的态度强弱或在这一量表上的不同状态,问卷量表设计如表9.1所示。

2. 问卷发放和回收

本文的问卷通过网络媒体进行发放,以××大学学生以及问卷星注册会员作为主要调研对象。

由于此次问卷是在国内外学者关于广告效果和媒体决策关系的基础上进行设计的,没有经过大量的实证检验。因此,在正式调研之前,进行了预调研。通过预调研发现,问卷在字句的运用与选项的采用上存在问题。如第七题是否受广告影响而采取购买行为,C选项“比较同意”改为“一般”,因为有五个选项,中间的选项应该表示中庸,不可偏向同意、不同意两方。将问卷中的“了解”改为“理解”,“了解”和“知道”的程度差不多,但没有“理解”来的深入。

表 9.1 问卷量表设计一览表

广告效果指标	题项内容	衡量尺度
认知	××快餐 Y 产品的广告吸引您的注意力 ××快餐 Y 产品的广告引起您的兴趣	区间尺度
记忆	您能清楚记得××快餐 Y 产品的广告内容 您对××快餐 Y 产品的广告有比较完整的印象	区间尺度
理解	您知道××快餐 Y 产品的广告 您理解××快餐 Y 产品的广告	区间尺度
态度	您喜欢××快餐 Y 产品的广告 您认为××快餐 Y 产品是美味可口的 您对××快餐 Y 产品的广告有偏好	区间尺度
行动	××快餐 Y 产品的广告唤起您的购买欲望 您看了××快餐 Y 产品的广告想要立即去购买	区间尺度

问卷回收之后，对问卷进行了逐一筛选，主要根据问卷是否填得完整与逻辑关系进行筛选。在筛选问卷时，假定只要填写完整的问卷中不出现明显表示该被访者未阅读问卷即回答的现象，即视为有效问卷，不以对答案的偏向性而进行选择。

有效问卷的筛选主要参考以下基本原则。

第一，问卷填写基本完整。在个人基本信息部分和广告效果资料方面，必须保证填写完整；在广告效果测量部分，漏选题项不超过 3 题。

第二，问卷答案符合逻辑关系。如被访者接触的是××快餐 Y 产品的电视广告，没有接触户外广告，那么电视广告的接触次数在 1 次及以上，户外广告的接触次数就为 0 次。

第三，问卷答案具有明显的规律性，或答案明显显示出该被访者没有阅读问卷。

对于问项缺省的问题，若该变量为离散型变量，则不作处理；若该变量为连续型变量，以平均值进行填充。

此次研究共发放问卷 140 份，共回收 112 份，回收率 80%，其中有效问卷 104 份，有效问卷回收率 92.86%。对于调查问卷的基本情况描述如表 9.2 所示。

3. 数据分析

通过对回收得到的有效问卷的分析处理，我们可以得到以下的结果。

(1) 样本基本情况

在回收的有效问卷中，约占 68.27%的被访者的年龄为 21～25 岁，约占 25%的被访者的年龄为 16～20 岁；在受教育程度上，本科学历最多，约占 69.23%；被访者学生居多，约占 84.61%；被访者每月的收入在 1 000 元以下的约占 80.77%。因为被访者多数是学生，收入低下情有可原。

(2) 媒体决策对广告心理效果影响分析

电视多年来一直有最有魅力广告媒体的美名。做电视广告的公司享有更高的声望。对部分公司来说，电视广告的确是最佳选择。但是，对于电视广告是否是最佳媒体多加思考，仍是明智之举。户外媒体近年来发展迅速，占领了很大的市场。

表 9.2 样本基本情况描述

变 量	类 别	频 数	百分比/%
年 龄	15 岁以下	1	0.96
	16～20 岁	26	25.00
	21～25 岁	71	68.27
	26～30 岁	5	4.81
	31 岁以上	1	0.96
受教育程度	专科及以下	27	25.96
	本科	72	69.23
	硕士及以上	5	4.81
职 业	学生	88	84.61
	一般员工	12	11.54
	中高级管理者	3	2.88
	个体经营者	1	0.96
每月收入/元	1 000 以下	84	80.77
	1 000～3 000	14	13.46
	3 000～5 000	2	1.92
	5 000 以上	4	3.85

电视媒体、户外媒体以及这两种的组合媒体相比所产生的广告效果的差异性是本文要研究的内容。从调查问卷的量表中可以计算出在广告心理效果维度上的得分，表 9.3 给出了三组样本的广告心理效果，认知、记忆、理解、态度和行动维度上的样本数量、均值、标准差和标准误差。

从表 9.3 的数据可知，被访者对广告心理效果的评价除了户外媒体记忆维度均值是 4.100 0，其余的都小于中位数 4。均值越小，表示对此的认同程度越高，说明被访者对广告的心理效果都是比较认可的。另一方面，我们发现，在广告效果的认知、记忆、理解和行动维度上，组合媒体的评价高于电视媒体和户外媒体。而态度这个维度上，户外媒体的评价最高，组合媒体次之，电视媒体最后，究其原因，关系到××快餐 Y 产品广告的文案内容，除了媒体种类外，其他因素也会影响到广告的效果。在调查过程中了解到，这个广告受到一些动物保护者的反感。

(3) 广告效果指数

问卷调查的一个重点是测量广告对消费行为的影响。针对受众的消费行为是否受广告媒体影响，可使用目前国际上较为流行的广告效果指数(AEI)。

广告唤起购买效果的测评可以通过调查目标受众有没有看过广告和有没有购买过广告商品来分析广告的购买效果。在具体实施过程中，可以通过测评广告效果指数(Adverting Effectiveness Index，AEI)来测评广告购买效果。

AEI 法是在抽样调查中，把有没有看过广告和有没有购买广告商品的人数，分割成四个矩阵，将矩阵的变量代入式(9－10)，便得出广告效果指数。

表 9.3 媒体种类对广告效果的差异影响

广告心理效果	媒体种类	样本数	平均值	标准差	标准误差
认知	电视	40	2.575 0	0.721 02	0.114 00
	户外	5	3.700 0	0.570 09	0.254 95
	组合媒体	21	2.500 0	0.935 41	0.204 12
	Total	66	2.636 4	0.834 57	0.102 73
记忆	电视	40	3.000 0	0.824 31	0.130 33
	户外	5	4.100 0	0.894 43	0.400 00
	组合媒体	21	2.904 8	1.007 71	0.219 90
	Total	66	3.053 0	0.928 72	0.114 32
理解	电视	40	2.650 0	0.818 07	0.129 35
	户外	5	3.200 0	0.447 21	0.200 00
	组合媒体	21	2.619 0	1.116 97	0.243 74
	Total	66	2.681 8	0.905 69	0.111 48
态度	电视	40	3.516 7	0.972 41	0.153 75
	户外	5	2.866 7	0.505 53	0.226 08
	组合媒体	21	2.904 8	1.225 39	0.267 40
	Total	66	3.272 7	1.066 84	0.131 32
行动	电视	40	2.762 5	1.018 97	0.161 11
	户外	5	2.900 0	0.651 92	0.291 55
	组合媒体	21	2.666 7	0.912 87	0.199 20
	Total	66	3.045 5	0.991 22	0.122 01

表 9.4 唤起广告效果的四分割表

		广告认知		合计人数
		有	无	
购买	有	a	b	$a+b$
	无	c	d	$c+d$
合计人数		$a+c$	$b+d$	N

a=看过广告而购买的人数。

b=未看过广告而购买的人数。

c=看过广告而未购买的人数。

d=未看过广告也未购买的人数。

N=总样本数。

$$\text{AEI}=\frac{1}{N}\left(a-(a+c)\times\frac{b}{b+d}\right) \tag{9-10}$$

该公式的思路为:即使没看过广告,也有 $b/(b+d)$ 比例的人购买广告商品,所以要从看到

广告而购买的 a 人中减去因广告以外影响而购买的 $(a+c)b/(b+d)$ 人，才是真正因广告而唤起购买的人数。由此计算的结果就是广告效果指数。AEI越高，表明广告的购买效果越好。

表9.5 AEI测量

	a	b	c	d	N	AEI
电视媒体	16	1	24	63	104	14.78%
户外媒体	2	1	3	98	104	1.87%
组合媒体	12	1	9	82	104	11.30%

由表9.5可知电视媒体的广告效果指数大于组合媒体，大于户外媒体，从中得出结论，电视媒体产生的效果最强，组合媒体次之，户外媒体产生的广告效果最差。

(4) 购买样本受广告影响的认同度

图9.7为购买××快餐Y产品的被访者受广告影响而产生购买行为的认同情况图。根据数据可知，80%购买者同意购买行为是受广告影响的，20%的购买者为一般或不同意，这说明××快餐Y产品广告对购买样本的影响显著。

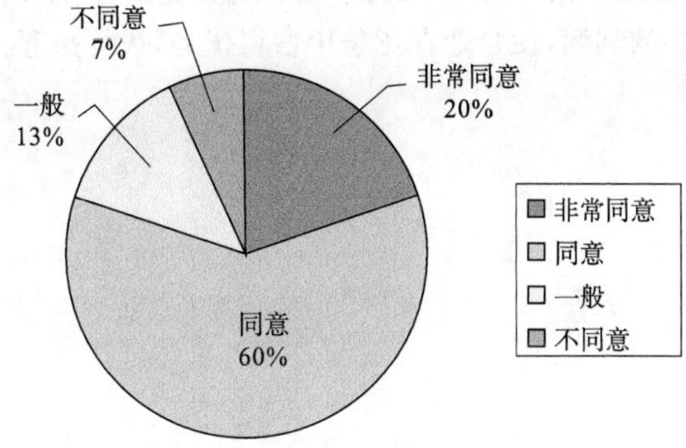

图9.7 购买样本受广告影响的认同度

我们得到在30个购买的样本中，如表9.6所示电视媒体的平均接触次数最低为2.7；组合媒体的平均接触次数排在中间，为5.4；户外媒体的平均接触次数最高，为6.5。从中我们可以得出在购买者中，接触电视媒体3次左右就会产生购买行为，而接触户外媒体要6次以上才会产生购买行为，说明电视媒体接触度所产生的广告效果最佳，其次是组合媒体以及户外媒体。

表9.6 购买样本接触媒体的频次

	样本数	平均接触次数
电视媒体	16	2.7
户外媒体	2	6.5
组合媒体	12	5.4

9.4.3 研究结论

通过SPSS11.5软件和Excel 2003对数据进行的分析，可以得出以下结论。

(1) 媒体决策对广告心理效果的认知、记忆、态度、行动维度有显著影响，理解维度的影响不显著。电视和户外组合媒体在广告心理效果的认知、记忆、理解和行动维度上效果最佳，电视媒体次之，户外媒体效果最差。广告心理效果各维度之间存在相关关系，行动维度与理解、态度维度是显著相关的，与认知、记忆是低度相关的。

(2) 媒体决策对广告销售效果有显著影响。根据 AEI 广告效果指数测出，电视媒体的销售效果最好，其次是组合媒体和户外媒体。跟假设有差异，这可能是由于组合媒体会产生混淆效果，并且本研究的样本数有限也是一方面原因。

(3) 受众对不同媒体的接触度对广告效果产生差异影响。受众对媒体的接触次数以及媒体的到达率都会对广告效果产生不同影响。电视媒体的受众接触次数和广告到达率越高，效果越佳。

9.4.4 营销建议

本案例对广告效果进行了研究探索，有着重大的现实意义，主要体现在以下两点。

(1) 使广告主、广告机构的媒体决策建立在更科学、更合理的基础上，从而减少广告主对媒体投资的盲目性，达到以尽可能少的花费获得满意广告效果的目的。

(2) 为企业提供广告活动媒体选择上的经验和依据，提高管理水平，使广告获得最佳的经济效果，为企业创造最多的利润，使企业在竞争中占得优势，拔得头筹。

参考文献

[1] Lilien GARY L，Rangaswamy Arvind. Marketing Engineering. 北京：清华大学出版社，2003.

[2] Lilien GARY L，Rangaswamy Arvind. 营销工程与应用. 魏立原，成栋，译. 北京：中国人民大学出版社，2005.

[3] Lilien Gary L，Kotler Philip，Sridhat Moorthy K. Marketing Models. Prentice-Hall of India，1992.

[4] 王海滨，仇向阳. 营销学的新发展. 现代管理科学，2003(10)：14－15.

[5] 杨勇攀，史仕新，陈锟. 基于混合Logit模型的消费者偏好测量研究. 生产力研究，2009(2)：73－75.

[6] 胡左浩，黄飞华，卢向南，等. 消费者选择的Multinomial Logit模型及其应用——以我国轿车市场为例. 中国管理科学，2007(15)：35－40.

[7] 张宏. 基于multinomial logit模型的产品线中消费者选择购买行为研究. 安徽农业科学，2006，34 (20)：5135－5137.

[8] 杨升荣，徐飞，陈洁. 基于离散选择模型的在线渠道消费者品牌选择行为. 上海交通大学学报. 2009，43 (4)：517－520.

[9] 聂冲，贾生华. 离散选择模型的基本原理及其发展演进评介. 数量经济技术经济研究，2005，22(11)：151－159.

[10] 王高，李纯青，赵平，等. 随机模型在零售顾客未来经济价值估计中的应用. 中国管理科学，2007，15(2)：104－110.

[11] 黄劲松，王高，李飞. 拓展的NBD2Dirichlet模型及其在零售店选择研究中的应用. 中国管理科学，2008，16(2)：62－68.

[12] 马少辉，刘金兰. Pareto/NBD模型实证与应用研究. 管理科学，2006，19(5)：45－49.

[13] 萨布哈什・C・杰恩. 市场营销策划与战略. 北京：中信出版社，2004.

[14] Day，Geroge S，Shocker，Consumer－oriented approaches to identifying product markets. Journal of Marketing，1979，43(4).

[15] Hillier Frederick S，HIllier Mark S. 决策分析. 数据、模型与决策 Introduction to Management Science，2004：467.

[16] 马庆国. 贝页斯公式. 管理统计——数据获取、统计原理、SPSS工具与应用研究. 2002.

[17] Hillier Frederick S, HIllier Mark S. 决策树. 数据、模型与决策 Introduction to Management Science, 2004:476.

[18] Hillier Frederick S, HIllier Mark S. 用决策树分析系列决策问题. 数据、模型与决策 Introduction to Management Science, 2004:493.

[19] Ga'bor Rekettye, Jonathan Liu. Segmenting the Hungarian automobile market brand using perceptual and value mapping. Journal of Targeting, Measurement and Analysis for Marketing, 2001, 9(3):241-253.

[20] Olga Ampuero, Natalia Vila. Consumer perceptions of product packaging. Journal of Consumer Marketing, 2006, 23(2):102-114.

[21] Jonhr Hauser, Steven M Shugan. Intensity measures of consumer preference. Journal of Consumer Marketing, 2006, 23(2):102-114.

[22] Harmon, Robert R, Gregory L Laird. Linking Marketing Strategy to Customer Value: Implications for Technology Marketers, Kocaoglu, et al. (Eds), Innovation in Technology Management: The Key to Global Leadership, PICMET, July:896-900.

[23] John A. Fiedler. Predicting Brand Equity: Using Discriminant Analysis - Based Perceptual Mapping.

[24] Steven A Sinclair, Edward C Stalling. Perceptual Mapping: A Tool For Industrial Marketing: A Case Study. The Journal Of Business And Industrial Marketing, 1990, 5(1):55-66.

[25] Noam Tractinsky, Oded Lowengart. E-retailers'competitive intensity: A positioning mapping analysis. Journal of Targeting, Measurement and Analysis for Marketing, 2003, 12(2):114-136.

[26] Day, George S. Customer - Oriented Approaches to Identifying Product - Markets. Journal of Marketing,1979, 43(4):8-19.

[27] John R Hauser, Frank S. Koppelman. Alternative Perceptual Mapping Techniques: Relative Accuracy and Usefulness. Journal of Marketing Research, 1979, XVI: 495-506.

[28] John W Keon. Product positioning: TRINODAL mapping of brand images, ad images, and consume. Journal of Marketing Research, 1983, XX:380-392.

[29] Glen Urban. Preceptor: a model for product positioning. Management Science,1976, 21(8):858-870.

[30] Thompson J L, Drake M A, LopetcharaT K, et al. Preference Mapping of Commercial Chocolate Milks. Journal of Food Science, 2004, 69(9):406-413.

[31] Hooley G J. Multidimensional Scaling of Consumer Perceptions and Preferences. European Journal of Marketing, 2007, 14(7):436-448.

[32] Cheng - Wen Lee, Chi - Shun Liao. The effects of consumer preferences and perceptions of Chinese tea beverages on brand positioning strategies. British Food Journal, 2009, 111(1):80-96.

[33] Del I Hawkins, David L Mothersbaugh, Roger J Best. 消费者行为学. 符国群, 等译.

北京：机械工业出版社，2007.
[34] Jakrapan Anurit, Karin Newman, BAL Chansarkar. Consumer Behaviour of Luxury Automobiles: A Comparative Study between Thai and UK Customers' Perceptions.
[35] 王海滨. 产品定位策略模型的研究——南汽派利奥、西耶那轿车目标市场选择与定位. 东南大学，2004.
[36] 李佳，米宏丽. 金融危机下的中国汽车自主品牌发展研究. 经济师，2009，10:65-66.
[37] 魏宁. 品牌需求价格弹性与市场份额的关系分析——国内汽车行业实证分析. 现代商贸工业，2009，05.
[38] 黄承林. 风雨过后，我国车市将进入理性增长周期——我国汽车市场 2008 高开低走. 商用汽车，2009，1:33-36.
[39] 李丹. 全球金融危机下中国汽车市场机遇. 现代商贸工业，2009，3:15-16.
[40] 廖泽芳，中国自主品牌汽车产业发展与市场开拓. 华东经济管理，2008，12(3):122-126.
[41] 王新生，孙强，刘佳. 我国汽车自主品牌营销广告存在的问题及对策. 经济师，2008，1:47-48.
[42] 刘予. 汽车自主品牌与合资品牌市场竞争力的探析. 中国商贸，2009，10(17):12-13.
[43] 高忠义. 私家车购买影响因素研究. 市场研究，2006，10:24-26.
[44] 傅昕. 顾客价值的驱动因素研究——以家用汽车市场为例. 商场现代化·商业研究，2005，6:75-76.
[45] BASS Frank M, Krishnan Trichy V, C. Jain Dipak. Why the BASS Model Fits Without Decision Variables. Marketing Science. Vol 13. No 3 Summer 1994, Printed in USA.
[46] 沈浩，柯惠新. 结合分析的原理和应用. 数理统计与管理，1998，17(4):39-45.
[47] 王高，黄劲松，赵字君，等. 应用联合分析和混合回归模型进行市场细分. 数理统计与管理，2007，26(6):941-950.
[48] 王海云，尚志田. 重复购买的产品生命周期模型研究. 中国管理科学，2002，10(2):24-29.
[49] 孟繁东，何明升. Bass 模型参数估计方法研究综述. 航天控制，2009，27(1):104-108.
[50] 孙振华. BASS 模型的参数估算方法研究. 山西经济管理干部学院学报，2009，17(3):51-53.
[51] 许晓晖，刘汶荣. 国外基于 BASS 模型的技术创新扩散影响因素研究述评. 社会科学战线，2009(10):265-266.
[52] 姬长虹，丁锡海. 基于改进 Bass 模型的短生命周期产品的需求预测. 科学技术与工程，2010，10(10):2577-2580.
[53] 曼昆. 经济学原理. 梁小民，译. 5 版. 北京：北京大学出版社，2009.
[54] 吴键安，钟育赣. 市场营销学. 北京：高等教育出版社，2002.
[55] Thomas T Nagle, Reed K Holden. 定价策略与技巧—赢利性决策指南. 应斌，吴英娜，译. 3 版. 北京：清华大学出版社，2003.
[56] Marn Michael V, Roegner Eric V, Zawada Craig C. 卓越定价—创造价格优势的定价策略. 廉晓红译. 北京：高等教育出版社，2008.
[57] 陶俊，马力. 基于顾客价值的知识服务定价策略. 中央财经大学学报，2005.

[58] 肯特・B・门罗. 定价—创造利润的决策. 孙忠，译. 北京：中国财政经济出版社，2005.
[59]菲利普・科特勒，等. 市场营销原理（亚洲版）. 何志毅，等译. 北京：机械工业出版社，2006.
[60] 刘德寰. 市场研究与应用. 北京：北京大学出版社，2006.
[61] 庄贵军，周筱莲，王桂林. 营销渠道管理. 北京：北京大学出版社，2004.
[62] 张岩岩，赫连志巍. 商圈量化分析在零售连锁业选址中的应用. 价值工程，2006，25(2)：99－101.
[63] 甘丽桦. 商店选址策略探析. 沿海企业与科技，2008(2)：108－109.
[64] 孙凌燕. 广告媒体的组合分析和数理模型的构建. 陕西科技大学. 2005.
[65] 何修猛. 现代广告学. 7版. 上海：复旦大学出版社. 2008.
[66] 赵海风，蒋艳君. 广告目标与效果测定. 北京：中国商业出版社. 2007.
[67] 菲利普・科特勒，等. 市场营销原理（亚洲版）. 何志毅，等译. 北京：机械工业出版社，2006.
[68] 菲利普・科特勒. 营销管理. 13版. 卢泰宏，等译. 北京：中国人民大学出版社，2009.

致 谢

经过近四年的努力,《营销工程与应用——基于中国市场与企业运作的视角》终于交付出版社。其间太多的人为这本书付出了很多的努力,能让此书得以完成!

首先,要感谢澳大利亚南澳大学杨松博士和华东理工大学商学院黄庐进副教授,正是在两位老师的发起和支持下,本书才开始编写和完成。黄老师对营销工程在商科教育中的重视,帮助我们组织了编写过程中所需要的资源;杨老师对华理营销工程教学的支持,让我们有幸认识和系统地学习了营销工程。在编写过程中,杨老师又以其渊博的知识和严谨治学的态度,给予了我们太多的指导,从基础理论到模型建立和运用,从书本体系的建立到本书的校稿,杨老师都认真地和大家沟通。虽然两位老师工作很忙,但始终没有忘记本书的编写工作。

其次,要感谢华东理工大学部分 MBA 学员、062 班营销的部分同学、2010 工商二班的同学给予本书的帮助。特别是华理商学院研究生顾蓓蓓、本科生董鑫杰、汪浩同学为本书做的大量工作。2006 级同学陈美玲、邹荣、韩炜娟、张晴、苏承科、许斌华、严春华等参与了本书的撰写和案例的调研、编写。MBA 学员王佳、王子征、钟普等为本书提供了部分素材。此外,研究生李文志、王嘉慧、邢运、袁婷、陈媛媛以及 2010 工商二班的韩红蕾、余鹏飞、蒋林、潘楚达、王玲玉、高垂青等参与了案例的整合。在此,对他们表示深深的谢意。特别是 062 营销班的几位同学,从本书开始规划,到完成,始终参与研究和撰写,做了大量的基础工作。他们虽然已经走出校园,还在关注本书的工作。

再有,感谢相关企业给予的支持,给予编写组调研的机会,为本书的研究提供了大量的市场和企业素材。

最后,要感谢华东理工大学出版社对本书能顺利出版给予的大力支持!

内容简介

全书分为九章。第 1 章为导论;第 2 章为市场分析;第 3 章为营销战略与决策;第 4 章为目标市场营销战略之一——市场细分与目标市场选择;第 5 章为目标市场营销战略之二——市场定位;第 6～9 章为市场营销的策略部分,即 4P,其中:第 6 章为产品策略,第 7 章为价格策略,第 8 章为分销策略,第 9 章为整合营销沟通策略(促销策略)。相应的主要模型包括联合分析模型、聚类分析模型、市场反应模型、消费者选择模型、因子分析模型、巴斯模型、决策树分析模型、促销分析模型以及广告效果分析模型等。

本书适用于营销专业高年级本科生和工商管理硕士,还可供在职营销经理学习使用。